Fußballspiele werden im Kopf entschieden

Danksagung

In Liebe an Kerstin, Kim und Lina

Allgemeiner Hinweis:

Daniel Memmert

Fußballspiele werden IM KOPF entschieden

Kognitives Training, Kreativität und Spielintelligenz im Amateur- und Leistungsbereich

Vorwort von JOGI LÖW

MEYER & MEYER VERLAG

Fußballspiele werden im Kopf entschieden

Bibliografische Information der Deutschen Bibliothek
Die Deutsche Bibliothek verzeichnet diese Publikation in der Deutschen Nationalbibliografie; detaillierte bibliografische Details sind im Internet über <http://dnb.ddb.de> abrufbar.

Auckland, Beirut, Dubai, Hägendorf, Hongkong, Indianapolis, Kairo, Kapstadt, Manila, Maidenhead, Neu-Delhi, Singapur, Sydney, Teheran, Wien
Member of the World Sport Publishers' Association (WSPA)

Gesamtherstellung: Print Consult GmbH, München

MIX
Paper from responsible sources
FSC® C084279

ISBN 978-3-8403-7656-6
E-Mail: verlag@m-m-sports.com
www.dersportverlag.de

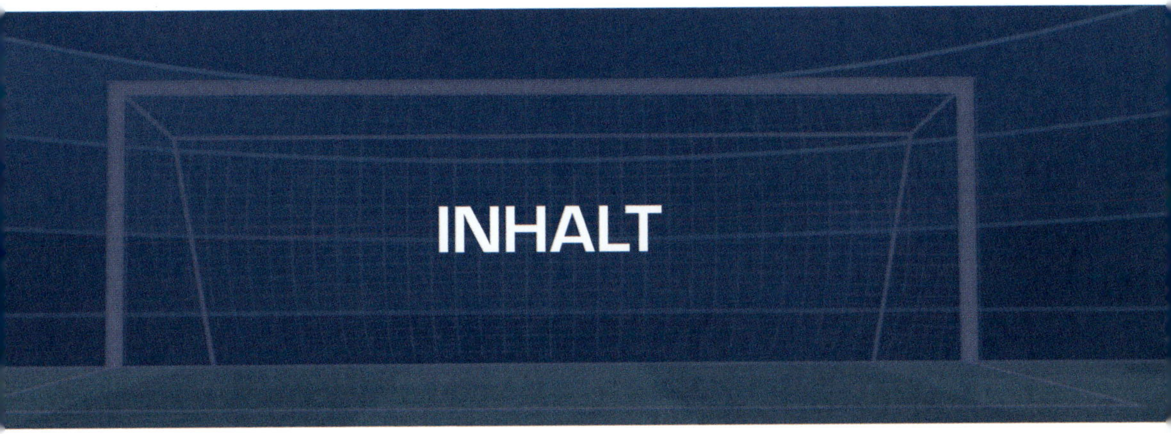

INHALT

VORWORT

VON JOGI LÖW

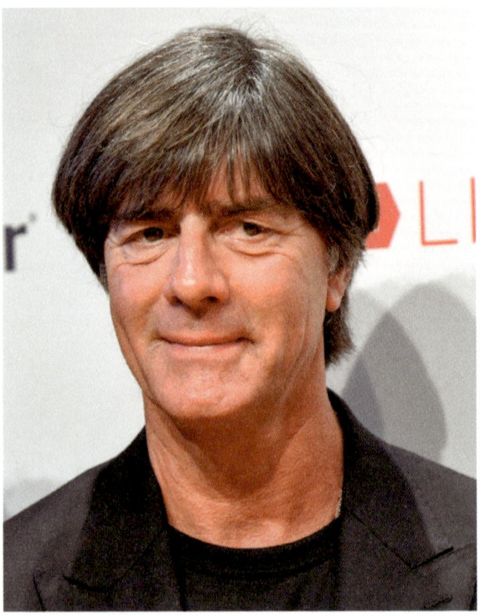

Bundestrainer Joachim Löw

Das Spiel mit dem Ball, ein Kinderspiel? Gerade die Unvorhersehbarkeit eines Spielverlaufs, das Fußballspiel an sich, gleichgültig, ob mit der Hand, ob mit dem Fuß gespielt wird, stellt eine riesige zukünftige Herausforderung dar. Ich habe vor langer Zeit gesagt, dass deshalb Kreativität und spielerische Klasse die neuen deutschen Tugenden sein werden. Denn die physische Präsenz, das technische Können, stößt beim Fußball langsam an Grenzen. Dies sehen und fühlen wir alle seit geraumer Zeit. Laufdaten oder gewonnene Zweikämpfe, Einsatz und Wille sind nicht mehr allein entscheidend.

Gerade unser Gewinn der Weltmeisterschaft 2014 in Brasilien hat belegt, dass Mannschaften immer über Spieler verfügt haben, die geistig, kognitiv und individualtaktisch zu den Besten auf der Welt gehören. Damit rücken Aufmerksamkeit, Wahrnehmung und Antizipation, aber auch Kreativität und Spielintelligenz sowie das Arbeitsgedächtnis ins Zentrum des modernen Fußballtrainings. In diesem kognitiven Bereich gibt es noch sehr große Potenziale.

Was können andere Sportler besser, was fordern andere Sportarten? Ein Schachspieler denkt 10-20 Züge voraus. Das Spiel auf dem Eis ist schnell und dynamisch in der Auslegung, Basketball oder Handball haben zeitliche Einschränkungen, sind daher auf Schnelligkeit aufgebaut.

Das Fußballspiel der Zukunft fordert auch den Fußballspieler. Manche konnten, können dies heute schon. Namen wie Toni Kroos oder Andrea Pirlo, Xavier Hernández Creus, genannt Xavi, oder Andrés Inesta sind, waren Beleg dafür. Die geistige Bereitschaft, eine Vielzahl von Spielzügen exakt vorausdenken, eine geistige Beweglichkeit, mit einer stummen Vororientierung gepaart, hat diese Weltklassespieler ausgezeichnet. Deshalb sehe ich in der kognitiven Fußballausbildung noch große Ressourcen.

Dazu liegen leider so gut wie keine wissenschaftlich abgesicherten Bücher vor. Somit bin ich dankbar, dass Daniel Memmert hier einen ersten Vorstoß gemacht hat. Wie bildet man „Anpassungskünstler" im Rahmen eines „organisierten" Chaos aus, die immer neue, unvorhersehbare Problemsituationen lösen können? Was sind Kognitionen, welche sind entscheidend? Wie kann man sie schulen und trainieren? Warum müssen wir im Ausbildungsbereich weniger „instruieren", dafür mehr „begleiten"? Und, wie kann man kognitive Entwicklungen transparent machen und prüfen, testen? Fragen, die nach Antworten suchen!

Dieses Buch kann eine Antwort auf Fragen sein und kann Sie begleiten!

Ich freue mich sehr, dass es dem Autor gelungen ist, an vielen Stellen Licht ins Dunkel zu bringen und gesicherte Erkenntnisse zum Training kognitiver Fähigkeiten vorzulegen. Beeindruckend finde ich die sportwissenschaftlichen und insbesondere die sportpsychologischen Erkenntnisse auf diesem Forschungsgebiet.

Ihnen, liebe Fußballfreunde, viel Spaß beim Lesen dieses Buchs sowie Erfolg und Freude bei der schönsten Nebensache der Welt.

Ihr Joachim Löw, Bundestrainer „Die Mannschaft"

VORWORT

VON DANIEL MEMMERT

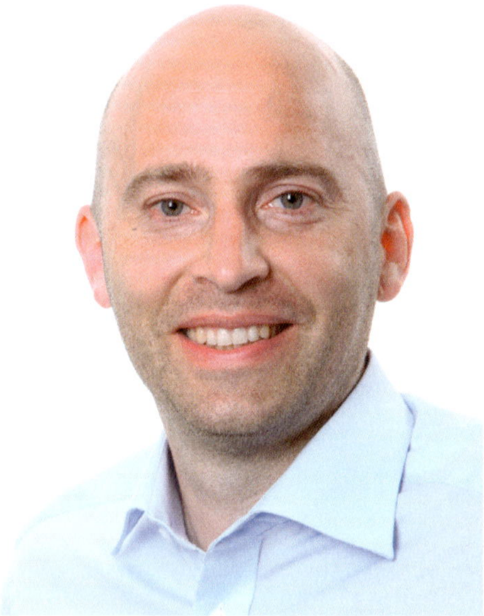

Daniel Memmert

Bei einer Fortbildung bei Rasenballsport Leipzig, die ich leiten durfte, forderte der Leiter der Nachwuchsakademie von RB Leipzig (vorher VfB Stuttgart), Thomas Albeck (* 30.01.1956-† 17.10.2017), mich nachdrücklich dazu auf, ein Buch über Kognitionen im Fußball zu schreiben. Diesem Wunsch komme ich jetzt nach.

Ein Forschungsprogramm resultiert selten aus den Ideen eines Einzelnen, sondern viel eher aus den gemeinsamen Gedanken vieler in einer angenehmen Atmosphäre.

Ich möchte zahlreichen Kolleginnen und Kollegen großen Dank sagen, mit denen ich zur Thematik Kognitionen in den letzten Jahren forschen sowie publizieren durfte und deren Ideen ich (natürlich gekennzeichnet) intergiert habe (alphabetisch): Dr. Philip Furley, Prof. Dr. Norbert Hagemann, Jun.-Prof. Dr. Stefanie Hüttermann, Dr. Timo Klein-Soetebier, Prof. Dr. Stefan König, Dr. Carina Kreitz, Dr. Benjamin Noël, Prof. Dr. Klaus Roth, Erik Scharfen, Dr. Sebastian Schwab sowie Prof. Dr. Matthias Weigelt. Selbstverständlich auch allen Studierenden, die wertvolle Beiträge zu den einzelnen Teilstudien geleistet haben.

Zusätzlich möchte ich mich bei allen bedanken, die Teile des Buchs im Vorfeld kritisch gegengelesen haben. Dies sind insbesondere (alphabetisch) Prof. Dr. Norbert Hagemann, Prof. Dr. Oliver Höner, Prof. Dr. Stefan König, Dr. Carina Kreitz sowie Prof. Dr. Matthias Weigelt.

Für die Mithilfe bei der Erstellung der Abbildungen möchte ich mich bei Michel Brinkschulte und Stefan Morawitz sehr herzlich bedanken. Dr. Sebastian Schwab und Emmanuel Faloba hat mir vielfältige spezifische Anregungen zu den Spielformen im Praxisbereich gegeben, wofür ich sehr dankbar bin. Dr. Philip Furley hat mich zentral im gesamten Prozess begleitet, was ich sehr zu schätzen weiß. Die vielen kritischen Hinweise haben nicht nur dem Buch sehr gut getan, sondern auch den Forschungsarbeiten in diesem Bereich an unserem Institut.

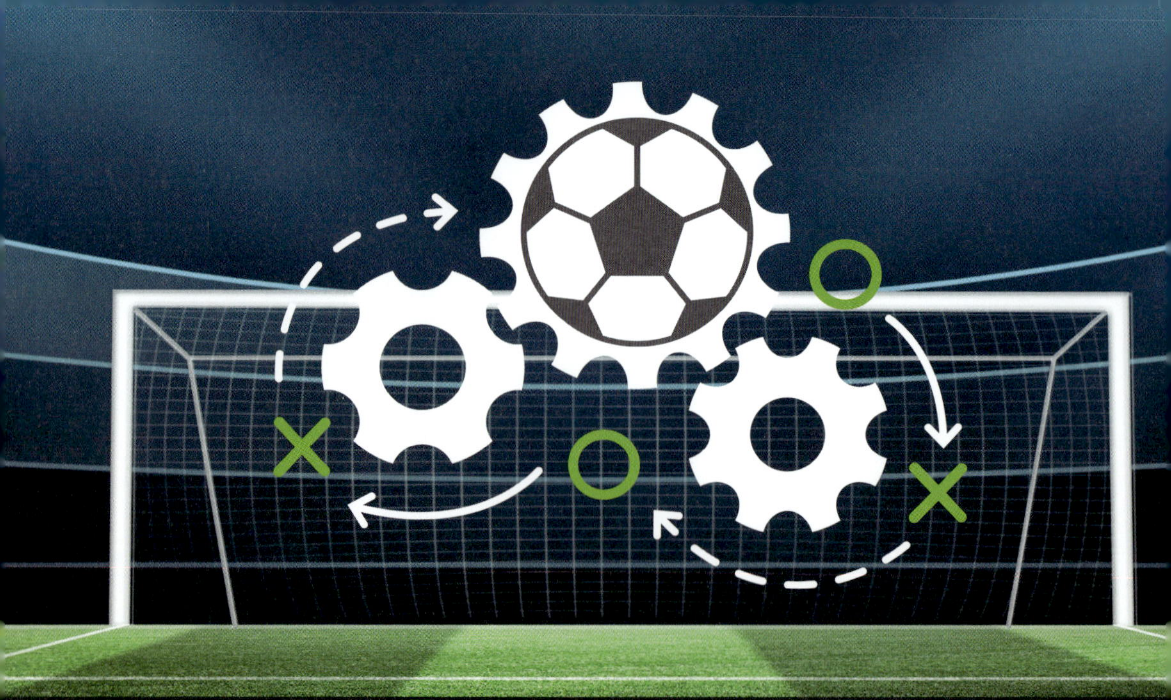

1 FUSSBALLSPIELE WERDEN IM KOPF ENTSCHIEDEN …

Kevin De Bruyne, Eden Hazard oder Luka Modric gelingt es scheinbar mühelos, in äußerst komplexen Situationen ungewöhnliche, aber auch technisch-taktische Bestlösungen auf das Spielfeld zu „zaubern". Erfolgreiche Trainer, aber häufig auch Spieler, sprechen bei solchen Ausnahmespielern von Gedankenschnelligkeit, „der Kopf ist wichtig", „sehr schnell im Kopf", oder „intelligenten Spielern"[1].

1 *Wenn in diesem Buch von Spieler, Trainer, Athlet oder Lehrer gesprochen wird, dann sind damit natürlich immer alle Geschlechter gemeint.*

„Was die körperliche Präsenz betrifft, stößt der Fußball an Grenzen. Im kognitiven Bereich dagegen gibt es unendlichen Spielraum. Ein Schachspieler denkt 10-20 Züge voraus, das muss der Fußballer in Zukunft auch können. Manche können das. Ein Özil, Kroos oder Pirlo spielen die Bälle in die Tiefe, weil sie wissen, da läuft einer rein. Die denken Spielzüge voraus. Es gibt Potenzial, Spielzüge vorauszudenken. Deshalb sehe ich in der kognitiven Ausbildung noch große Ressourcen. Laufdaten oder Statistiken über Ballbesitz sind aus meiner Sicht nicht entscheidend." – Joachim Löw (Bundestrainer)

„Die Spanier sind nicht mit Aggressivität, mit Zweikampfstärke und mit Härte zu schlagen, denn man trifft sie damit nicht. Sie sind gedanklich zu schnell. Und genau das wird eine wichtige Aufgabe und Entwicklung für alle Fußballer werden. Es geht darum, gedanklich immer schneller zu sein. Die Gedankenschnelligkeit ist vielleicht noch über die körperliche Schnelligkeit zu stellen. Wenn ein Spieler eine gute Technik und eine gute Grundschnelligkeit besitzt, aber langsam im Kopf ist, kann das seinen Wert für das Team mindern." – Joachim Löw (Bundestrainer)

„Große Individualisten, die enge Spielsituationen überraschend lösen können, fehlen. Spieler haben hierzulande den Spaß, ‚einen Gegner zu veräppeln oder für die Galerie zu spielen', aberzogen bekommen." – Nico Kovac (Bundesligatrainer)

„Es geht um intelligentes Spiel bei Ballbesitz, Technik in der Bewegung mit dem Ball und Schnelligkeit. Damit meine ich nicht alleine die Geschwindigkeit. Usain Bolt ist schnell, aber er kann nicht Fußball spielen. Ich meine Gedankenschnelligkeit. Es geht auch um die Balleroberung. Gut ist, wenn man intelligente, beidfüßige Spieler hat." – Lucien Favre (Bundesligatrainer)

„Football is played with the head. Your feet are just the tools." – Andrea Pirlo

In Fußballmagazinen heißt es auch mal *Handlungsschnelligkeit* und in Fußballbüchern wird immer wieder betont, dass „Fußballspiele im Kopf entschieden werden" (Memmert et al., 2013). Zudem wird in sportwissenschaftlichen Zeitschriften eine Vielzahl an Studien beschrieben, welche die besondere Bedeutung der Kopplung von Wahrnehmungsfähigkeiten und Reaktions- bzw. Handlungsschnelligkeit (= „Reactive Agility") unterstreichen.

Definition der Handlungsschnelligkeit (nach Friedrich, 2005, S. 143)

„Besonders in den Sportspielen kommt es darauf an, sporttechnische und taktische Handlungen situationsangemessen und erfolgreich auszuführen. Ausdruck des Niveaus der Handlungsschnelligkeit ist die für die kognitiven Prozesse (geistige Schnelligkeit) und die motorische Lösung der Handlungsaufgabe benötigte Gesamtzeit."

Allen Termini und Ansätzen gemeinsam ist es, dass der Kopf und damit Kognitionen eine fundamentale Rolle im Fußball und in anderen Sportspielen zu spielen scheinen.

Im Sport werden die „Problemlöseprozesse", die notwendig sind, um in bestimmten Situationen gezielt adäquate Lösungen zu generieren, als *Kognitionen* bezeichnet. Dazu wird in diesem Buch ein Prozessmodell des Ablaufs menschlicher Entscheidungshandlungen vorgestellt. Kognitive Fähigkeiten, wie Antizipation, Wahrnehmung, Gedächtnis oder Aufmerksamkeit, welche zur Kreativität beitragen, werden beschrieben. Dazu gehört ganz zentral auch die Spielintelligenz – womit generell die Auswahl der besten Entscheidung gemeint ist. Etwas weiter gefasst kann man zu den Kognitionen auch Wille, Stimmungen und Emotionen zählen. Im Training kann es nun darum gehen, all diese Fähigkeiten einzeln oder in Kombination zu trainieren und somit im Gedächtnis abrufbar zu machen.

Fußball hat in der Sportwissenschaft generell einen hohen Stellenwert und nimmt auch hier eine Vorreiterrolle ein. Es gibt zu diesem Thema viele Forschungsergebnisse, vor allem in den Bereichen Aufmerksamkeit, Wahrnehmung und Antizipation, aber auch in Bezug auf Kreativität und Spielintelligenz sowie auf das Arbeitsgedächtnis. Dennoch sind viele wissenschaftliche Ergebnisse noch nicht in die Praxis transferiert worden. Das erkennt man daran, dass erstaunt darüber berichtet wird, wenn Thomas Tuchel Spielformen zum Umschaltspiel anleitet, bei denen etwa vier verschiedene Farben (Leibchen der verschiedenen Teams in Bezug auf vier Tore) eine Rolle spielen. Das gilt dann schon als revolutionär, dabei ist noch viel mehr möglich.

In diesem Buch werden zum ersten Mal wissenschaftlich fundierte Aussagen zum Kognitionstraining im Fußball gemacht. Dabei werden sowohl inhaltliche als auch methodische, diagnostische und praktische Aspekte aufgearbeitet.

Im ersten Teil des Buchs werden Grundlagen für ein kognitives Training gelegt, die geschult werden können:

- Was sind die entscheidenden Faktoren, die man schulen kann?
- Welche Modelle stehen bereit?
- Welche Evidenzen gibt es dazu?

Darüber hinaus werden diese Erkenntnisse auch mit der Coachingpraxis verknüpft. Durch ein einziges Wort können Trainer die Aufmerksamkeitsfoki der Spieler variieren. In Situationen, in denen Variabilität und Kreativität gefragt sind, brauchen wir einen möglichst breiten Aufmerksamkeitsfokus. Wenn dagegen Bewegungen und Aktionen zu antizipieren sind bzw. wir auf bestimmte Ereignisse achten müssen, dann hilft uns ein enger Aufmerksamkeitsfokus. Dazu wurden in den letzten 15 Jahren viele Studien durchgeführt und wir wissen auch, welche Rolle, das Arbeitsgedächtnis dabei spielt.

Die mögliche kognitive Diagnostik wird im Anschluss in Tests zu elementaren Kognitionen im Labor und Feld unterteilt. Um beispielsweise festzustellen, wie groß der Aufmerksamkeitsfokus eines Spielers ist, kann man im Labor sehr genau dessen Aufmerksamkeitsfenster bestimmen. In sehr umfangreichen sportwissenschaftlichen Studien mit Spitzensportlern wurden Aufmerksamkeitstests entwickelt, mit denen das Aufmerksamkeitsfenster eines Athleten auf das Grad genau bestimmt werden kann. Darüber hinaus gibt es weitere Diagnostiktools. Man kann beispielsweise erfassen, wie sich Spieler gegen Störvariablen abschirmen, also auf eine Sache konzentrieren können, wie ausgeprägt verteilte oder selektive Aufmerksamkeit ist und wie gut sich Athleten fokussieren können. Gleichzeitig gibt es etablierte, spielnahe Sportspieltests im Feld (Halle oder Sportplatz), mit denen man die Kompetenz von Sportlern bei der Suche nach Lücken und das Freilaufen im Raum bewerten kann.

Im zweiten Teil des Buchs werden Schulungsbeispiele für ein kognitives Training gegeben. Trainer und Vereine müssen noch mehr dafür sensibilisiert werden, dass Aufmerksamkeit und Kreativität trainiert werden können. Gerade Antizipation, aber auch Wahrnehmung und Aufmerksamkeit können hervorragend geschult werden. Dazu werden zahlreiche Spielformen beschrieben, die nach dem inhaltlichen Modell des kognitiven Trainings strukturiert sind, welches im nächsten Kapitel beschrieben wird.

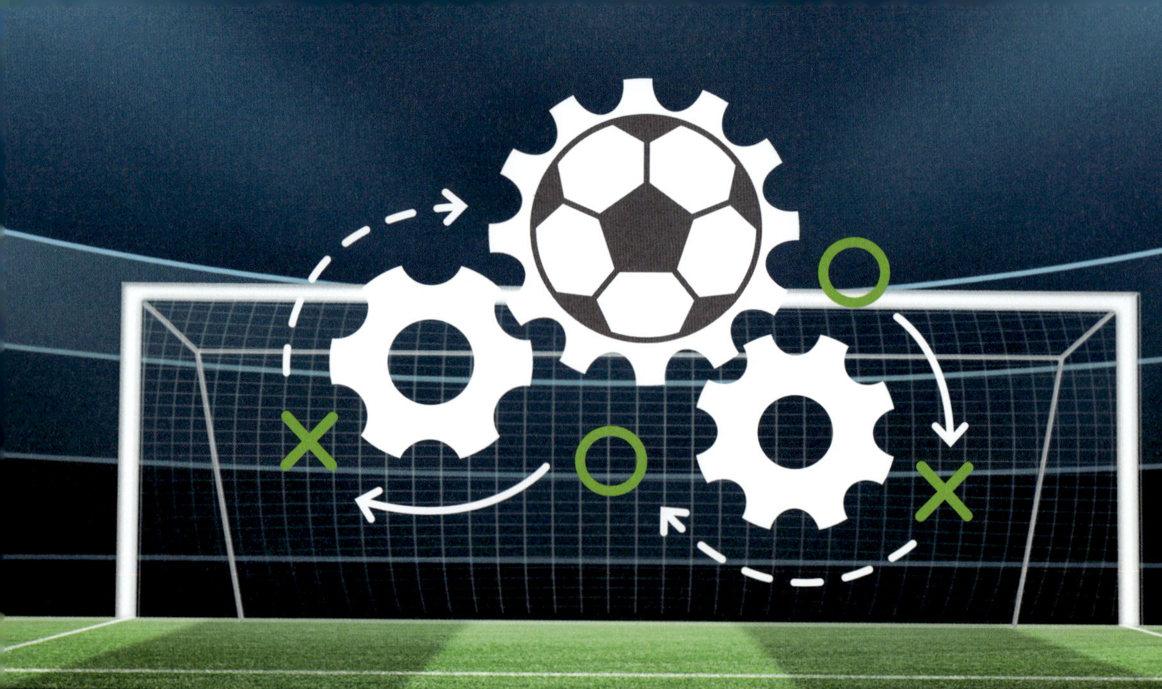

2 DEFINITION UND RELEVANZ VON KOGNITIONEN

Was sind nun *Kognitionen* oder *kognitive Prozesse* aus wissenschaftlicher Perspektive genau? Die Verwendung des Begriffs *Kognition* hat eine lange Tradition, die von Tolman über Hebb und Neisser bis zu Gazzaniga, alles berühmte Wissenschaftler, reicht. An dieser Stelle wird darauf verzichtet, einen genauen Überblick über die vorhandene Definitionsvielfalt zu geben (z. B. für einen Überblick in der Psychologie, Neisser, 2014; für einen Überblick im Sport, Memmert, 2004a).

In Abgrenzung zu rein physiologischen, neuronalen und präkognitiven Vorgängen charakterisieren Roth und Menzel (2001, S. 559) geistige Leistungen durch sechs kognitive Prozesse:

1. integrative, häufig multisensorische und auf Erfahrung beruhende Wahrnehmungsprozesse;
2. Prozesse, die das Erkennen individueller Ereignisse und das Kategorisieren bzw. Klassifizieren von Objekten, Personen und Geschehnissen beinhalten;
3. Prozesse, die bewusst oder unbewusst auf der Grundlage interner Repräsentationen (Modelle, Vorstellungen, Karten, Hypothesen) ablaufen;
4. Prozesse, die eine erfahrungsgesteuerte Veränderung von Wahrnehmung beinhalten und deshalb zu veränderlichen Verarbeitungsstrategien führen;
5. Prozesse, die Aufmerksamkeit, Erwartungshaltungen und aktives Explorieren der Reizsituation voraussetzen oder beinhalten;
6. „mentale Aktivitäten".

Im Allgemeinen und etwas vereinfacht zusammengefasst, werden Kognitionen als höhere geistige Funktionen und Prozesse definiert, die notwendig sind, um in bestimmten Situationen gezielt adäquate Lösungen in unserer Umwelt zu generieren.

Die Bedeutung von kognitiven Fähigkeiten ist im Sport alles andere als abschließend geklärt und befindet sich gerade vielmehr in einer intensiven Diskussion. Diese erstreckt sich auch (und vor allem) in die Psychologie (siehe für einen Überblick Simons et al., 2016; Hambrick, Burgoyne & Oswald, 2019). Die Befunde aus der allgemeinen Psychologie mehren sich aber, dass beispielsweise fluide Intelligenz und Kreativität von verschiedenen, elementaren und kognitiven Prozessen (z. B. Inhibition) beeinflußt werden (Benedek, Jauk, Sommer, Arendasy & Neubauer, 2014).

Somit befinden wir uns in einer spannenden Phase, sowohl für die Sportwissenschaft als auch für die Sportpraxis. Während beispielsweise die eine Arbeitsgruppe seit Jahren Daten vorlegt, die zeigen, dass ein Training der Arbeitsgedächtniskapazität in einem positiven Zusammenhang zu verschiedenen kognitiven Leistungen steht (vgl. Klingberg, 2010), konnten diese Zusammenhänge von einer anderen Arbeitsgruppe in einer gewissen Regelmäßigkeit nicht bestätigt werden (vgl. Owen et al., 2010). Im Prinzip geht es immer darum, ob das Training einer elementaren kognitiven Fähigkeit zu Transfereffekten auf andere domänenspezifische Leistungen führt.

Exekutive Funktionen

Ein aktuelles Mainstreammodell für Kognitionen aus der Psychologie (Alvarez & Emory, 2006), welches auch in der Sportpsychologie hin und wieder als Grundlage von Forschungsprogrammen eingesetzt wird, beschreibt die Steuerung und Regulierung spezifischer kognitiver Prozesse in Menschen. Diese sogenannten *Exekutiven Funktionen* (EF) regeln zielgerichtetes, zukunftsorientiertes Verhalten (Friedman et al., 2006), also Prozesse wie die Entscheidungsfindung (d. h. Auswahl zwischen mehreren Alternativen).

EF werden weiter unterschieden in „Core EF" (CEF) und „Higher-Level EF" (HEF), wobei Erstere durch das Arbeitsgedächtnis, kognitive Flexibilität und inhibitorische Prozesse charakterisiert sind, während HEF Problemlöse- und Argumentationsstrategien sowie Planungsprozesse involvieren (Diamond, 2013).

Diese Fähigkeiten entwickeln sich mit dem Alter, da sie auf verschiedene präfrontale Gehirnstrukturen angewiesen sind. Die neuronale Struktur, die den HEFs zugrunde liegt, ist der präfrontale Kortex. Dieser reift nur langsam und als Letzter in der Entwicklung; die volle Kapazität wird hier erst zwischen 20 und 29 Jahren erreicht (Luciana et al., 2005).

Die CEFs hingegen entwickeln sich schon früher im Leben vollumfänglich, meist schon vor der frühen Adoleszenz (Crone et al., 2006). In diesem Buch bilden beide die Grundlage der vorgestellten Modelle und Befunde. Mit den CEFs werden das Arbeitsgedächtnis, das Tracking von Objekten, die Inhibitionsprozesse unter Auslastung der Wahrnehmungskapazitäten und die Flexibilität des Aufmerksamkeitsfensters in Verbindung gebracht, da sich diese früher als die HEFs entwickeln und dadurch ein Schlüsselindikator im frühen Entwicklungsprozess von Spielern sein könnten. Mit dem HEFs werden Antizipation, Spielintelligenz und Spielkreativität thematisiert, die sich (nicht nur, aber) auch in späteren Schulungsphasen gewinnbringend trainieren lassen.

In zwei sportwissenschaftlichen Metaanalysen (Voss et al., 2010; Scharfen & Memmert, 2019a) konnten kleine bis mittlere Effekte von grundlegenden kognitiven Leistungen bei Experten nachgewiesen werden, was auf überlegene (basale) kognitive Fähigkeiten von Eliteathleten hinzudeuten scheint. Einzelne Arbeitsgruppen haben darüber hinaus herausgefunden, dass Sportspielexperten (insbesondere Fußballprofis) herausragende basale, kognitive Fähigkeiten zu besitzen scheinen (Vestberg et al., 2012; Verburgh et al., 2016).

Es muss aber kritisch darauf hingewiesen werden, dass die Anzahl der Studien noch zu gering ist, die methodische Qualität überschaubar und es sowohl publizierte als auch nicht publizierte Studien gibt, die keine Zusammenhänge nachgewiesen haben (vgl. Furley, Schul & Memmert, 2017).

Zuletzt demonstrierte eine Querschnittsstudie von Scharfen und Memmert (2019b) bei hochtalentierten Nachwuchsleistungsfußballern, dass beispielsweise ein großes Aufmerksamkeitsfenster für komplexere motorische Fähigkeiten, wie zum Beispiel Dribbeln, von Vorteil sein kann. Außerdem deutet eine geringere Reduzierung der individuellen Ablenkbarkeit (Perceptual Load) auf eine höhere Geschwindigkeit beim Sprint hin. Hinzu kommt, dass ein besseres Arbeitsgedächtnis Auswirkungen auf eine präzisere Ballkontrolle und Dribblingfähigkeiten hat. Diese Befunde müssen in naher Zukunft repliziert werden, insbesondere auch in größeren Stichproben.

Wie auch ein systematischer Überblick über kommerzielle kognitive Trainingsprogramme und deren Auswirkungen auf den Einsatz im Sport zeigt (Harris, Wilson & Vine, 2018), sind noch viele Fragen offen und müssen in Folgestudien geklärt werden. Dennoch sind wir der festen Überzeugung, dass wir in der Praxis beginnen müssen, kognitive Fähigkeiten zu schulen, auch bevor die Wissenschaft alle Fragen von A bis Z beantwortet hat. An vielen Stellen bedarf es ein wenig Mut, an anderen Stellen wird Demut und Zurückhaltung gefragt sein. Das Dilemma von allgemeiner, domänunspezifischer Kognition kann vielleicht am besten an der Metapher eines Transportmittels wie des PKWs oder des Flugzeugs verdeutlicht werden.

Einerseits, unabhängig davon, ob das Fahrzeug ein Sportwagen, Traktor oder LKW ist, je größer der Motor ist (unspezifisch, da Motoren auch in vielen Geräten Anwendung finden), desto schneller wird man fahren. Je besser die Technik (auch erst einmal unspezifisch) ist, desto sicherer wird man unterwegs sein usw. Andererseits haben unterschiedliche Transportmittel auch unterschiedliche Anforderungsprofile. Ein Flugzeug benötigt beispielsweise einen ganz anderen Motor oder auch andere Reifen. Während man in der Raumfahrt- bzw. Automobilindustrie schon genauer weiß, welches Gemisch an Gummimaterialien für Reifen von Flugzeugen oder Autos gut ist (oder für beide), kann dies im komplexen Sport für kognitive Prozesse noch nicht abschließend gesagt werden.

Kognitionen in Analogie zu Laktat

Eine gute Ausdauer (abgebildet über das Stoffwechselabbauprodukt Laktat) wirkt einer frühen Ermüdung entgegen, *unabhängig* davon, welche Sportart (z. B. Handball, Leichtathletik, Kraftsport) man betreibt. Dies zeigt sich beispielsweise in einer reduzierten Zeitdauer, die zur Erholung zwischen den Trainingseinheiten oder zwischen den Trainingssätzen notwendig ist. In einer klassischen Untersuchung von Spencer und Gastin (2001) konnte selbst beim 200-m-Sprint, der deutlich unter 30 Sekunden liegt, nachgewiesen werden, dass immer noch eine Beteiligung von knapp 30 % eines aeroben Metabolismus vorliegt. Somit kann Laktat als ein *unspezifischer* (= unabhängig von der Bewegung/Sportart) Parameter (analog zu *unspezifischen* Gedächtnis- und Aufmerksamkeitsprozessen) für die aerobe Laufleistungsfähigkeit eines Sportlers bezeichnet werden.

Als vor 40 Jahren zum ersten Mal Laktat im Fußball untersucht wurde (Ekblom, 1986), gab es auch große Skeptiker in der Wissenschaft und in der Praxis. Heute ist die Laktatdiagnostik ein fester Bestandteil der Trainingssteuerung und deren gezielter und systematischer Einsatz ist im Jugendnachwuchsfußball sowie im Profifußball nicht mehr wegzudenken.

Übertragen wir das Beispiel des Motors auf das Sportspiel, so kann dies auf der einen Seite bedeuten, dass ein exzellenter Fußballspieler von einem breiten Aufmerksamkeitsfokus oder einem großen Arbeitsgedächtnisspeicher profitiert und dadurch – entweder durch einen Talentauswahlprozess oder durch viel Erfahrung in Fußballsituationen oder beides – einen breiten Aufmerksamkeitsfokus oder ein großes Arbeitsgedächtnis erworben hat und damit in der Lage ist, auch bessere Entscheidungen zu fällen, da er mehr Mit- und Gegenspieler in den Entscheidungsprozess integrieren kann.

Auf der anderen Seite ist es (im Moment noch) auch plausibel, dass exzellente Fußballspieler bei Aufmerksamkeits-, Arbeitsgedächtnistests und Leistungen auf dem Platz nur deshalb so gut abschneiden (übrigens auch bei Talentauswahlprozessen), weil sie über andere Talente oder Fähigkeiten verfügen, die alle ihre sportlichen Leistungen in hohem Maße beeinflussen. Beispielsweise könnte dies hoher Ehrgeiz, ein hohes Leistungsmotiv oder eine hohe Anstrengungsbereitschaft sein.

Es ist schwer, abzuschätzen, welche der beiden Positionen in der Zukunft empirisch unterstützt werden. Vielleicht wird, wie so oft im Leben, beides seine Berechtigung haben und/oder die „Wahrheit" in der Mitte liegen. Nicht nur aus diesem Grund empfiehlt es sich an dieser Stelle, mutig und demütig zugleich zu sein und in den nächsten Kapiteln weitere bisherige Befunde aus der Bewegungswissenschaft und Sportpsychologie zu elementaren Kognitionen zu diskutieren. Und: Dies ist gar nicht so wenig.

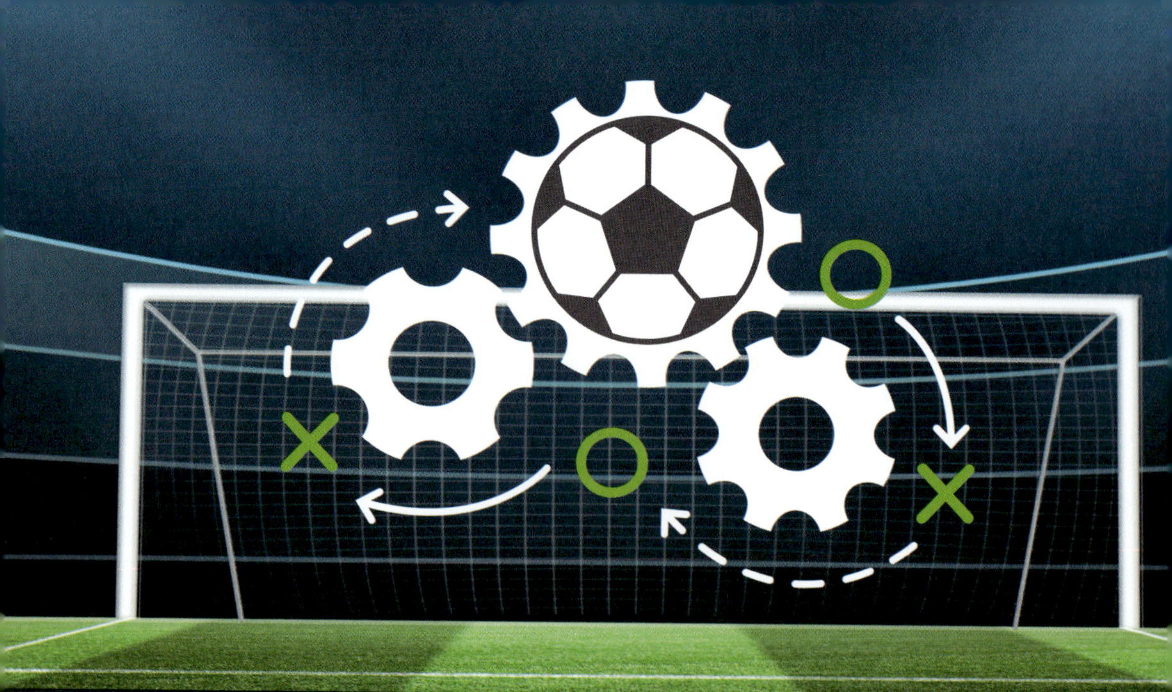

3 KOGNITIONEN IM FUSSBALL

Übertragen auf das Sportspiel (z. B. Fußball), finden sich in Tab. 1 elementare Kognitionen aus biopsychologischer, evolutionspsychologischer, entwicklungspsychologischer und kognitionspsychologischer Perspektive, die in eine lose Verbindung zu basistaktischen Kompetenzen gebracht werden können, welche wiederum in verschiedenen Sportspielen von grundlegender Bedeutung sein können.

Tab. 1: Darstellung elementarer Kognitionen hinsichtlich verschiedener Teildisziplinen, die als kognitive Grundlage zur Bewältigung basistaktischer Aufgabenstellungen im Sportspiel dienen könnten (aus: Memmert, 2004a, S. 137).

Aufgabenstellungen	Operationalisierung	Biopsychologie	Evolutionspsychologie	Entwicklungspsychologie	Kognitionswissenschaften
Ziel ansteuern	Zeitpunkt und Ort ansteuern	Zielgerichtete Orientierungsleistungen		Objektsuche	Orientierung auf ein Ziel
Ball dem Ziel annähern	Distanzabschätzung	Beurteilungen von Richtungen		Distanzcodierung	Entfernungsdifferenzierung
Lücken ausnutzen	Räumliche Entscheidung	Lokalisation von Objekten		Objektbezogene Wahrnehmung	Objektdifferenzierung
Gegnerbehinderung umgehen	Ausweichen von Bällen	Reizbezogene Reaktionen	Reizbezogene Reaktionen	Konkrete Reaktionen	Reizbezogene Reaktionen
Zusammenspiel	Adäquates Abspiel	Zeitlich-räumliche Struktur von Sinneswahrnehmungen	Objektbeziehung		Visuelle Ortsbestimmung
Vorteil herausspielen	Überzahl herausspielen	Räumliche Vorstellungen	Raumbezogene Reaktionen	Ortsbezogene Reaktionen	Ortsbezogene Reaktionen
Anbieten und Orientieren	Raumorientierung	Kognitive Karten	Räumliche Orientierung	Raumkognition	Raumkognition

Neben solchen sportspielübergreifenden basalen Kognitionen, wie „Lücken ausnutzen" (vgl. Kap. 4), wurden in der Sportwissenschaft auch seit vielen Jahren komplexere kognitive Fähigkeiten diskutiert. In Anlehnung an die Paradigmen aus der Psychologie wurde ein Prozessmodell des Ablaufs menschlicher Entscheidungshandlungen entwickelt (Memmert, 2013, 2017a, b; Memmert & Roth 2003; Roth & Hossner 1999), das die kognitiven Fähigkeiten Antizipation, Wahrnehmung, Aufmerksamkeit, Kreativität, Spielintelligenz und Gedächtnis beinhaltet (vgl. Abb. 1). Dieses Modell ist vorrangig für Sportspiele entwickelt worden, da beim Schwimmen oder in der Leichtathletik Kreativität oder Aufmerksamkeit keine so zentrale Rolle spielen wie etwa im Fußball. Denn: In den Sportspielen werden viele verschiedene Lösungsmöglichkeiten benötigt, um an das Ziel zu gelangen.

Konkreter für den Fußball bedeutet dies: Weil Fußballspieler eine Situation aufgrund ihrer Vorerfahrungen, die im Gedächtnis abgelegt sind, antizipieren wollen, werden einzelne Umweltfaktoren unbewusst oder bewusst wahrgenommen, und es wird ihnen Aufmerksamkeit geschenkt. Nach der bewussten bzw. extrem oft unbewussten geistigen Generierung einer bestimmten Zahl von Lösungsvarianten, die im Lösungsraum des Gedächtnisses präsent sind, wird schließlich eine Best-Lösung oder eine kreative Idee ausgewählt. Dies kann an folgender Sequenz von der FIFA-Fußballweltmeisterschaft 2018, Achtelfinale, Belgien vs. Japan, 90 + 4:1, veranschaulicht werden.

Praktisches Beispiel von Kognitionen im Weltklassefußball
(siehe http://www.nov-muc.de/NOV_belgien_japan_3zu2_fifatv.mp4)

1. Nach einem abgewehrten Eckball von Japan *nehmen* Courtios und De Bruyne den freien Raum vor sich *wahr*, *antizipieren* eine Konterchance.
2. De Bruyne sprintet mit dem Ball los (Tempodribbling). Im Rahmen seines breiten *Aufmerksamkeitsfensters* passt er *spielintelligent* im exakt richtigen Moment zum Außenbahnspieler Meunier.
3. Dieser Pass ist vom Tempo und der Präzision so getimt, dass ihn Meunier direkt wieder ins Zentrum spielen kann. Dabei hat Meunier in seinem *Arbeitsgedächtnis* abgelegt, dass im Strafraum zwei Mitspieler mitgelaufen sind.
4. Lukaku lässt ihn *kreativ* durch, damit ihn Chadli unbedrängt aus 10 m ins Tor schieben kann.

Akzentuiert werden im Folgenden die kognitiven Faktoren Antizipation, Wahrnehmung, Aufmerksamkeit, Spielintelligenz, Kreativität sowie Gedächtnisprozesse, die für die erfolgreiche Lösung taktischer Situationen im Fußball verantwortlich zeichnen (vgl. Abb. 1). Die Darstellung der einzelnen psychologischen Prozesse folgt dabei einem weitestgehend akzeptierten zeitlichen Ablauf, wobei im realen Kontext nicht notwendigerweise alle perzeptiv-kognitiven Phasen bewusst durchlaufen werden müssen.

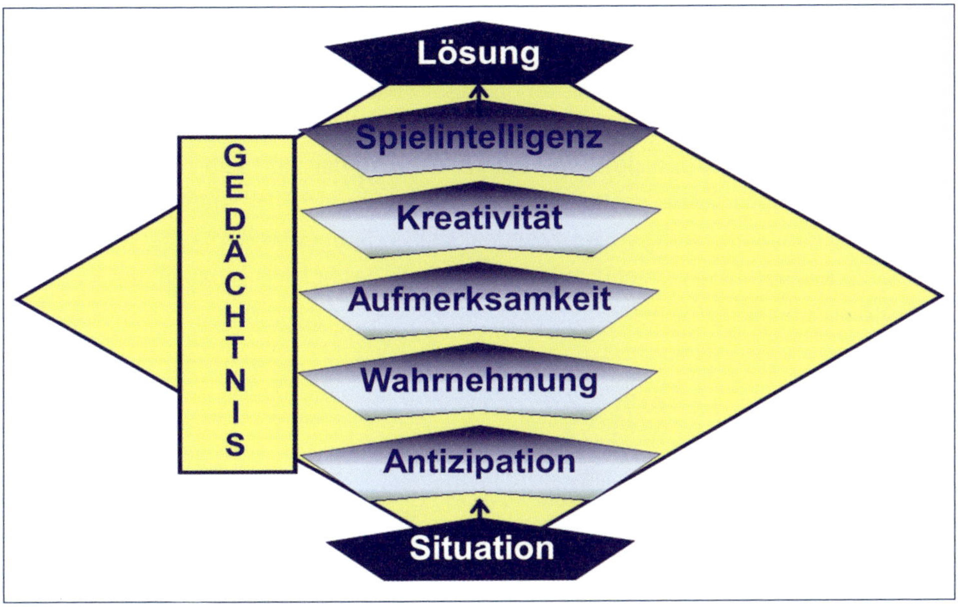

Abb. 1: Überblick über die zentralen kognitiven Leistungsfaktoren, die allen Handlungen im Fußball zugrunde liegen (Memmert, 2013). Nicht notwendigerweise müssen bei der Generierung fußballspezifischer Situationslösungen alle perzeptiv-kognitive Phasen durchlaufen werden.

3.1 Antizipation

In vielen Sportspielen spielt die *Antizipation* eine herausragende Rolle (Hagemann & Loffing, 2013). Beispielsweise ist im Fußball die Zeit, um einen Elfmeter zu halten, so gering, dass die Torhüter die Richtung des Balls vor dem Ballkontakt oder im Ballkontakt vorhersehen müssen. Deshalb hat sich die Forschung in den Sportspielen differenziert mit den entsprechenden latenten oder offensichtlichen Hinweisreizen der Akteure (z. B. Schütze oder Torwart) beschäftigt, die für die Antizipation der Handlungsabsichten der gegnerischen Athleten herangezogen werden können (vgl. zusammenfassend Loffing, Cañal-Bruland & Hagemann, 2014).

Verschiedene Experimente haben bestätigt, dass Experten frühere und präzisere Vorhersagen durch die vorangegangene Bewegungsrichtung der Gegenspieler treffen können (gute Übersichten finden sich bei Williams & Ward, 2003; Farrow & Abernethy, 2007; Loffing, Cañal-Bruland & Hagemann, 2014). Weitere Studien zeigen, dass verschiedene Teile des Körpers als antizipationsrelevante Regionen („Information-Rich Areas" – Magill, 1998) eingeordnet werden können und dann zur Ableitung von Hinweisen für nachfolgende Aktionen genutzt werden können (für einen Überblick Cauraugh & Janelle, 2002).

Die Arbeitsgruppe um Oliver Höner hat einen ersten guten Überblick über Studien im Fußball vorgelegt (vgl. Abb. 2). Dabei fällt auf, dass die meisten Wissenschaftler Elfmetersituationen als Untersuchungssituation heranziehen und dabei die Perspektive des Torhüters wählen. Als (für den Torwart) antizipationsrelevante Regionen wurden in diesen Studien beim Schützen der Kopf, der Oberkörper, der Hüftbereich, das Standbein sowie das Schussbein identifiziert (Schultz, Daniel & Höner, 2018). Eine Studie von Schulz (2014) mit Szenen aus häufig vorkommenden Spielsituationen weist darüber hinaus nach, dass erfahrene Torhüter vermehrt auf das Standbein des Spielers schauen, um ihre Antizipationsleistung zu optimieren.

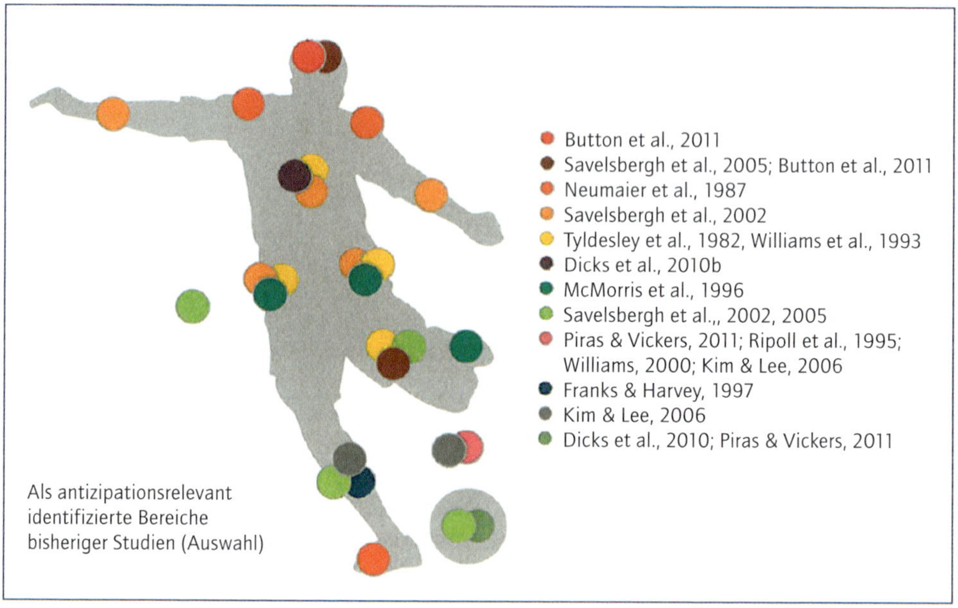

Abb. 2: Zusammenfassung von Studien zu den antizipationsrelevanten Regionen aus der Sicht der Torhüter (aus Schultz, Daniel & Höner, 2018)

Zahlreiche Untersuchungen haben auch die Schulung von Antizipation im Sportspiel thematisiert (für einen guten Überblick Loffing, Hagemann & Farrow, 2017). In der Regel werden sportspezifische, antizipationsrelevante Informationen über filmbasierte Simulationen oder, weitaus seltener, über Trainingseinheiten vor Ort mit einem Livemodell unterrichtet (Badminton: Tayler, Burwitz & Davids, 1994; Feldhockey: Williams, Ward & Chapman, 2003: Fußball: Savelsbergh, van Gastel & van Kampen, 2010; Squash: Abernethy, Wood & Parks, 1999). Diese Ergebnisse können verwendet werden, um Trainingsprogramme zu entwerfen sowie zu testen, ob sie zur Verbesserung der Antizipationsfähigkeiten von Sportlern, insbesondere von Anfängern, verwendet werden können.

Eine besonders wichtige Frage ist, wie die Antizipationsfähigkeiten durch verschiedene Lehrmethoden gefördert werden können (vgl. Farrow & Abernethy, 2002; Smeeton, Williams, Hodges & North, 2004; Williams, Ward & Chapman, 2003; Williams, Ward, Knowles & Smeeton, 2002). Welche Instruktionsform ist die vielversprechendste, um das Erlernen von antizipatorischen Fähigkeiten zu erleichtern?

Memmert et al. (2009) testeten verschiedene Trainingsbedingungen (Prinzip „vom Leichten zum Schweren", Kontext-Interferenzbedingungen und Feedbackeffekte) auf die Verbesserung der Antizipationsfähigkeiten. Es zeigt sich, dass ein variables, randomisiertes und mit wenig Feedback behaftetes Training von Vorteil ist. Andere Studien haben explizites, implizites und kontrolliertes, exploratives Lernen evaluiert. Jackson und Farrow (2005) präsentieren einen Überblick über die verschiedenen Ansätze zur Ausbildung von Antizipationsfähigkeiten und diskutieren die möglichen Vorteile implizierter Lernmethoden.

Außerdem konnte nachgewiesen werden, dass eine sportartspezifische Antizipationsfähigkeit entwickelt werden kann, ohne dass eine direkte Verbindung zwischen Wahrnehmung und Motorik (= sportartspezifische Bewegungstechnik) erforderlich ist (Williams, Ward, Smeeton & Allen, 2004). Dies ermöglicht ein Wahrnehmungstraining unter Laborbedingungen für verletzte Athleten, für Athleten, die sich auf der Reise zum Wettkampfort befinden oder für Athleten, die gerne zusätzliches, eigenständiges Training zu Hause durchführen möchten. Hagemann und Memmert (2006) zeigten darüber hinaus, dass verbale Anweisungen und geeignete Aufgaben im Badminton innerhalb eines „echten", feldbasierten Trainingsprogramms die Antizipationsleistung ebenso verbesserten wie ein videobasiertes Laborprogramm.

Beispiel: Wirksamkeit eines Antizipationstrainings im Feld

Exemplarisch soll anhand einer Trainingsstudie von Hagemann und Memmert (2006) verdeutlicht werden, dass auch ein feldbasiertes Antizipationstraining im Vergleich zu einem laborbasierten Antizipationstraining (anhand von Videoclips) zu einer Verbesserung der spezifischen Antizipationsfähigkeit führen kann. Die feldbasierte Trainingsintervention wurde auf Erkenntnissen zur Antizipationsfähigkeit im Badminton aufgebaut (vgl. Abernethy & Russell, 1987).

Alle Spieler erhielten Aufgabenstellungen, bei denen sie die Richtung eines gegnerischen Schlags vorhersagen sollten. Die Antizipationsleistung wurde vor und nach der Intervention und in einem späteren Transfertest mit einem etablierten badmintonspezifischen Antizipationstest erfasst (vgl. Abernethy & Russell, 1987). Die Ergebnisse der feldbasierten Intervention zeigen, dass es möglich ist, die Antizipation von Überkopfschlägen im Badminton zu trainieren. Dieser Effekt ist unabhängig vom Trainer. Dies konnte dadurch bestätigt werden, dass alle Teilnehmer der verschiedenen Trainingsgruppen an zwei verschiedenen Universitäten (Heidelberg und Münster) ihre antizipatorischen Leistungen verbessert haben.

Die Gründe, warum die Antizipationsfähigkeiten der feldbasierten Intervention etwas schwächer sind als die der laborbasierten, könnten darauf zurückzuführen sein, dass die meisten Spieler Anfänger waren, da die Übungen in der Regel mit einem Partner aus der gleichen Trainingsgruppe durchgeführt wurden. Die Analyse der Videoclips im Hinblick auf die Expertise der Probanden zeigt dies explizit an.

Die Teilnehmer der laborbasierten Intervention, der einzigen Gruppe, die Videomaterial mit Bundesligaspielern erhielt, zeigen in der Regel eine erfolgreiche Anpassung, indem sie die Schläge von Bundesligaspielern antizipieren, nicht aber die von Novizen oder Regionalligaspielern. Dies bestätigt die Bedeutung der Verwendung von Experten als Vorbilder im Trainingsprozess, insbesondere, wenn man bedenkt, dass es generell schwieriger ist, die Schlagrichtung von Bundesligaspielern vorherzusagen.

Die Verwendung von Instruktionen ermöglicht es somit den Trainern, die Aufmerksamkeit der Athleten auf antizipationsrelevante Regionen zu lenken, die die wichtigsten Bewegungsmerkmale enthalten.

3.2 Wahrnehmung

Wahrnehmungsfähigkeiten spielen im Sport eine dominante Rolle (Williams, Davids & Williams, 1999). Sportspiele zeichnen sich häufig durch komplexe Situationen aus, in denen in möglichst kurzer Zeit angemessene Reaktionen hervorgerufen werden müssen. Die (korrekte) Wahrnehmung und Nutzung von Informationen ist daher wichtig für eine erfolgreiche Handlungsplanung und -durchführung, weshalb herausragende Sportler sich gerade in dieser Fähigkeit von durchschnittlichen Sportlern unterscheiden.

Josua Kimmich, der die Lauffinte eines Gegenspielers sofort erkennt und den Ball ablaufen kann.

Dzsenifer Marozsán, die das Verteidigungsverhalten der gegnerischen Mannschaft scannt und aufgrund dessen in den freien Raum spielen kann.

Beispielsweise muss ein Athlet in extrem kurzer Zeit die Spielsituation exakt erfassen, um „richtig" reagieren zu können. Interaktionen mit Mitspielern und Reaktionen auf Gegenspieler sind elementar im Sportspiel, denn ohne exakte Hinweise aus der Umgebung ist eine angemessene Handlungsplanung nur schwer möglich. Dafür relevant sind verschiedene Wahrnehmungsaspekte, wie z. B. Anzahl der Mitspieler und Gegenspieler, freie Räume, Abstände etc.

„Wahrnehmung wird definiert als der durch die sensorische Verarbeitung von Reizen verschiedener Sinnesmodalitäten geprägte subjektive Eindruck unserer Umwelt oder unseres Körpers. Vereinfacht gesagt, beschreibt Wahrnehmung den Prozess der Aufnahme, Selektion sowie Verarbeitung unterschiedlicher Reize und bildet die Grundlage menschlicher Erkenntnis, Erfahrung und Handlung (Marr, 1982). Individuell gemachte Erfahrungen basieren auf Informationen, welche eine Person über ihre Sinne aufnimmt, verarbeitet und in subkortikalen und kortikalen Erkennungsstrukturen der unterschiedlichen Wahrnehmungssysteme speichert (Bruce, Green & Georgeson, 1996).

Wahrnehmungsprozesse beinhalten demnach zunächst alle Aktivitäten, welche dem Erhalt von Informationen dienen. Die menschliche Wahrnehmung erfolgt über einen oder mehrere Sinne und hilft dabei, die Umwelt zu erfassen und einzuordnen. Dabei spielt vor allem die visuelle Wahrnehmung in vielen alltäglichen Situationen, wie auch im Sport, eine sehr wichtige Rolle. Sie beschreibt die Aufnahme und Weiterleitung verschiedener Stimuli mithilfe des Auges – kurz gesagt den Sehsinn.

Aus physiologischer Perspektive geht es bei der visuellen Wahrnehmung um die Aufnahme von Photonen mithilfe von Photorezeptoren im Auge und die Umwandlung dieser Reize in elektrische Signale, welche zuerst im okzipitalen Bereich des Gehirns, dann in vielen anderen Hirnregionen erfasst, weiterverarbeitet und interpretiert werden. Auf psychologischer Ebene stellt die visuelle Wahrnehmung die Erfassung von Farbe, Form/Gestalt, Bewegung etc. dar. Diese Komponenten stellen für den Menschen eine der wichtigsten, wenn nicht sogar die wichtigste Art der Wahrnehmung seiner Umwelt dar, da meist auf Grundlage der visuellen Wahrnehmung verschiedene Situationen interpretiert und Entscheidungen getroffen werden" (Memmert, Hüttermann & Kreitz, 2019).

Im Folgenden werden verschiedene Befunde besprochen, die grob in die folgenden vier Bereiche eingeordnet werden können (vgl. Tab. 2):

Tab. 2: Einordnung der bisherigen Befunde zum Wahrnehmungstraining im Fußball

	Informationsgabe des Sportlers (Handlungsintention)			
Informationsverarbeitung des Gegners	bewusst	korrekt	bewusst	Nicht korrekt (Täuschung)
	unbewusst	korrekt	unbewusst	Nicht korrekt (Täuschung)

3.2.1 Bewusste Wahrnehmungsprozesse auf Basis korrekter Informationen

Bewusste Wahrnehmungsprozesse auf Basis korrekter Informationen wurden bislang am intensivsten untersucht. Die meisten Forschungsansätze bestimmen dabei die Wahrnehmungsstrategien von Sportspielern anhand von Blickbewegungsanalysen (für einen Überblick Hüttermann, Noël & Memmert, 2018; Kredel, Vater, Klostermann & Hossner, 2017).

Zusammenfassend zeigt sich, dass erfahrene Sportspieler gelernt haben, ihre Wahrnehmungsleistung durch gezielte Strategien zu verbessern (Williams et al., 2010). In einem Überblicksartikel von Mann, Williams, Ward und Janelle (2007) wurden Unterschiede in den Wahrnehmungsstrategien zwischen Fußballexperten und Novizen diskutiert. Die Experten benutzten weniger, aber dafür längere Blickfixationen, die zumeist auf Mit- und Gegenspieler gerichtet sind (vgl. Abb. 3). Nicht überraschend erkannten Experten Spielszenen genauer wieder als weniger erfahrene Sportler (North et al., 2011).

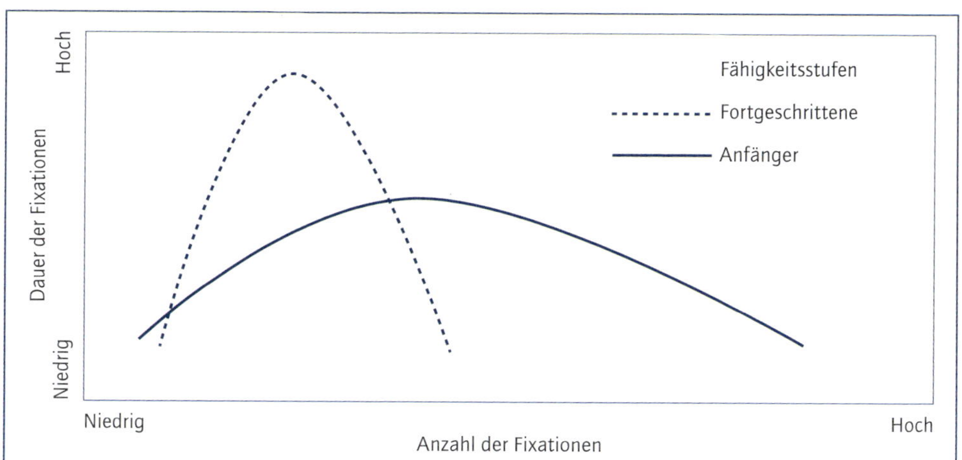

Abb. 3: Generalisierter Zusammenhang zwischen der Anzahl der Fixationen und der Dauer der Fixationen (nachgezeichnet aus Tenenbaum, 2003, S. 197)

Es gibt zahlreiche Studien im Fußball, die mithilfe von Blickbewegungsregistrierung Erkenntnisse gewonnen haben (im Überblick Schulz et al., 2018). Dabei zeigt sich, dass exzellente Fußballer bereits auf die Absicht von Mit- und Gegenspielern schließen können, bevor eine entsprechende Handlung ausgeführt wurde. Sie wissen demnach, an welchen relevanten Körperregionen des Gegenspielers und Orten auf dem Spielfeld (vgl. Abb. 4), sowie zu welchem Zeitpunkt Wahrnehmungsinformationen in ihrer Umgebung besonders wichtig sind („Information-Rich Aareas"; vgl. Abb. 2 in Kap. 3.1), und verweilen mit ihrem Blick länger an diesen Orten (vgl. Abb. 3).

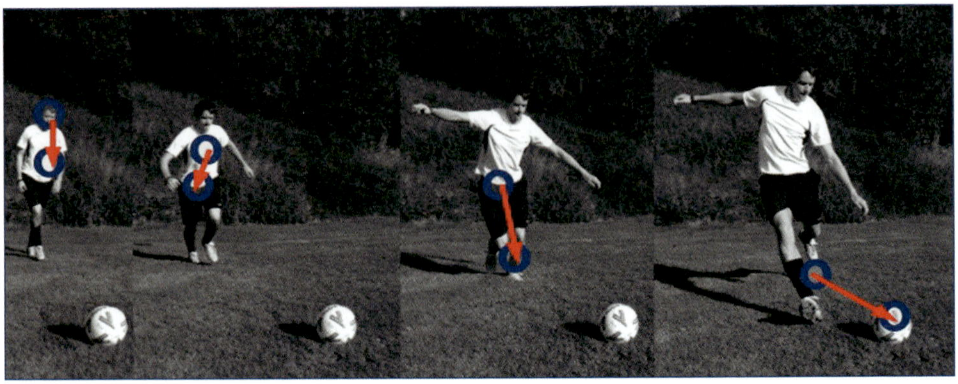

Abb. 4: Beispiel einer Blickbewegungsaufnahme. Die Bilder zeigen die Blickbewegungen von Torhütern im Verlauf eines Elfmeters (Dicks, Button & Davids, 2010).

Trainer können Sportspielern durch Hinweise helfen, die richtigen Informationsquellen auszuwählen und zu fokussieren. Diese für die Entscheidung und Reaktion relevanten Orte („Information-Rich Areas") können abhängig von den eigenen Vorkenntnissen (z. B. dem Wissen über den gegnerischen Spieler) sein (Jackson, Warren & Abernethy, 2006) und die Wahrnehmungsleistung durch mehr Effizienz erhöhen. Trainer können durch ihre Ansprachen *ungewollt* die Aufmerksamkeit auch auf für die Ausführung der Handlung nicht wichtige, eher irrelevante Aspekte lenken. Beispielsweise bewirkt der Satz: „Achte nicht auf den Torhüter", bei den meisten Spielern genau das Gegenteil: Die Folge ist eine längere Fokussierung auf den Torhüter und mehr Schüsse, die in seine Richtung gezielt werden (Bakker, Oudejans, Binsch & van der Kamp, 2006).

3.2.2 Bewusste Wahrnehmungsprozesse auf Basis nicht korrekter Informationen (Täuschungen)

Eine Form der bewusst eingesetzten, aber „nicht korrekten" Wahrnehmungsinformationen wird durch Täuschungshandlungen transportiert (für einen Überblick Güldenpenning, Kunde & Weigelt, 2017): Beispielsweise versucht ein Angreifer, den Abwehrspieler während eines Dribblings durch eine Finte zu täuschen (Bishop et al., 2013).

In allen Studien im Bereich Fußball konnte demonstriert werden, dass Täuschungen sinnvoll und effektiv sind. Nicht überraschend halten Torhüter weniger Schüsse mit Täuschungsmanöver der Schießenden als ohne (Dicks, Button & Davids, 2010) und Experten können Schüsse mit Täuschungen eher prognostizieren als Novizen (Bishop et al., 2013; Smeeton & Williams, 2012). Fußballerspieler reagierten zudem schneller auf Täuschungen, die mit der „normalen" Richtung des Täuschungsmanövers übereinstimmen, als wenn dies nicht der Fall ist (Wright & Jackson, 2014).

Das Einbeziehen von zu frühen visuellen Informationen (Lauf-, Blick-, Körpertäuschungen) bietet aber keinen entscheidenden Vorteil (Bishop et al., 2013), sodass Spieler gut beraten sind, sich auf den Fuß-Ball-Kontakt des Spielers zu konzentrieren. Weniger intuitiv ist, dass visuelle Suchmuster keinen Unterschied zwischen Schüssen mit und ohne Täuschungsmanöver zeigen (Tay et al., 2012). Allerdings sollte auch erwähnt werden, dass es im Fußball mehr Studien aus der Perspektive des Torwarts als aus der Perspektive der Feldspieler gibt (Güldenpenning et al., 2017).

3.2.3 Unbewusste Wahrnehmungsprozesse auf Basis korrekter Informationen

Umweltreize können nicht nur bewusst, sondern auch unbewusst wahrgenommen werden. Heute weiß man aus der allgemeinen Psychologie und der Motorikforschung, dass sich Wahrnehmung und Handlung gegenseitig bedingen (Prinz, 1997). In einer Reihe von Experimenten konnte dies im Rahmen einer Elfmetersituation demonstriert werden (Masters, van der Kamp & Jackson 2007; Weigelt & Memmert, 2012; Noël et al., 2015). Hier zeigt sich, dass auch unbewusst wahrgenommene Informationen motorische Handlungen massiv beeinflussen können (siehe Box).

Unbewusste Wahrnehmung beeinflusst das bewusste Verhalten

In mittlerweile zahlreichen Studien von den Arbeitsgruppen aus Amsterdam, Paderborn und Köln wurde zum Beleg dieser Aussage die Position des Torhüters auf der Torlinie beim Fußballelfmeter als Untersuchungsparadigma herangezogen (Weigelt & Memmert, 2012; Noël, van der Kamp & Memmert, 2015; Noël, van der Kamp, Weigelt & Memmert, 2015; Noël, van der Kamp, Masters & Memmert, 2016; Weigelt, Memmert & Schack, 2012). Dazu wurde der Torhüter systematisch auf der Torlinie etwas mehr nach links oder rechts von der Tormitte verschoben (vgl. Abb. 5).

Tatsächlich ist die Wahrscheinlichkeit hoch, dass der Schütze nach rechts schießt, wenn ein Torhüter aus Schützensicht links von der Tormitte platziert ist. Dieser Effekt besteht auch, wenn die Torwartposition nur ganz gering von der Mitte abweicht und die Schützen diese Verschiebung nicht bewusst wahrnehmen (Noël, van der Kamp, Weigelt & Memmert, 2015). Sowohl erfahrene als auch unerfahrene Fußballer werden gleichermaßen von der nicht merkbaren Positionsveränderung beeinflusst (Weigelt, Memmert & Schack, 2012).

Mit dem Wissen um diesen Zusammenhang könnten Torhüter ihre Position beim Elfmeter bewusster auswählen. Durch die eigene Platzierung des Torwarts auf seiner „schwachen Torseite" – minimal von der Tormitte entfernt – erhöht sich die Wahrscheinlichkeit, dass die Schützen auf die gegenüberliegende Ecke zielen. Dies wiederum führt dazu, dass der Torhüter eine höhere Chance hat, den Schuss auf seiner dann „starken Torseite" zu halten.

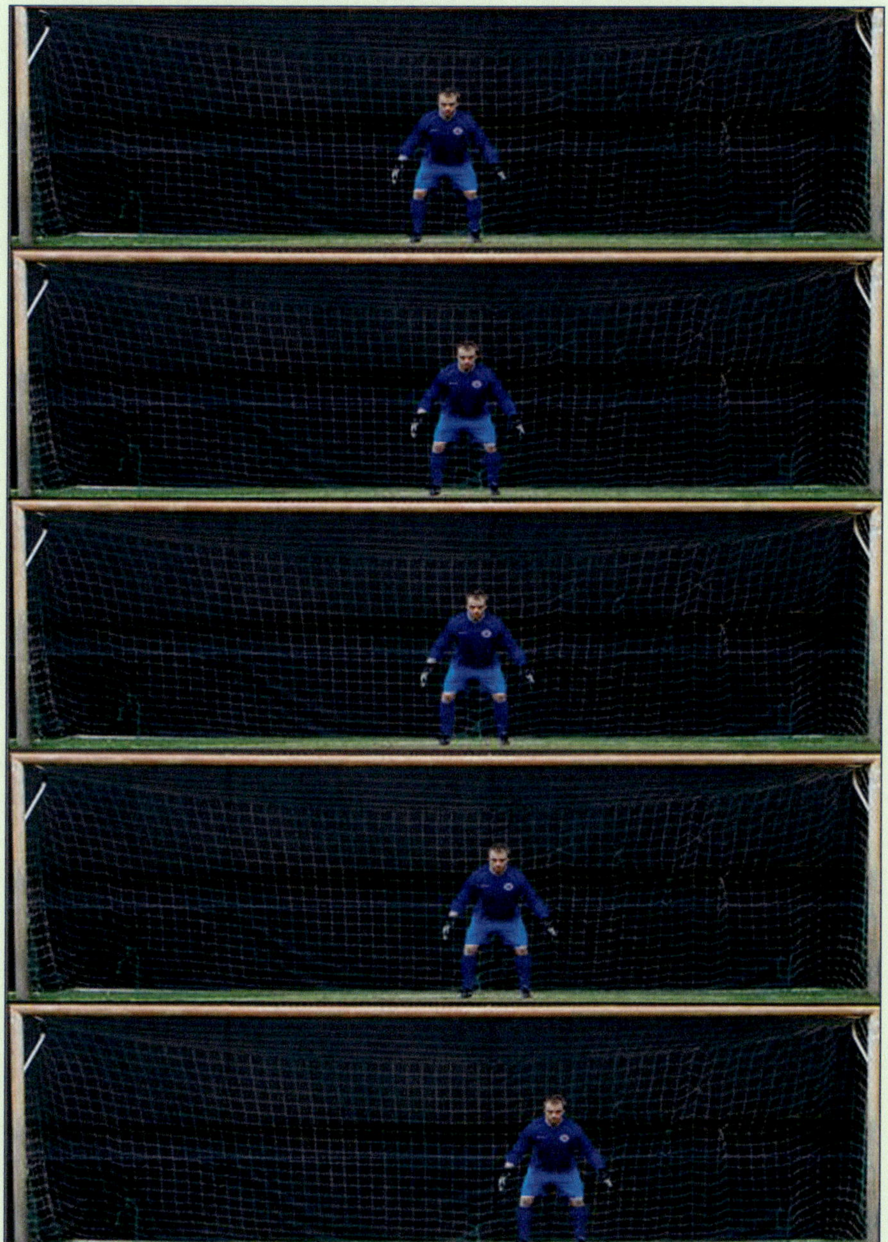

Abb. 5: Abgebildet sind fünf von neun Bildern des Torhüters in einer neutralen Position. Der Torhüter wurde in einer neutralen Torhüterhaltung gezeigt, entweder in der Tormitte oder in einer von vier verlagerten Position links (hier nicht dargestellt) oder rechts der Mitte.

3.2.4 Unbewusste Wahrnehmungsprozesse auf Basis nicht korrekter Informationen (Täuschungen)

Überraschenderweise gibt es kaum Forschungsbemühungen, die unbewusste Wahrnehmungsprozesse auf Basis nicht korrekter Informationen (Täuschungen) thematisieren. Güldenpenning und Kollegen haben in ersten Experimenten argumentiert, dass Täuschungshinweise, also nicht korrekte Informationen, auch unbewusst verarbeitet werden könnten (Güldenpenning, Steinke, Koester & Schack, 2013; Güldenpenning, Braun, Machlitt & Schack, 2015). Damit wäre es möglich, dass Athleten durch *Priming* (= unbewusst wahrgenommene Informationen) implizit körperbezogene Hinweise verarbeiten können, die wiederum motorische Reaktion aktivieren können, ohne explizit bewertet zu werden.

Im Fußball könnte man einzelne Studien aus der Kölner und Paderborner Arbeitsgruppe ebenfalls als Beispiel für unbewusste Wahrnehmungsprozesse auf der Basis nicht korrekter Informationen deuten, wenn die Torhüterverschiebung vom Torwart bewusst (quasi als Täuschung) gemacht wird, aber vom Schützen nicht bewusst wahrgenommen wird (Noël et al., 2015).

3.3 Aufmerksamkeit

Das menschliche Gehirn wurde im Zuge der Evolution dazu optimiert, durch gezielte Aufmerksamkeitsfokussierungen aus der Unmenge an auf uns einströmenden Informationen diejenigen Informationen bewusst zu selektieren und zu verarbeiten, die für zielgesteuertes Handeln im Alltag und auch im Sport relevant sind (Cohen, Nakayama, Konkle, Stantic & Alvarez, 2015; Mack & Rock, 1998).

Obwohl *Aufmerksamkeit* und *Wahrnehmung* eng miteinander verknüpft sind, stellen sie kein identisches Konzept dar. Beispielsweise unterscheidet sich die räumliche Auflösung der Aufmerksamkeit von der der *visuellen Wahrnehmung* (Intriligator & Cavanagh, 2001). Die visuelle Wahrnehmung liefert den Input für viele andere kognitive Prozesse, sodass Unterschiede in der visuellen Wahrnehmung weitreichende Folgen haben können. Kognition und Leistung beinhalten jedoch weit mehr als das sensorische System und erfahrene Experten können sich von Novizen in vielerlei Hinsicht unterscheiden, selbst wenn Novizen über eine ebenso gute visuelle Wahrnehmung verfügten.

Aufmerksamkeit gilt als ein entscheidender Faktor im Hinblick auf sportliche Leistungen (Abernethy et al., 2007; Memmert, 2009; Moran, 1996; Wulf, 2007). So benötigen Fußballer adäquate Aufmerksamkeitskompetenzen bei der simultanen Ausführung verschiedener Tätigkeiten, um in komplexen Situationen erfolgreich agieren zu können.

Beispielsweise muss man im Fußball den Ball führen und vor dem Gegner abschirmen, während man das Spiel gleichzeitig nach freien Mitspielern „durchsucht". Schiedsrichter müssen alle relevanten Informationen gleichzeitig und exakt in den Blick nehmen, die es ihnen ermöglichen, über Foul oder Nichtfoul oder über Abseits oder kein Abseits zu entscheiden.

Die *Abseitsentscheidung* im Fußball ist das Ergebnis einer beachtlichen Aufmerksamkeitsleistung der Linienrichter. Um diese Entscheidung treffen zu können, müssen sie die zahlreichen Akteure sowie den Ball gleichzeitig im Blick haben, die sich zudem auch noch alle relativ zueinander bewegen. Da diese sich aber auf einer sehr großen Fläche bewegen und das Auge für einen Blickwechsel zwischen zwei Objekten 130 bis 160 Millisekunden benötigt, kann ein Linienrichter die meisten Aktionen nur peripher wahrnehmen. Gerade bei langen Pässen, wo die Distanz zwischen Ballabgabe und Abseitskandidaten besonders weit ist, ist die Abseitssituation schwierig zu überprüfen (Hüttermann, Noël & Memmert, 2017). Es kann davon ausgegangen werden, dass Linienrichter mit einem großen „Aufmerksamkeitsfenster" einen Vorteil haben, um korrekte Entscheidungen treffen zu können.

Da Sportspieler in den spezifischen Situationen ihrer Sportarten kontinuierlich mit einer Vielzahl von visuellen und auditiven Reizen überflutet werden, die sie aufgrund begrenzter Verarbeitungskapazität nicht vollständig verarbeiten können, stellt sich die Frage, wie die Aufmerksamkeit effizient gelenkt werden kann, um optimale Entscheidungen treffen zu können. Sportler sollten in der Lage sein, ihre Aufmerksamkeitsausrichtung derart zu steuern, dass sie relevante von weniger relevanten Informationen selektieren können. Aufgrund der enormen Bedeutung der Aufmerksamkeit wurden psychologische Testverfahren zur Messung entwickelt (vgl. Kap. 4.1) und in der Psychologie unterschiedliche Modelle zur optimalen Aufmerksamkeitsausrichtung aufgestellt.

Der Aufmerksamkeitsmechanismus wird gerne mit der „Scheinwerfer-Metapher" erklärt: Die Aufmerksamkeit ist eine Art Scheinwerfer, dessen Kegel Licht auf einen bestimmten Bereich wirft (Posner, 1980). Die Größe des Lichtkegels ist dabei variabel (Eriksen & St. James, 1986). Dinge im Zentrum dieses Kegels können besser verarbeitet werden als Informationen in der Peripherie (LaBerge, 1983).

Da wir als Menschen eine endliche Aufmerksamkeitskapazität haben (Broadbent, 1958; Cowan, 1995), müssen wir Informationen aus unserer Umwelt ausblenden oder abschwächen, um effektiv mit den verhaltensrelevanten Ereignissen arbeiten zu können. Aus diesem Grund wird Aufmerksamkeitstheorien, -paradigmen und -mechanismen schon lange eine große Bedeutung zugewiesen und seit fast 100 Jahren werden sie in der Kognitionswissenschaft intensiv untersucht (Styles, 2008).

Neurowissenschaftliche und kognitionspsychologische Erkenntnisse in der Aufmerksamkeitsforschung (z. B. Coull, 1998; Knudsen, 2007; Mirsky, Anthony, Duncan, Ahearn & Kellam, 1991; Van Zomeren & Brouwer, 1994) legen eine Aufteilung der Aufmerksamkeit in vier Subprozesse nahe: die *Aufmerksamkeitsorientierung*, die *selektive Aufmerksamkeit*, die *geteilte Aufmerksamkeit* und die *Konzentration*.

Definitionen der vier Subprozesse der Aufmerksamkeit (Memmert & Furley, 2012)

- **Aufmerksamkeitsorientierung:** „Einloggen" und „Ausloggen" der Aufmerksamkeit auf einen Stimulus.
- **Selektive Aufmerksamkeit:** Sie wählt zu einem bestimmten Zeitpunkt zwischen konkurrierenden Stimuli aus.
- **Geteilte Aufmerksamkeit:** Simultanes Aufteilen der Aufmerksamkeit auf unterschiedliche Stimuli („Multitasking").
- **Konzentration:** Aufrechterhalten der Aufmerksamkeit auf einen spezifischen Stimulus über eine gewisse Zeitspanne.

Zwei der vier Subprozesse der Aufmerksamkeit werden im Folgenden näher beschrieben, um die in der Welt des Sports relevanten Aufmerksamkeitsleistungen (vgl. Abb. 6) besser verstehbar und trainierbar zu machen. Der Fokus wird dabei auf die selektive und die geteilte Aufmerksamkeit gelegt, da diesen in vielen Sportspielen eine zentrale Bedeutung zukommt. Die Subprozesse der Aufmerksamkeitsorientierung und Konzentration können an anderer Stelle nachgelesen werden (Memmert, 2009).

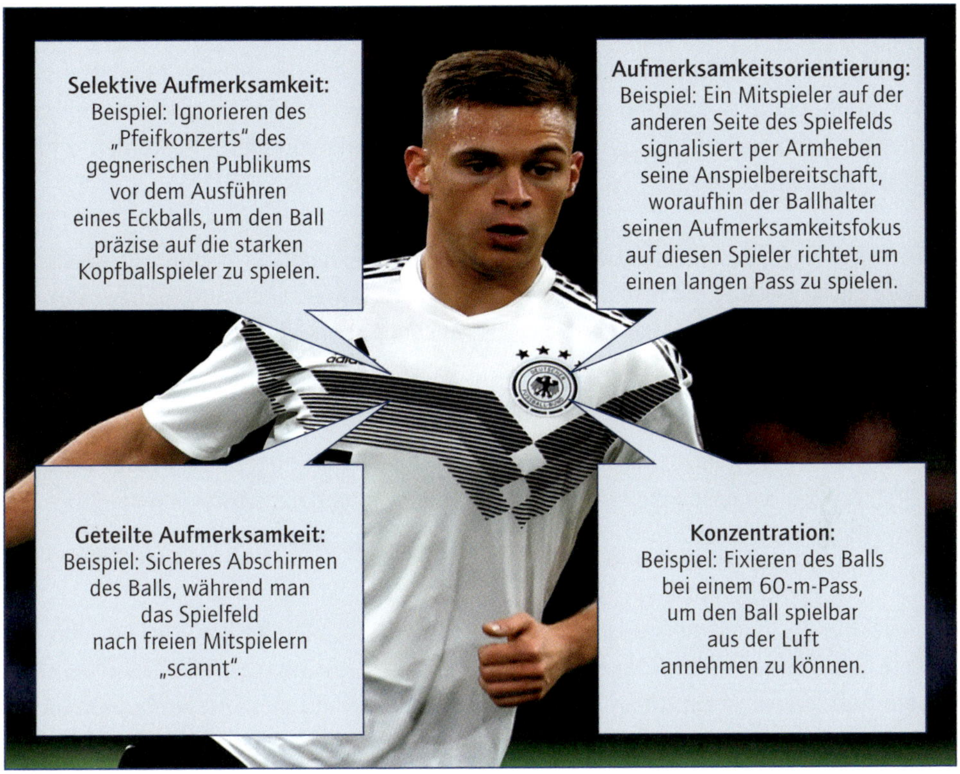

Abb. 6: Darstellung von vier Subprozessen der Aufmerksamkeit anhand von Praxisbeispielen (Aufmerksamkeitsorientierung, selektive Aufmerksamkeit, geteilte Aufmerksamkeit und Konzentration) am Beispiel fußballspezifischer Anforderungen (Furley & Memmert, 2009)

3.3.1 Selektive Aufmerksamkeit (Selective Attention)

Der Subprozess der *selektiven Aufmerksamkeit* ermöglicht eine gezielte räumliche oder objektgebundene Fokussierung zu bestimmten Zeitpunkten oder innerhalb bestimmter Zeitfenster. Während der Fokus gezielt auf bestimmte Ereignisse fällt, werden andere inhibiert, also ausgeklammert (vgl. Coull, 1998; Posner & Boies, 1971).

Selektive Aufmerksamkeit ist eng mit der Aufmerksamkeitsorientierung verknüpft, denn diese beiden Subprozesse sind in die Aufmerksamkeitsausrichtung bzw. -lenkung involviert. Posner und Peterson (1990) konnten allerdings nachweisen, dass die beiden Aufmerksamkeitsleistungen unterschiedliche Gehirnareale aktivieren, also verschiedene neurophysiologische Grundlagen haben.

Die selektive Aufmerksamkeit wählt aus verschiedenen Stimuli aus, während die Orientierung daraufhin die Aufmerksamkeitsorientierung auf diesen Stimulus „einloggt".

Die selektive Aufmerksamkeit ist die in der Sportwissenschaft bislang am meisten beachtete und thematisierte Komponente. Dies kommt nicht nur dadurch zustande, dass diesem Aufmerksamkeitsprozess die wohl größte Bedeutung in sportspezifischen Situationen zukommt, sondern auch dadurch, dass es verschiedene Möglichkeiten gibt, selektive Aufmerksamkeit methodisch zu untersuchen.

Es konnte beispielsweise nachgewiesen werden, dass der selektive Aufmerksamkeitsfokus durch einfache Instruktionen manipuliert werden kann. So kann eine kleine Anweisung des Trainers den Aufmerksamkeitsfokus derart einengen und führen, dass wichtige Gegebenheiten einer Situation (z. B. ein ungedeckter Mitspieler) nicht bewusst wahrgenommen werden und dadurch nicht mit in die Entscheidungsfindung einbezogen werden können (Memmert & Furley, 2007). Kreative Lösungsfindung wird dadurch stark beschränkt.

In einer sechsmonatigen Längsschnittstudie konnten diese Befunde in realen Trainingsszenarien repliziert werden; Kinder erzielten keinen Lernzuwachs in der kreativen Lösung taktischer Aufgaben, wenn ihr Aufmerksamkeitsfokus permanent durch konkrete Anweisungen und Hinweise eingeengt wurde (Memmert, 2007).

3.3.2 Geteilte Aufmerksamkeit (Divided Attention)

So, wie es in manchen Situationen wichtig und notwendig ist, die Aufmerksamkeit gezielt und selektiv auf ein Objekt oder einen Ort zu fokussieren (siehe oben zu selektiver Aufmerksamkeit), erfordern andere Situationen die parallele Verarbeitung mehrerer Informationen an verschiedenen Orten. Der Subprozess der *geteilten Aufmerksamkeit* befähigt Athleten dazu, sich auf zwei oder mehrere Informationsquellen gleichzeitig zu konzentrieren (vgl. Coull, 1998). Diese Fähigkeit, die auch eine hinreichende Breite des Aufmerksamkeitsfokus voraussetzt, ist nicht nur im Sport, sondern auch in verschiedenen Alltagssituationen, wie zum Beispiel im Straßenverkehr, eine wichtige Voraussetzung.

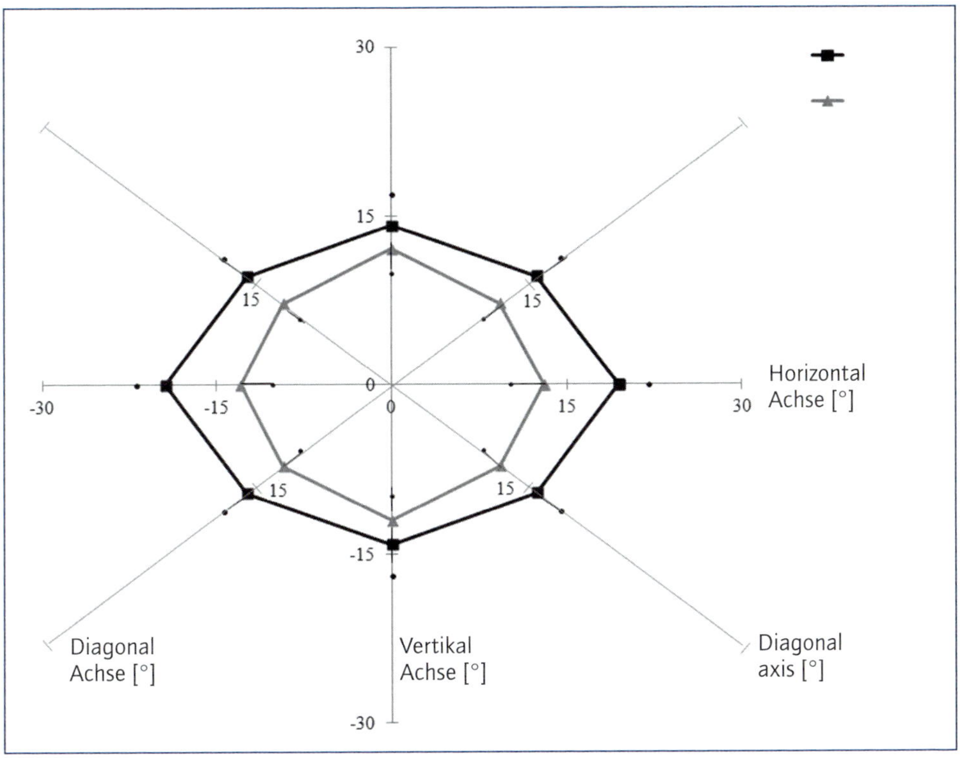

Abb. 7: Größe des maximalen Aufmerksamkeitsfensters [in °] für zwei verschiedene Athleten aus dem Fußball, innerhalb dessen gleichzeitig zwei Reize peripher wahrgenommen werden können. Da jedes Stimuluspaar symmetrisch über die Mitte präsentiert wurde, werden die Daten ebenfalls symmetrisch für die einzelnen Achsen (horizontal, diagonal, vertikal) dargestellt. Das äußere Aufmerksamkeitsfenster präsentiert die gemittelten Werte eines Bundesligaspielers, das innere Fenster die gemittelten Werte eines Bezirksligaspielers; die Fehlerbalken geben die jeweiligen Standardabweichungen an.

Hüttermann, Memmert, Simons und Bock (2013) entwickelten ein neues Paradigma, mit welchem sich das sogenannte *visuelle Aufmerksamkeitsfenster* einer Person genau bestimmen lässt. Dieses repräsentiert das mit einem Blick maximal bewusst wahrnehmbare Aufmerksamkeitsfeld in der Horizontalen, Vertikalen und Diagonalen (vgl. Abb. 7). Das Aufmerksamkeitsfeld ist dabei unterscheidbar von der reinen peripheren Sehleistung. Im Mittel zeigt sich ein maximales Aufmerksamkeitsfenster mit einer horizontalen Ausrichtung von 32,88° ± 8,36°, einer vertikalen Ausrichtung von 26,40° ± 5,36° und einer diagonalen Ausrichtung von 27,76° ± 5,56° auf. Sportspieler haben gegenüber Nichtsportspielern größere Aufmerksamkeitsfenster, zumindest im Hinblick auf die horizontale und diagonale Ausrichtung.

Hüttermann, Memmert, Simons und Bock (2013) konnten mit dem *Attention-Window-Paradigma* auch die Frage klären, ob eine Fixierung zwischen zwei Reizen Erfolg versprechender ist als die Fixierung eines Reizes mit peripherer Wahrnehmung des anderen Reizes. Der Vergleich beider Ausrichtungsstrategien der visuellen Aufmerksamkeit zeigte, dass mit der mittigen Fixation insgesamt eine durchschnittlich höhere Erfolgsrate (90,42 % ± 4,88 %), bezogen auf die Identifizierung der simultan präsentierten Reize, erzielt wird, im Vergleich zur Kombination der fixierten/peripheren Ausrichtung (80,24 % ± 10,28 %). Dieses Ergebnis scheint sowohl für Spielsportler als auch für Nichtspielsportler Gültigkeit zu besitzen. Allerdings sind Experten in Mannschaftssportspielen Novizen bei beiden Strategien klar überlegen.

Beim Phänomen „Blindheit durch Unaufmerksamkeit" *(Inattentional Blindness)* ist die Grundidee, dass Sportler in dem Moment, in dem sie ihre Aufmerksamkeit auf eine bestimmte Sache lenken, unerwartete Objekte oft nicht bewusst wahrnehmen, obwohl diese sich direkt und klar sichtbar vor ihren Augen befinden (Mack & Rock, 1998; Most, Scholl, Clifford & Simons, 2005).

Was ist „Blindheit durch Unaufmerksamkeit" (Inattentional Blindness)?

Es kommt vor, dass ein Spieler einen völlig freistehenden Mitspieler nicht sieht und nicht anspielt, obwohl sich dieser offensichtlich im Blickfeld befand. Vorwürfe von Trainern und Teamkameraden kommen da schnell, aber der betreffende Spieler beteuert hartnäckig, seinen Mitspieler nicht gesehen zu haben. Womit er auch recht haben kann, denn nur, wenn Aufmerksamkeit auf einen bestimmten Bereich bzw. ein bestimmtes Objekt gerichtet ist, wird diese Information auch bewusst aufgenommen und verarbeitet. Bewusste Wahrnehmung scheint somit Aufmerksamkeitsprozesse zu benötigen. Wenn Aufmerksamkeit auf ein anderes Objekt gerichtet ist, dann wird ein unerwartetes Objekt oft nicht wahrgenommen, obwohl es sich im visuellen Blickfeld der Sportler befindet.

Sogar hochklassige Jugend-Handballspieler können sich diesem Phänomen nicht entziehen (Memmert & Furley, 2007). Wurde ihre Aufmerksamkeit gezielt auf den direkten Gegenspieler gelenkt, sahen sie einen freien Mitspieler nicht mehr. Auch noch realistischere Szenarien mit anspruchsvollen Entscheidungsaufgaben und komplexen, aufmerksamkeitsbindenden Erstaufgaben konnten diese Befunde bestätigen (vgl. Abb. 8, links).

Basketballexperten sind in der gleichen Situation ebenso nicht in der Lage, offensichtlich freistehende Mitspieler wahrzunehmen, welche jeweils die Optimallösung der Spielsituation dargestellt hätten (Furley, Memmert & Heller, 2010). Diese Ergebnismuster konnten auch in realistischeren Kontexten mit motorischen Antwortaktionen sowie mit einer feldnäheren Erstaufgabe (Dreifachwahlaufgabe) repliziert werden (vgl. Abb. 8, rechts).

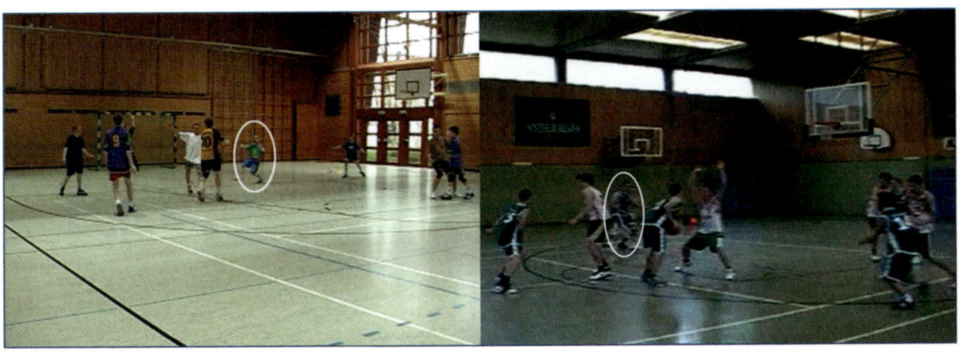

Abb. 8: Darstellung zweier sportartspezifischer Inattentional-Blindness-Test-Szenarien unterschiedlicher Komplexitätsstufen (links: geringe Komplexität, Handball; 3:3, Memmert & Furley, 2007; rechts: mittlere Komplexität, Basketball, 5:5, Furley et al., 2010). Eingekreist ist jeweils der freistehende Mitspieler, der – laut Expertenmeinung – auch die beste Anspiellösung in dieser Situation darstellt.

3.4 Spielintelligenz

Bedeutsam für das Generieren von Entscheidungsmöglichkeiten und für das Suchen optimaler Lösungsideen ist es, dass ein Spieler in der Lage ist, alle wichtigen Informationen aus seiner Umwelt (Mit- und Gegenspielerpositionen, unerwartet auftauchende Spieler etc.) wahrzunehmen, um sie in seinem Handlungsplan zu berücksichtigen. Im Fußball haben insbesondere die Mittelfeldspieler die Aufgabe, durch schlaues, einstudiertes, taktisches Verhalten das Aufbauspiel einer Mannschaft zu strukturieren. In diesem Zusammenhang spricht man in der Sportwissenschaft gerne von *Entscheidungsfähigkeit* (im Englischen Decision-Making) oder auch, angelehnt an die Psychologie, von *konvergentem Denken* oder *(Spiel-)Intelligenz*.

Definition

Taktische Spielintelligenz (konvergentes taktisches Denken)
In Mannschafts- und Rückschlagsportarten versteht man unter *taktischer Spielintelligenz* die Produktion von einer Bestlösung zu Problemen in spezifischen individual-, gruppen- oder mannschaftstaktischen Spielsituationen.

Die Sportspielforschung arbeitet vor allem mit zwei Definitionen kognitiver Denkprozesse, die eine Forschungsgruppe um Joy Paul Guilford aufgestellt hat; *konvergentes* und *divergentes Denken* (Roth, 2005). In *konvergenten Denkprozessen* werden sogenannte *Ideallösungen* für das Problem gesucht und angesteuert. *Divergente Denkprozesse* hingegen generieren eine Vielzahl von Lösungen für die Problemstellung, gerade auch Lösungen, die neu, unerwartet oder überraschend sind.

Die Forschung zur taktischen Spielintelligenz ist eng mit der kognitiven Entscheidungsforschung verknüpft (Höner, 2005; Roth, 2005). Oftmals spricht man im Sport auch einfach nur von „der Taktik". An dieser Stelle ist es nicht möglich, einen umfassenden Überblick über die Taktikforschung im Sportspiel oder Fußball zu geben. Dazu muss auf andere Werke verwiesen werden (Memmert, 2004 a, b; Raab, 2001; Roth, 1989; Höner 2005). Einen aktuellen, zusammenfassenden Überblick zu Theorien und Modellen findet man in König und Memmert (2019).

An dieser Stelle wird der Blick auf individualtaktische, kognitive Lösungen gerichtet. Damit wird auch oft das Konstrukt der (taktischen) Spielfähigkeit berührt (vgl. dazu ausführlicher Kuhlmann, 1989; Roth, 2005; s. Tab. 3). „Unbestritten ist das Konstrukt Spielfähigkeit zu einer zentralen Leitidee der Spielvermittlung geworden" (König, 1997, S. 476). Damit kann die allgemeine Sportspielfähigkeit mit dem *g-Faktor* (vgl. ausführlicher Amelang & Barttussek, 2001, S. 224) in der allgemeinen Intelligenzforschung verglichen werden.

Tab. 3: Definitionen des Konstrukts der Spielfähigkeit im Sportspiel (aus Memmert, 2004a, S. 241)

Kennzeichnung	Definition	Autor
Spielintelligenz/ taktische Flexibilität	Die Fähigkeit, in veränderten, unvorhergesehenen Situationen richtige Entscheidungen schnell zu treffen, spieltaktisch zweckmäßig Lösungen zu finden.	Döbler (1964)
Sportliche Spieltätigkeit	Vielseitige und komplexe Erscheinung, deren Qualität von zahlreichen Leistungsfaktoren bestimmt wird. Aus psychologischer Sicht ist sie als Einheit motivationaler, volitiver, emotionaler und kognitiver Prozesse anzusehen, die ihren Ausdruck in der sportspielspezifischen Motorik findet. Charakteristisch für sie ist das mehrfache Bezugssystem – Mitspieler, Gegner, Ball, Zielraum –, in dem sich der Spieler befindet und mit dem er sich ständig aktiv auseinandersetzen muss.	Konzag & Konzag (1980)
Allgemeine und spezielle Spielfähigkeit	Die Fähigkeit, ein Spiel in Gang zu setzen, es in seinem Verlauf zu sichern und bei Störungen wiederherzustellen. Das Vorhandensein von Kenntnissen über Spielidee und Spielregeln, der notwendigen Fertigkeiten im Umgang mit dem Spielgerät und der taktischen Erfahrung in wichtigen Spielsituationen.	Dietrich (1984)
Spieltätigkeit	Zielgerichtete, bewusste, taktische Handlungen. Die taktischen Kenntnisse sind Grundlage für die Wahrnehmung und Analyse der Spielsituation und für die Spielleistung.	Herzog (1986)
Spielfähigkeit	Die komplexe Fähigkeit, die verschiedenen und ständig wechselnden Spielsituationen auch bei gegnerischer Einwirkung lösen zu können.	Stiehler, Konzag & Döbler (1988)
Spielfähigkeit	Komplexe, sportspielbezogene, spezifische Leistungsvoraussetzungen und eine Form der individuellen Handlungsfähigkeit entsprechend den variablen Wettspielbedingungen.	Schnabel & Thieß (1993)
Taktisches Handeln	Die angemessene und wirksame Bewältigung komplexer Spielsituationen.	Wegner & Katzenberger (1994)
Spielfähigkeit	Die Fähigkeit, aktiv und erfolgreich an einem Sportspiel als Mit- und Gegenspieler teilzunehmen, indem man spieltypische Situationen und Spielvorgänge im Rahmen der Regeln technisch und spieltaktisch, individuell oder in Kooperation mit anderen bewältigt, sie emotional erlebt und mitgestaltet.	König (1997)

Wie Tab. 3 zeigt, gibt es für das Konstrukt der Spielfähigkeit doch zahlreiche, teilweise sogar recht unterschiedliche Begrifflichkeiten und Systematiken sowie auch widersprüchliche Definitionen (zur ausführlichen Diskussion vgl. König, 1997, S. 476).

Basistaktiken spielen bei der Entwicklung einer allgemeinen Spielfähigkeit oder Spielintelligenz eine herausragende Rolle (vgl. Memmert & König, 2012). Sie können als taktische Grundkenntnisse gekennzeichnet werden, die in vielen Sportspielen eine zentrale Rolle spielen (vgl. Tab. 4). Mittlerweile sind sie fester Bestandteil zahlreicher Lehrpläne und Trainingskonzeptionen in verschiedenen Alters- und Leistungsklassen (allgemeine Ballschule: Kröger & Roth, 1999; Roth & Kröger, 2011; Ballschule Rückschlagspiele: Roth, Kröger & Memmert, 2002; Ballschule Wurfspiele: Roth, Memmert & Schubert, 2006; Fußball: Memmert, Thumfart & Uhing, 2014).

Tab. 4: Basistaktiken im Fußball

Ziel ansteuern	Taktische Aufgabenstellungen, bei denen es darauf ankommt, Zeitpunkt und Ort einer Abschlusshandlung auszuwählen.
Ball dem Ziel annähern	Taktische Aufgabenstellungen, bei denen es darauf ankommt, den Ball in einen Angriffs- bzw. Abschlussraum zu transportieren.
Zusammenspiel	Taktische Aufgabenstellungen, bei denen es darauf ankommt, Bälle situationsgerecht und schnell zu Partnern weiterzuspielen.
Lücken ausnutzen	Taktische Aufgabenstellungen, bei denen es darauf ankommt, in der Auseinandersetzung mit Gegenspielern (individuell) Zwischenräume für die Chance eines Abspiels oder Punktgewinns zu nutzen.
Gegnerbehinderung umgehen	Taktische Aufgabenstellungen, bei denen es darauf ankommt, in der Auseinandersetzung mit Gegenspielern einen Ballbesitz (individuell) zu sichern.
Überzahl herausspielen	Taktische Aufgabenstellungen, bei denen es darauf ankommt, sich durch Anbieten, Orientieren und in Kooperation mit Partnern einen Vorteil zu verschaffen.

Die in Tab. 4 beschriebenen Basistaktiken können als ein erster Ausgangspunkt von Spielformen dienen, die taktische Spielintelligenz im Vereinstraining, in der Talentförderung sowie in der schulischen Anfängerausbildung (Bildungspläne: Spielfähigkeit) schulen können.

3.5 Spielkreativität

Wenn man Fußballexperten fragt oder sich den internationalen Spitzenfußball genau anschaut, erkennt man, dass gerade die höchst kreativen Fußballspieler den Unterschied ausmachen können. Beispielsweise wurde 2018 Luka Modric zum Welt-Fußballer gekürt. Lionel Messi wurde bereits zum dritten Mal Welt-Fußballer des Jahres. „Messi spielt auf einem total anderen Niveau" (Neymar da Silva Santos Júnior).

Frank Ribéry wurde 2013 zum Fußballer des Jahres in Europa gewählt. „Wir haben neben Ribéry einen mehr, der Kreativität auf engem Raum ins Spiel bringt. Wir wollen uns verbessern. Das geht nur mit außergewöhnlichen Spielern" (Louis Van Gaal über Arjen Robben). Arjen Robben erzielte den Siegtreffer im Champions-League-Finale 2013: „Er macht den Unterschied aus, er bringt die Unberechenbarkeit ins Spiel und reißt die Mannschaft mit" (Franz Beckenbauer über Arjen Robben).

Bedeutung der Kreativität im Fußball

Die Aussagen des deutschen Bundestrainers Jogi Löw belegen die besondere Bedeutung von Kreativität im Profifußball: „Kreativität und spielerische Klasse sollten die neuen deutschen Tugenden sein." Auch der Sportvorstand des Champions-League-Gewinners 2013, Bayern München, Matthias Sammer, weist auf ihre Bedeutung hin: „Die erste Initiative, die Flexibilität im eigenen Team zu erhöhen, kam immer vom Trainer. [...] Nur hatten wir das Gefühl, dass unser Spiel kreativer und unberechenbar werden müsste. [...] Erst dann war unsere Spielweise unberechenbar und modern – extrem kreativ." Der ehemalige Kapitän der deutschen Fußballnationalmannschaft, Philip Lahm, antwortet auf die Frage, ob Automatismen und ein Plan Kreativität ersticken können: „Der Plan ist die Basis, das Spiel lebt weiter von Kreativität und Spontaneität in den einzelnen Situationen. Trotzdem muss man grundsätzlich wissen, wie man etwa gegen eine Raute verteidigen will."

Für die Mannschafts- und Rückschlagspiele spielt somit neben der taktischen Spielintelligenz ein weiterer kognitiver Denkprozess eine große Rolle: die *taktische Kreativität*.

Definition

Taktische Kreativität (divergentes taktisches Denken)
In Mannschafts- und Rückschlagsportarten versteht man unter *taktischer Kreativität* die Generierung zahlreicher Lösungen zu Problemen in spezifischen individual-, gruppen- oder mannschaftstaktischen Spielsituationen, die als überraschend, selten und/oder originell bezeichnet werden können.

Unter *Kreativität* im Fußball verstehen wir besonders überraschende, originelle und flexible taktische und motorische Lösungen, zum Beispiel No-Look-Pässe, Schnittstellenbälle oder bestimmte Dribblings und Laufwege. Erste empirische Evidenz zur Bedeutung von taktischer Kreativität im Profifußball stammt aus einer aktuellen Studie von Kempe und Memmert (2018).

Ist Kreativität tatsächlich ein Erfolgsfaktor im Profifußball?

Kempe und Memmert (2018) haben alle Spiele der Fußballweltmeisterschaften 2010 und 2014 sowie der Fußballeuropameisterschaft 2016 nach kreativen Aktionen bei Torerfolgen untersucht. Analysiert wurden dabei alle Tore, die aus dem Spiel heraus entstanden: Das waren 311 Tore in 153 Spielen. Dabei wurden jene Spielsituationen und -aktionen ausgewertet, die im Einzelfall zum Torerfolg führten. Einbezogen wurden die jeweils letzten acht Aktionen, die das Tor herbeiführten.

Drei Fußballexperten mit UEFA-Lizenzen hatten die Aufgabe, die Aktionen vor dem Torschuss, bezogen auf die Kreativleistung, auf einer Skala von 1 bis 10 zu bewerten, wobei 1 ein deutlich unterdurchschnittliches Kreativitätsniveau und 10 ein deutlich überdurchschnittliches Kreativitätsniveau bedeutete. Die Ergebnisse zeigen, dass das Kreativitätsniveau ansteigt, je näher der Torabschluss rückt. Vor allem die siebte Aktion, der „entscheidende Pass" (Assist-Assist), bekam im Mittel den höchsten Kreativitätswert. Insgesamt weisen die letzten drei Aktionen vor dem Torschuss signifikant höhere Kreativitätswerte auf als die Aktionen davor.

Auch wenn diese Werte nur knapp über dem Durchschnittswert liegen, zeigt dies umso mehr, dass hochgradig kreative Lösungen extrem selten sind. Die Experten bewerteten lediglich 172 von über 1.800 Aktionen als hochgradig kreativ mit einem Wert von 8 und höher auf der Kreativitätsskala. Andererseits enthielten die Aktionsabfolgen bei fast der Hälfte aller Tore (46 %) mindestens eine Aktion mit hohem Kreativitätsniveau. Bei den sehr erfolgreichen Teams der drei Turniere lag der Wert sogar bei 63 %.

Kempe und Memmert (2018) konnten zudem zeigen, dass Kreativität auch erfolgreiche von weniger erfolgreichen Teams eines Turniers unterscheidet. Zusammenfassend scheint Kreativität ein immer wichtiger werdender Faktor im Fußball zu sein, gerade beim Erzielen von Toren auf höchstem Leistungsniveau.

Um einen so umfassenden Begriff wie die taktische Kreativität bewerten zu können, hat die Forschungsgruppe um Guilford diesen bereits 1967 faktorenanalytisch operationalisiert und in die drei Eigenschaften *Originalität*, *Flexibilität* und *Flüssigkeit* aufgeteilt. Im Fußball wurden Videotests (Furley & Memmert, 2015; Memmert, 2010a, b; Memmert, Hüttermann & Orliczek, 2013) und Spieltestsituationen (vgl. Memmert, 2004a, b; 2006b; 2010b) entwickelt, um diese drei Faktoren erfassen zu können.

- **Originalität:** Die Ungewöhnlichkeit von taktischen Entscheidungshandlungen kann durch Fußballexperten bewertet werden.
- **Flexibilität:** Der Abwechslungsreichtum von taktischen Entscheidungshandlungen wird über die Handlungs- oder Antwortvielfalt der Fußballspieler bestimmt.
- **Flüssigkeit:** Die Anzahl von taktischen Entscheidungshandlungen, die Fußballspieler für eine bestimmte Situationskonstellation generieren.

Nationale und internationale, empirisch geprägte Forschungsprogramme haben in den letzten Jahren dazu geführt (für einen Überblick: Memmert, 2012; 2015), dass zahlreiche methodische Möglichkeiten zur fußballspezifischen Schulung von taktischer Kreativität entwickelt werden konnten.

Auf einer methodischen Ebene scheinen die sieben Prinzipien *Deliberate Play, One-Dimension-Games, Diversifikation, Deliberate Coaching, Deliberate Memory* (wird eigenständig im nächsten Kapitel behandelt), *Deliberate Practice* und *Deliberate Motivation* – quasi die sieben Ds der Kreativitätsschulung im Fußball – von besonderer Bedeutung zu sein (vgl. Abb. 9). Ihre Anordnung ist nicht zufällig, sondern entspricht einer chronologischen Reihung.

Während die vier ersten Prinzipien eher für das Kinder- und Jugendtraining geeignet erscheinen, können alle sieben Prinzipien auch im Erwachsentraining eingesetzt werden. Die Ds können zum Beispiel Berücksichtigung finden, wenn fußballspezifische taktische Inhalte geschult werden (z. B. Basisbausteine: Memmert & Breihofer, 2006; Memmert, Thumfart & Uhing, 2014), aber auch sportartübergreifende Basistaktiken (allgemeine Ballschule: Roth & Kröger, 2011; Ballschule Rückschlagspiele: Roth, Kröger & Memmert, 2002; Ballschule Wurfspiele: Roth, Memmert & Schubert, 2006).

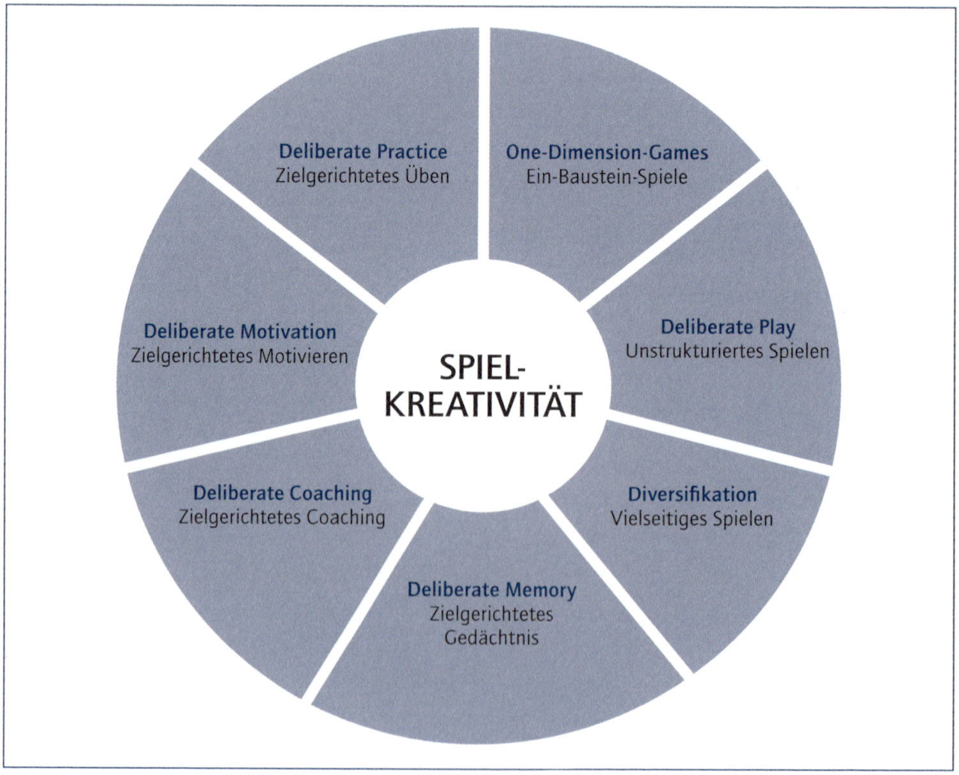

Abb. 9: Die 7 Ds der Schulung taktischer Kreativität im Fußball (vgl. Tactical Creativity Approach von Memmert, 2015).

3.5.1 Deliberate Play

Das unangeleitete und möglichst freie Experimentieren in spielnahen und unstrukturierten Situationen in der Kindheit wird als *Deliberate Play* bezeichnet (Côté, Baker & Abernethy, 2007). Bewegungsbiografiestudien und auch Feldexperimente deuten darauf hin, dass das *Deliberate Play* in der Kindheit und Jugend die Kreativität von aktuellen Nationalmannschafts- und Bundesligaspielern beeinflusst hat. Unangeleitetes Agieren kann somit zum Ausprobieren unterschiedlichster Antwortvariationen führen.

3.5.2 One-Dimension-Games

Mit Basis-Bausteinspielen (engl.: *One-Dimension-Games*) kann man eine allgemeine und fußballspezifische taktische Kreativität entwickeln; sie lassen sich wie folgt charakterisieren (Memmert, 2004a, b; Memmert & Roth, 2003):

- Fokussierung auf eine Basistaktik (Nicht auf mehrere!);
- Vorgabe von klaren Rollenverteilungen im Spiel;
- Vorgabe von bestimmten Rahmensituationen;
- Gewährleistung immer wiederkehrender Rahmensituationen;
- Gewährleistung gleichbleibender Rahmensituationen;
- Gewährleistung hoher Wiederholungszahlen;
- Gewährleistung unterschiedlicher Mit- und Gegenspieler durch systematische Rotationen.

3.5.3 Diversifikation

Taktische Kreativität kann mit vielseitigem, sportspielübergreifendem Training geschult werden, in dem Kinder und Jugendliche taktische Aufgaben mit Hand, Fuß und Hockeyschläger lösen. Das Agieren in vielen unterschiedlichen, sportspielaffinen Situationen ermöglicht den Erwerb unterschiedlichster Bewegungserfahrungen (Memmert, 2006b; Memmert & Roth, 2003). Bedeutsam für das Generieren originärer Lösungsideen ist es demnach, dass Kinder und Jugendliche relativ frühzeitig in ihrer Bewegungsbiografie mit verschiedenen Bällen in Berührung kommen und in Spielformen mit verschiedenen motorischen Ausführungsformen agieren lernen, um Situationen immer wieder auf eine andere, neue Art zu denken.

3.5.4 Deliberate Coaching

Ein breiter Aufmerksamkeitsfokus ist notwendig, um auch unerwartete Objekte, wie freie Mitspieler, wahrzunehmen, die Ausgangspunkt von originellen Lösungshandlungen sein können (Memmert, 2005). Geringere Instruktionsgaben seitens der Trainer führen dazu, dass Kinder und Jugendliche besser in der Lage sind, kreative und variantenreiche Lösungsmöglichkeiten zu generieren, als jugendliche Fußballspieler, die ständig mit aufmerksamkeitslenkenden Hinweisen in den Schulungseinheiten konfrontiert werden.

Zur Förderung von taktischer Kreativität ist es nicht ratsam, als Übungsleiter ständig das Trainingsspiel zu stoppen und taktische Anweisungen an seine Spieler zu geben, da eben diese Anweisungen den Aufmerksamkeitsfokus einschränken (Furley & Memmert 2005).

3.5.5 Deliberate Motivation

Befunde aus der Sozialpsychologie lassen vermuten, dass kreative Leistungen durch Instruktionen manipuliert werden können. Das kann beispielsweise geschehen, wenn durch die Art der Instruktion das emotionale Befinden des Probanden zur Aufgabe beeinflusst wird. Memmert und Kollegen (2013) konnten zeigen, dass auch taktische Kreativität im Fußball von einem Hoffnungsfokus (Promotion-Fokus) profitiert, also wenn das Aufgabenziel als lohnenswerter Zustand angestrebt wird.

Das Gegenteil wäre ein Preventionfokus, der durch das Ziel der Abwendung eines Übels geschaffen wird. Insgesamt weisen die Ergebnisse darauf hin, dass Trainer durch geeignete Promotion-Fokus-Instruktionen („*Euer Ziel ist es*, dass jeder dritte Ball in die Nahtstelle gespielt wird."), anstatt von: „*Ihr müsst* jeden dritten Ball in die Nahtstelle spielen", das Generieren von kreativen Lösungen in fußballspezifischen Situationen unterstützen.

3.5.6 Deliberate Practice

Das instruktionsgeleitete Agieren in übungszentrierten und strukturierten Situationen mit dem Ziel, effektiv spezifische individuelle Leistungskriterien zu verbessern, nennt man *Deliberate Practice* (Côté, Baker & Abernethy, 2007). Die Expertiseforschung demonstriert, dass Leistungssportler mehr als 10 Jahre intensiv, sportartspezifisch und qualitativ hochwertig trainiert haben müssen, um eine Chance zu haben, Hochleistungssportler zu werden (Ericsson, Krampe & Tesch-Römer, 1993; für eine Gegenposition: siehe Hambrick & Meinz, 2011; Macnamara, Hambrick & Oswald, 2014).

Memmert, Baker und Bertsch (2010) wiesen nach, dass spätere hochkreative Fußballspieler deutlich länger im Fußball zielgerichtet trainiert haben, als weniger kreative Fußballspieler. Somit scheint auch *Deliberate Practice* ein notwendiges, aber natürlich nicht hinreichendes Merkmal zur Förderung taktischer Kreativität zu sein, insbesondere in der späten Kindheit und zu Beginn der Jugend.

3.6 Arbeitsgedächtnis

Im Zentrum der bewussten Informationsverarbeitung steht das *Arbeitsgedächtnis*, in dem eine limitierte Informationsmenge verarbeitet werden kann, die für die aktuelle Tätigkeit relevant ist (im Überblick: Baddeley, 2007). Von besonderer Bedeutung für die Kognitionen im Fußball sind die Kapazität und die generelle Funktionsweise des Arbeitsgedächtnisses (im Überblick: Furley & Memmert, 2010).

Was versteht man unter dem Arbeitsgedächtnis?

Für viele kognitive Aufgaben wird ein Gedächtnis gebraucht, das sowohl Ziele, wichtige Aufmerksamkeitsresultate, abgerufene Informationen aus dem Langzeitgedächtnis und Zwischenresultate der Bearbeitung bereithält, als auch die Bearbeitung all dieser Informationen koordiniert. Nahezu alle kognitiven Leistungen erfordern die zeitweilige, anforderungsabhängige Bereitstellung von Information. Das Arbeitsgedächtnis ist damit ein Schlüsselsystem für das Verständnis komplexer kognitiver Leistungen (Engle, 2002).

Definition

„Der Begriff Arbeitsgedächtnis wird von Kognitionspsychologen verwendet, um die Fähigkeit zu beschreiben, gleichzeitig zielgerichtete Informationen aufrechtzuerhalten und zu verarbeiten. Wie der Name schon sagt, reflektiert das Konzept des Arbeitsgedächtnisses im Kern eine Art der Erinnerung, aber es ist weitaus mehr als ein Gedächtnis, denn es ist ein Gedächtnis bei der Arbeit und im Dienste von komplexer Wahrnehmung" (Conway et al., 2007).

Obwohl die individuelle *Kapazität des Arbeitsgedächtnisses* eines Athleten keinen Einfluss auf divergente Leistungen im Sportspiel zu haben scheint (Furley & Memmert, 2015), ist es dennoch ratsam, dass Trainer aufgrund der limitierten Kapazität des Arbeitsgedächtnisses (Cowan, 2005) bei taktischen Anweisungen, Instruktionen oder Besprechungen nicht zu viele Informationen zur gleichen Zeit geben (Cowan, 2001). Zudem muss beachtet werden, dass besonders beim (taktischen, kognitiven, motorischen) Neulernen das Arbeitsgedächtnis in einem größeren Maße beansprucht wird als in späteren Expertisestadien (Maxwell, Masters & Eves, 2003; Schmidt & Wrisberg, 2004; vgl. auch Abb. 10).

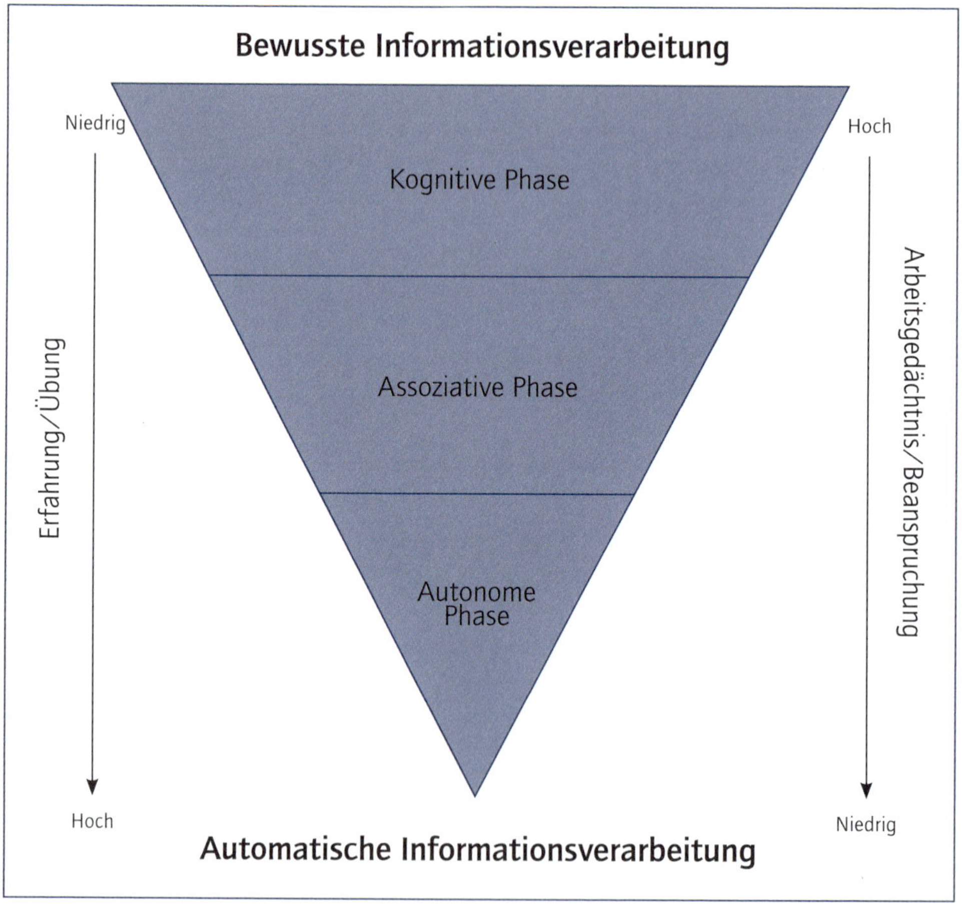

Abb. 10: Beanspruchung des Arbeitsgedächtnisses beim taktischen Lernen in Abhängigkeit vom Expertisegrad des Athleten (Furley & Memmert, 2010).

Experten speichern im Gegensatz zu Novizen nämlich spezifische Ereignisse (z. B. Laufwege einzelner Spieler, taktische Konstellationen) nicht als einzelne Informationseinheit ab, sondern als taktisches Muster der Spielerkonstellationen („Chunkingprozesse"). Zum einen erleichtert und verbessert dies im besonderen Maße die frühzeitige Antizipation von bedeutungsvollen Situationskonstellationen (Williams & Ericsson, 2005). Zum anderen wird die limitierte Kapazität des Arbeitsgedächtnisses von Experten nicht so schnell aufgebraucht wie bei Novizen und kann somit für die Wahrnehmung weiterer Situationskonstellationen oder für elaboriertere taktische Entscheidungsprozesse genutzt werden (Williams, Hodges, North & Barton, 2006).

Die generelle *Funktionsweise des Arbeitsgedächtnisses*, d. h. die Tatsache, dass im Arbeitsgedächtnis Informationen kurzfristig bearbeitet, manipuliert und strukturiert werden (Conway et al., 2007), hat wichtige Konsequenzen für das Entscheidungstraining im Sportspiel. Aktuelle Studien haben gezeigt (Furley & Memmert, 2013), dass die aktivierten Inhalte des Arbeitsgedächtnisses den Aufmerksamkeitsfokus eines Athleten dadurch lenken, indem die Aufmerksamkeit auf diejenigen Objekte im visuellen Feld gelenkt wird, auf die sich die Inhalte des Arbeitsgedächtnis beziehen. Zudem wurde nachgewiesen, dass die Kapazität des Arbeitsgedächtnisses Vorhersagen erlaubt, welche Athleten in der Lage sind, ihre Aufmerksamkeit gezielt zu kontrollieren, indem aufgabenirrelevante Reize ausgeblendet werden und somit Interferenzen vermieden werden (Furley & Memmert, 2012).

Demzufolge bedeutet dies insbesondere für das methodische Prinzip *Deliberate Memory* als eines der 7Ds (vgl. Kap. 3.5), dass im positiven Fall Instruktionen des Trainers den Aufmerksamkeitsfokus der Athleten lenken und somit taktisch-kreative Entscheidungen erleichtern können. Im negativen Fall greifen Athleten verstärkt auf irrelevante Informationen des Trainers zurück, die das Treffen von optimalen Entscheidungen durch eine ungünstige Aufmerksamkeitskontrolle in der spezifischen Situation verhindern (Furley, Memmert & Heller, 2010).

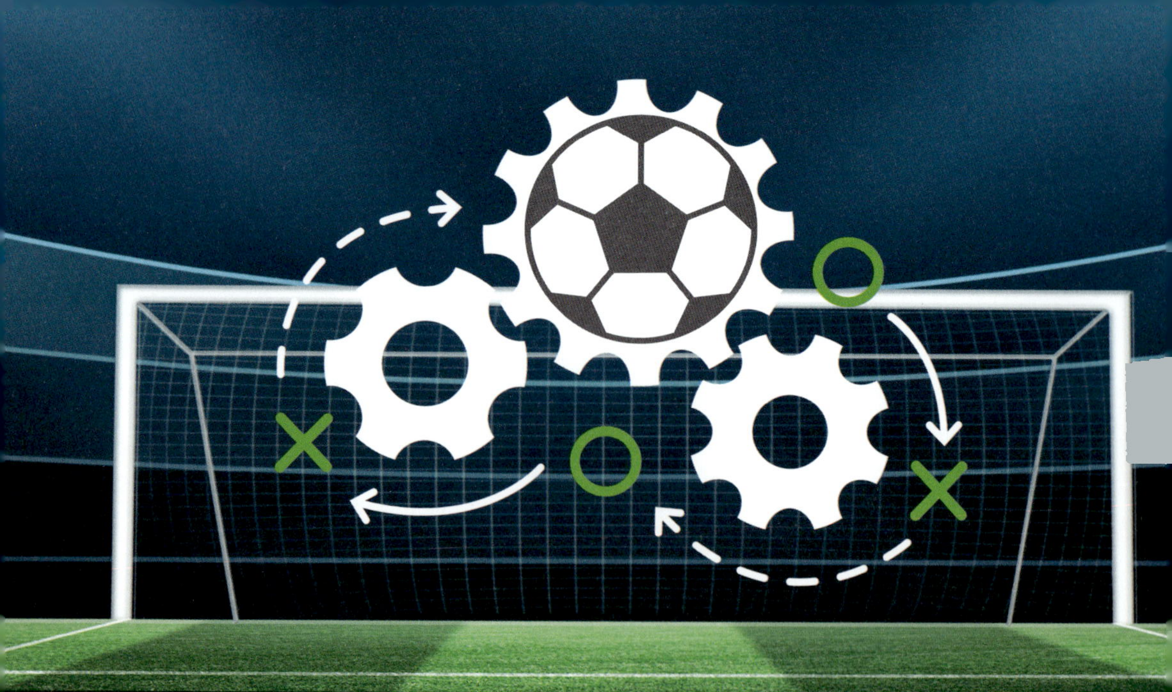

4 DIAGNOSTIK VON KOGNITIONEN

In der Literatur gibt es mittlerweile eine fast nicht mehr überschaubare Flut von kognitiven Tests. Diese reichen von wissenschaftlich abgesichert bis zu reinen Softwareprodukten, die keinem wissenschaftlichen Anspruchsniveau genügen. Im Folgenden wird damit auf einen generellen Überblick verzichtet und ausgewählte Verfahren werden vorgestellt, die am Institut für Trainingswissenschaft und Sportinformatik der deutschen Sporthochschule Köln in den letzten Jahren entwickelt und in Studien und in der Praxis eingesetzt wurden. Exemplarisch werden jeweils vier Labortests sowie vier Feldtests vorgestellt.

4.1 Labortests

Im Folgenden werden exemplarisch vier kognitive Testverfahren vorgestellt, die in verschiedenen Projekten am Institut für Trainingswissenschaft und Sportinformatik entwickelt sowie eingesetzt wurden und werden. Die Athleten erhalten ihre Ergebnisse aus den vier Tests zusammengefasst und mit Vergleichswerten zu verschiedenen sportartspezifischen Probandengruppen.

Kognitive Fähigkeiten

	Aufmerksamkeitsfenster (statisch)	Arbeitsgedächtniskapazität	Anfälligkeit gegen Ablenkung	Geteilte Aufmerksamkeit (dynamisch)
	Der *Attention-Window-Task* bestimmt das mit einem Blick bewusst wahrnehmbare visuelle Feld (in Grad), begrenzt durch die individuelle maximale horizontale (h) und vertikale (v) Ausrichtung.	Der *Working-Memory-Span-Test* misst die Fähigkeit eines Sportlers, seine Aufmerksamkeit auf die momentane Aufgabe zu richten, ohne dabei von anderen Gedanken abgelenkt zu werden.	Der ***Perceptual**-Load-Test* misst, inwieweit Sportler, sich von ***externalen*** Reizen ablenken lassen (Plus-/Minuswerte = höhere/niedrigere Ablenkung), welche völlig irrelevant für ihre Aufgabe – niedrige (n)/ hohe (h) perzeptive Belastung – sind.	Im *Motion-Option-Tracking-Test* wird gemessen, bis zu welcher Geschwindigkeit Sportler mehrere, relevante, sich bewegende Objekte verfolgen ***(tracken)*** können.
NN **NN**	h * v	55 %	n -31 h 68	*
Basketball *Bundesliga*	h 38,0 v 36,0	91 %	n 68 h 56	1.251
Tischtennis *Bundesliga*	h v	87 %	n -24 h -9	1.204
Golf *Bundesliga*	h v	62 %	h 48 n -35	
Fußball *Bundesliga*	h 40,0 v 33,0	87 %	n 54 h 33	1.274
Fußball *U15*	h 24,0 v 18,0	57 %	n 19 h -8	1.013
Fußball *U12/U13*	h 5,0 v 4,7	57 %	h 23 n -8	963
Tennis *U10*	h 4,8 v 5,5	55 %	n 12 h 26	*

Trainingsempfehlung:

Testdatum:

*Nicht erfasst

Abb. 11: Darstellung der Ergebnisse aller vier elementaren Kognitionen eines exemplarischen Sportlers, zusammen mit den Gruppenmittelwerten einzelner anderer Stichproben (Sportart, Alter, Expertise)

4.1.1 Attention-Window-Test

Der *Attention-Window-Test* von Hüttermann, Memmert, Simons und Bock (2013) kann genutzt werden, um die individuelle Aufmerksamkeitsbreite zu beurteilen. Während jeder Testphase werden die Spieler angewiesen, einen zentralen Punkt zu fixieren und zu versuchen, ein graues Dreieck innerhalb eines Kreises unter quadratischen Distraktoren (= Ablenkungsobjekte) zu entdecken. Mehrere Versuche lang erscheint das Ziel in unterschiedlichen Abständen vom Befestigungspunkt (10°, 20°, 30°) entlang einer von acht gleich beanstandeten radialen Linie, die von einem Quadrat in der Mitte der Anzeige (45°-Abstand) stammen (vgl. Abb. 12). Diese Zufallsanzeige wird für 12 ms lang eingeblendet, gefolgt von einer farbigen Maske (100 ms).

Nach der Maskierung werden die Spieler gebeten, anzugeben, wie viele graue Dreiecke sie je nach Ausrichtung der Gegenstände gerade an den verschiedenen Orten gesehen haben. Die Teilnehmer müssen 180 Versuche absolvieren. Diese Aufgabe misst, wie gut sich Menschen mit Objekten befassen können, die weit von der Fixierung entfernt sind (Hüttermann, Simons & Memmert, 2014). Das abhängige Maß ist die Punkteverteilung des diagonalen Aufmerksamkeitsfensters und die Division des Gesamtwerts durch die Anzahl der Dimensionen (d. h. drei).

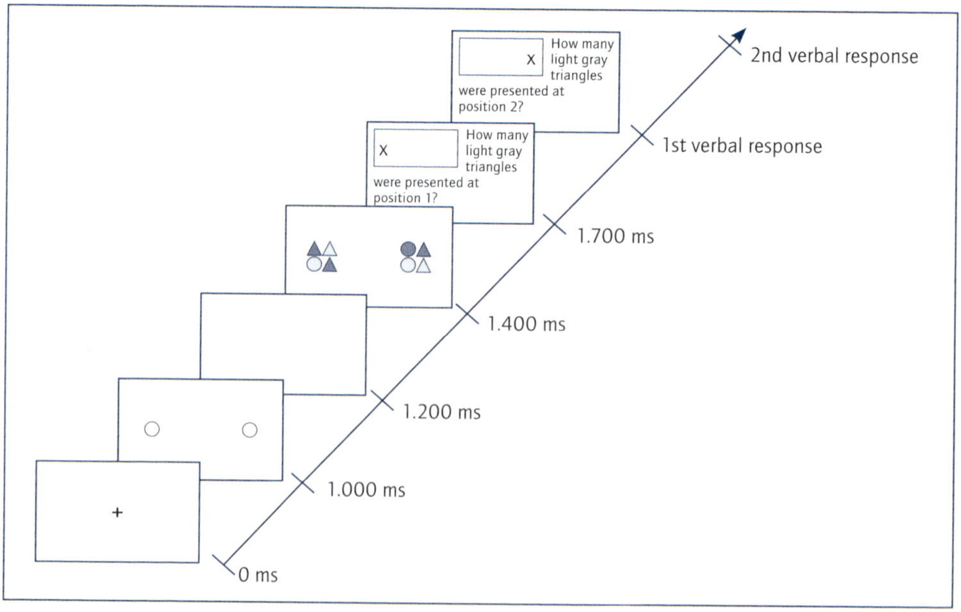

Abb. 12: Darstellung des Attention-Window-Tests (AWT; Hüttermann et al., 2013). Die Aufgabe ist es, zwei Reize gleichzeitig peripher wahrzunehmen. Es wird die maximale, noch wahrnehmbare Entfernung zwischen den Reizen in horizontaler, vertikaler und diagonaler Richtung gemessen und ein maximales Aufmerksamkeitsfenster bestimmt.

4.1.2 Working-Memory-Span-Test

Der etablierte *Arbeitsgedächtnistest* von Conway, Kane, Bunting, Hambrick, Wilhelm und Engle (2005) misst die Fähigkeit des Athleten, die Aufmerksamkeit auf die aktuelle Aufgabe zu lenken, ohne sich von anderen Gedanken ablenken zu lassen. Die Verarbeitungsaufgabe besteht darin, bestimmte Formen zwischen den Distraktoren zu zählen und sich dann die Zählsummen für einen späteren Gedächtnisabruf zu merken. Jede Aufgabe enthält zufällig angeordnete, dunkelblaue Kreise, grüne Kreise und dunkelblaue Quadrate (vgl. Abb. 13).

Die Aufgabe ist es nun, die dunkelblauen Kreise laut zu zählen und dann die Gesamtzahl am Ende laut zu nennen. Nach 2-6 Aufgaben tritt eine Erinnerungsmaske auf, in die die Spieler ihre gespeicherten Zählsummen genau in der Reihenfolge ausfüllen müssen, in der sie angezeigt werden (siehe Kane, Hambrick, Tuholski, Wilhelm, Payne & Engle 2004, für eine detaillierte Beschreibung).

Die Einfachheit dieser Zählaufgabe ermöglicht es fast allen Spielern, diese Aufgabe zu erfüllen. Der Zählspannen-Punktezahl ist ein Teilwert (vgl. Conway et al., 2005), der die Summe aller korrekt abgerufenen Elemente darstellt – wobei ein korrekt abgerufener Gegenstand aus einem Satz mit zwei Gegenständen zwei Punkte erhält und ein korrekt abgerufener Gegenstand aus einem Satz mit sechs Gegenständen sechs Punkte erhält –, dividiert durch die maximal mögliche Bewertung. Der Test besteht aus 15 Versuchen. Das abhängige Maß ist die Bewertung der korrekt gespeicherten Objekte in Prozent.

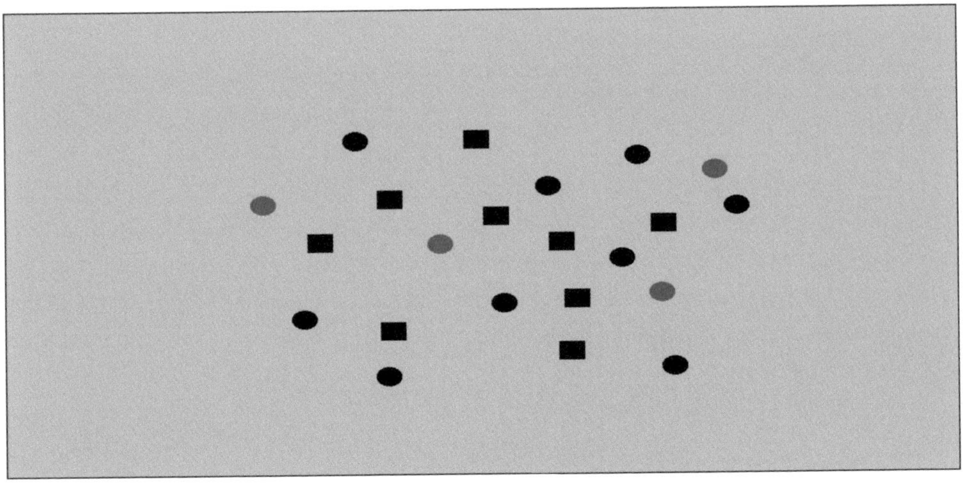

Abb. 13: Darstellung eines Displays des Arbeitsgedächtnistests von Conway et al. (2005). Der Spieler muss zwischen den Distraktoren (grüne Kreise und dunkelblaue Quadrat) alle dunkelblauen Kreise laut zählen und sich dann die Zählsummen für einen späteren Gedächtnisabruf merken.

4.1.3 Perceptual-Load-Test

Der *Perceptual-Load-Test* von Beck und Lavie (2005) ist ein Maß für die kognitive Hemmungsfähigkeit, da er bestimmt, inwieweit die Spieler durch Reize abgelenkt werden, die für ihre Aufgabe völlig irrelevant sind. Die Spieler führen die fußballspezifische Perceptual-Load-Aufgabe (Furley, Memmert & Schmid, 2013) durch. Sie beginnt mit zwei Beispielblöcken (eine hohe und eine niedrige kognitive Ablenkungsbelastung), gefolgt von acht Versuchsblöcken, die sich zwischen Blöcken mit niedriger und hoher Belastung abwechseln (vgl. Abb. 14).

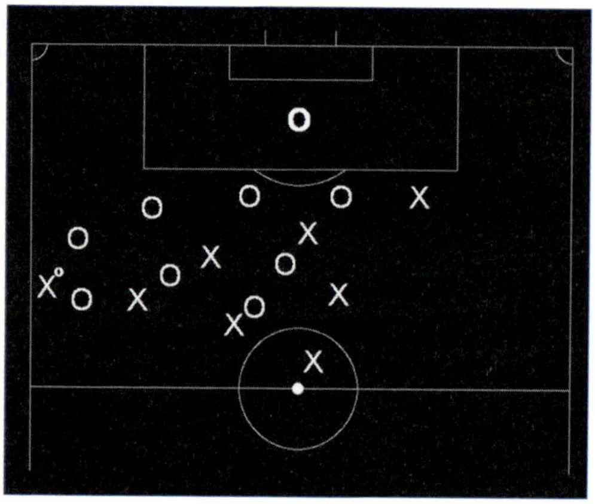

Abb. 14: Darstellung eines Displays der fußballspezifischen Perceptual-Load-Aufgabe von Furley et al. (2013). Die Spieler habe die Aufgabe, die Ablenkung (O im Strafraum) zu ignorieren und so schnell und so genau wie möglich anzugeben, welcher Spieler in Ballbesitz ist (O = Abwehr oder X = Angriff).

Alle Spieler starten mit einem Block unter hoher Belastung. Vor jeder Messung wird ein Fixationskreuz 1.000 ms in der Mitte des Bildschirms angezeigt, gefolgt von der Taskanzeige mit der fußballspezifischen Anordnung und dem Ablenkungsmanöver. Die Aufgabenanzeigen werden für 100 ms dargestellt. Die Spieler bekommen die Anweisung, die Ablenkung zu ignorieren und so schnell und so genau wie möglich anzugeben, welcher Spieler in Ballbesitz gelangt. Das Ablenkungsmanöver zeigt sich immer an einem Befestigungspunkt (Beck & Lavie, 2005).

Die Teilnehmer reagieren mit Tastendruck auf die Zielreize. Eine neue Aufgabe wird durch die Reaktion des Spielers oder die Auslassungen innerhalb von zwei Sekunden ausgelöst. Nach jedem Versuch wird eine Rückmeldung über die Qualität der Antworten oder Auslassungen mittels eines Computertons gegeben. Nach jedem Block werden die Teilnehmer an die Tastenbelegung erinnert. Der Test besteht aus 160 Versuchen. Das abhängige Maß ist die Reaktionszeit der Wahrnehmungsbelastung, bezogen auf den Zustand der niedrigen und hohen Ablenkung.

4.1.4 Multiple-Object-Tracking-Test

Der *Multiple-Object-Tracking-Test* zur Verfolgung von Bewegungsobjekten misst, bis zu welcher Geschwindigkeit die Spieler in der Lage sind, mehrere relevante, bewegliche Objekte zu verfolgen (Alvarez & Franconeri, 2005). Die Spieler überwachen die Positionen einer Reihe von bewegten Kreisen auf einem Computermonitor. Die Anzeige enthält zunächst vier grüne und drei blaue Kreise.

Nach drei Sekunden im Ruhezustand werden die blauen Gegenstände grün und sind identisch mit den Zielen (grüne Kreise) und alle Kreise beginnen, sich zu bewegen, während die Spieler versuchen, die Positionen der anfänglich grünen Gegenstände zu verfolgen. Der Test ist anpassungsfähig, sodass die Geschwindigkeitsschwellen und die Anzahl der Versuche von den Fähigkeiten der Spieler abhängen. Nach acht Sekunden bleiben die Kreise stehen und die Spieler müssen die drei ehemals blauen Kreise markieren.

Die Leistung wird über die Anzahl der korrekt verfolgten und markierten Kreise definiert. Diese Aufgabe zeigt individuelle Unterschiede in der Fähigkeit auf, die Aufmerksamkeit auf mehrere, unabhängig voneinander bewegliche Objekte zu teilen und zu erhalten (vgl. c).

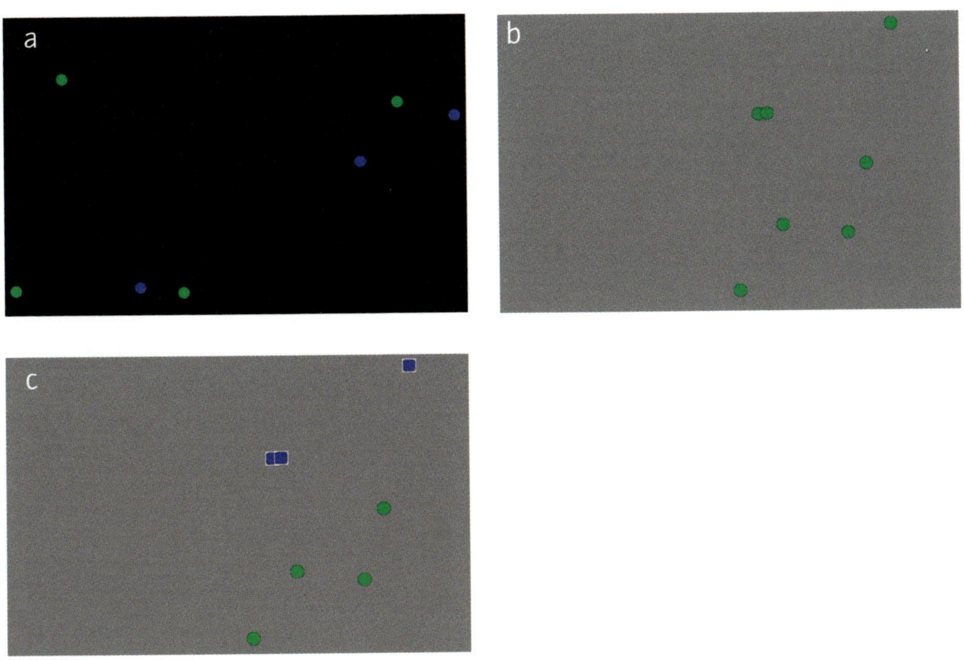

Abb. 15: Darstellung des Multiple-Object-Tracking-Tests (Cavanagh & Alvarez, 2005). Die Aufgabe ist es, mehrere – a) Standbild zur Kennzeichnung – sich bewegende Objekte (b) gleichzeitig zu verfolgen und wahrzunehmen, um sie final am Ende des Tests zu identifizieren (c).

4.2 Feldtests

Elementare Kognitionen sind in der Sportspielpraxis auch als *Basistaktiken* bekannt (Memmert, 2004a). Spieltestsituationen können sowohl die taktische Kreativität (Memmert, 2010a, b; Memmert & Roth, 2007) als auch die Spielintelligenz (Best-Lösungen) in basistaktischen Aufgabenstellungen bewertbar machen (vgl. Memmert, 2010b; Memmert & Roth, 2003; Memmert, 2013). Die daraus resultierenden divergenten und konvergenten Leistungskennziffern können zur Talentdiagnostik im Verein oder zur Benotung im Sportunterricht dienen.

Im Verein kann es sinnvoll sein, mit einer Videokamera das Verhalten der Kinder aufzuzeichnen, um anschließend das taktische Verhalten mithilfe eines Videos und einer Skala zu beurteilen. In der Schule kann der Lehrer auch mithilfe der entwickelten Skala die Bewertung direkt vornehmen.

Exemplarisch werden im Folgenden vier standardisierte Spieltestsituationen mit ihren Skalierungen zur Bewertung konvergenter taktischer Leistungen vorgestellt, die umfassend hinsichtlich der Gütekriterien geprüft wurden (vgl. Memmert, 2004a, b). Diese Diagnosemöglichkeiten verwenden die Basisbaustein-Etiketten von Memmert (2004a). Da diese inhaltlich nahezu identisch mit den Basisbausteinen von Roth und Kröger (2011) sind, haben wir in Klammer die dazugehörige Basisbaustein-Etikette von Roth und Kröger (2011) ebenfalls aufgelistet.

Spieltestsituationen mit den Skalierungen zur Bewertung divergenter taktischer Leistungen können in Memmert (2010a, b) sowie bei Memmert und Roth (2007) nachgelesen werden.

4.2.1 Spieltestsituation „Ball dem Ziel annähern"

In der Basistaktik *Ball dem Ziel annähern* (eine Überzahl herausspielen) müssen Sportspieler den Ball in die Nähe eines Abschlussraums transportieren. Dazu muss beurteilt werden, ob die sich gerade in Ballbesitz befindenden Spieler den Ball – wenn es sinnvoll ist – in eine bestimmte Richtung des Zielbereichs gespielt haben und ob eine möglichst große Distanz überbrückt wurde (erstes Bewertungskriterium).

Weiterhin müssen die Entscheidungen der Kinder unter Berücksichtigung der Situationen bewertet werden (zweites Bewertungskriterium).

Aus diesen beiden Komponenten soll ein Gesamturteil der individuellen Leistung gebildet werden. In dieser Spieltestsituation wird nur der am Ball aktive Spieler bewertet, es fließt nicht ein, wie gut sich die Spieler anbieten oder im Raum orientieren und wie das Zusammenspiel erfolgt (vgl. Abb. 16).

Abb. 16: Spielfeldgröße = 12 x 8 m; Unterteilung in drei gleich große Felder; Abstand der Videokamera zum Spielfeld = 3 m

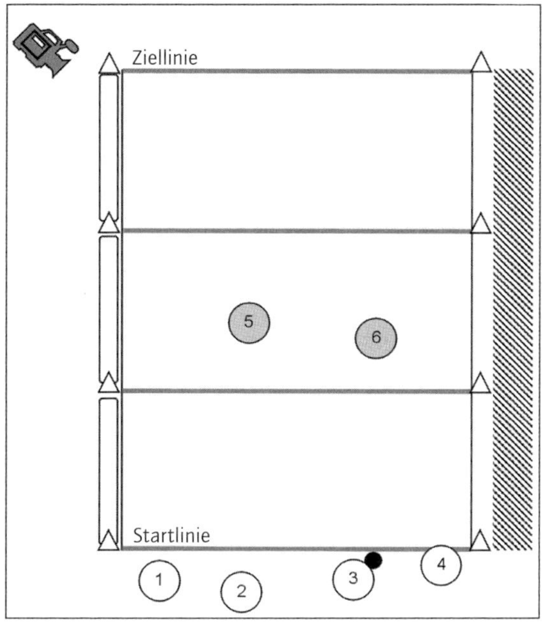

Die Testsituation wird folgendermaßen durchgeführt: In einer Art Parteiballspiel spielen Mannschaft A und B um den Ballbesitz. Wichtig hierbei ist, dass die angreifende Mannschaft A sich mit 4:2 in der Überzahl befindet. Sie hat die Aufgabe, den Ball über die gegnerische Ziellinie zu transportieren. Die angreifenden Spieler dürfen sich den Ball zuspielen, aber nicht mit ihm laufen, ihn prellen oder führen.

Bei jedem Versuch befinden sich alle Spieler von Mannschaft A hinter der eigenen Startlinie, wohingegen sich die Spieler der verteidigenden Mannschaft B im mittleren Feld befinden. Jeder Versuch beginnt, wenn beide Mannschaften richtig aufgestellt sind, auf ein Signal des Lehrers oder Übungsleiters.

Die Spielerkonstellationen von Mannschaft A und B werden entgegen dem Uhrzeigersinn zweimal durchgewechselt, wobei jede Formation sechs Angriffe bekommt. Somit hat jeder Spieler 12 Angriffsversuche mit unterschiedlichen Partnern. Die Auswertung erfolgt über eine erprobte Skalierung (s. Tab. 5).

Tab. 5: Skalierung der Basistaktik „Ball dem Ziel annähern" (Memmert, 2004a)

Freies Anspiel in Richtung Zielbereich (Qualität der Lösung von Situationen)	Optimale Distanz Minimierung	Punkte	Ankerbeispiele
Optimal	Optimal, auch > 8 m (2 Felder)	10	Der Spieler hat, immer wenn es möglich war, den Ball in Richtung des Zielbereichs gespielt und dabei eine möglichst große Distanz überbrückt.
Optimal	Optimal, auch > 4 m (1 Feld)	9	Der Spieler hat fast immer den Ball in Richtung des Zielbereichs gespielt und dabei eine große Distanz überbrückt.
Optimal	Optimal, auch < 4 m (1 Feld)	8	Der Spieler hat meistens den Ball in Richtung des Zielbereichs gespielt und dabei eine große Distanz überbrückt.
Gut, es ex. eine bessere Alternative gibt.	Durchschnittlich, > 2 m	7	Der Spieler hat häufig den Ball in Richtung des Zielbereichs gespielt und dabei eine durchschnittliche Distanz überbrückt.
Gut, es ex. eine bessere Alternative gibt.	Befriedigend, < 2 m	6	Der Spieler hat häufig den Ball in Richtung des Zielbereichs gespielt und dabei eine befriedigende Distanz überbrückt.
Befriedigend, es ex. zwei bessere Alternativen gibt.	Durchschnittlich, > 2 m	5	Der Spieler hat relativ oft den Ball in Richtung des Zielbereichs gespielt und dabei eine durchschnittlich große Distanz überbrückt.
Befriedigend, es ex. zwei bessere Alternativen gibt.	Befriedigend, < 2 m	4	Der Spieler hat relativ selten den Ball in Richtung des Zielbereichs gespielt und dabei eine befriedigende Distanz überbrückt.
Ungenügend, es wurde eine schlechte Möglichkeit ausgewählt.	Durchschnittlich, < 4 m	3	Der Spieler hat selten den Ball in Richtung des Zielbereichs gespielt und dabei eine durchschnittliche Distanz überbrückt.
Ungenügend, es wurde eine schlechte Möglichkeit ausgewählt.	Durchschnittlich, > 1-4 m	2	Der Spieler hat fast nie den Ball in Richtung des Zielbereichs gespielt und dabei eine durchschnittliche Distanz überbrückt.
Ungenügend, es wurde eine schlechte Möglichkeit ausgewählt.	Befriedigend, < 1 m	1	Der Spieler hat fast nie den Ball in Richtung des Zielbereichs gespielt und dabei eine nur befriedigende Distanz überbrückt.

4.2.2 Spieltestsituation „Zusammenspiel"

Innerhalb der basistaktischen Spieltestsituation *Zusammenspiel* (Ballbesitz kooperativ-*sichern*) müssen Bälle situationsgerecht und schnell zu Partnern weitergespielt werden. Dabei werden zwei taktische Komponenten bewertet: *Entscheidungsqualität* und *-zeit*.

Bei der *Entscheidungsqualität* werden räumliche Entscheidungsleistungen evaluiert bzw. bewertet, wie gut Sportspieler freie Mitspieler situationsgerecht anspielen. In diese Bewertung fließt ein, ob die Kinder im richtigen Moment und auch unter Bedrängung Möglichkeiten wahrnehmen, einen Ball weiterzuspielen.

Durch die zweite Komponente – *Entscheidungszeit* – wird bewertet, ob die Sportspieler zeitlich adäquate Lösungen vollbringen bzw. mit welcher Geschwindigkeit ein Ball abgespielt wird. Wiederum wird nur der am Ball aktive Spieler bewertet.

Das Ergebnis repräsentiert ein Gesamturteil der individuellen, taktischen Leistung bezüglich der Entscheidungsqualität und der Entscheidungszeit.

Abb. 17 veranschaulicht die Durchführung mit fünf Spielern. Die vier Angreifer stehen in den markierten Feldern und dürfen diese nicht verlassen. Weiterhin gibt es einen Abwehrspieler, dem das übrige Spielfeld zur Verfügung steht und der die vier Quadrate nicht betreten darf.

Die Aufgabe der vier Angreifer ist es, sich einen Ball in einer Minute so oft und so schnell wie möglich zuzuspielen. Der ballbesitzende Spieler hat jeweils zwei Abspielmöglichkeiten, da Diagonalpässe nicht erlaubt sind. Die Aufgabe des Abwehrspielers ist es, das Zuspiel zu verhindern. Gelingt ihm dies, wird der Ball anschließend wieder freigegeben.

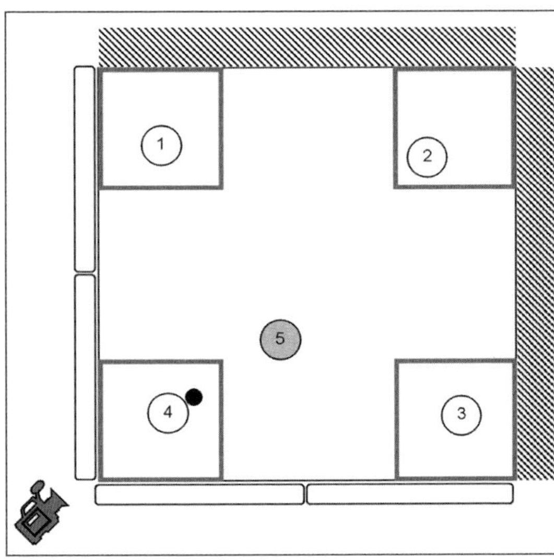

Abb. 17: Spielfeldgröße = 3,60 x 3,60 m; Seitenlängen der vier quadratischen Felder = 1,0 m; Abstand der Videokamera (auf einem Mattenwagen) zum Spielfeld = 6 m

Die Angreifer dürfen den Ball nicht mittels „Bogenlampen" über den Abwehrspieler werfen. Nach jeweils einer Minute werden die Positionen nach einer vorgegebenen Rotationsfolge gewechselt. Somit hat jeder Spieler vier Minuten im Angriff (vgl. Tab. 6).

Tab. 6: Skalierung der Basistaktik „Zusammenspiel" (Memmert, 2004a)

Entscheidungsrichtigkeit adäquates Abspiel (Fehler/Qualität)	Entscheidungszeit Geschwindigkeit	Punkte	Ankerbeispiel
Immer optimal (keine Fehler)	Leicht verzögert	10	Der Spieler hat bis auf eine kritische Situation optimal und möglichst schnell abgespielt.
(Kaum Fehler)	Gar nicht verzögert		
Immer optimal (keine Fehler)	Leicht/stark verzögert	9	Der Spieler hat bis auf 1-2 kritische Situationen optimal abgespielt, allerdings häufig mit leichter Zeitverzögerung.
(Kaum Fehler/kritisch)	Gar nicht verzögert		
Meistens optimal (> 85 %) (kaum Fehler/kritisch)	Stark verzögert	8	Der Spieler hat stark verzögert den Ball abgespielt und dabei kaum Fehler gemacht.
(Wenige Fehler/kritisch)	Gar nicht/leicht verzögert		
Meistens optimal (wenige Fehler/kritisch)	Stark verzögert	7	Der Spieler hat leicht verzögert den Ball abgespielt und dabei wenige, hauptsächlich kritische Fehler gemacht.
(Wenige, hauptsächlich kritische Fehler)	Gar nicht/leicht verzögert		
Überwiegend gut (> 70 %) (wenige, hauptsächlich kritische Fehler)	Stark verzögert	6	Der Spieler hat schnellstmöglich den Ball abgespielt und dabei einige, teilweise grobe Fehler gemacht.
(Wenige kritische und grobe Fehler)	Leicht/ gar nicht verzögert		
Überwiegend gut (wenige kritische und grobe Fehler)	Stark verzögert	5	Der Spieler hat leicht verzögert den Ball abgespielt und dabei einige grobe Fehler gemacht.
(Wenige, hauptsächlich grobe Fehler)	Gar nicht/leicht verzögert		

Entscheidungsrichtigkeit adäquates Abspiel (Fehler/Qualität)	Entscheidungszeit Geschwindigkeit	Punkte	Ankerbeispiel
Häufig schlecht (> 60 %) (mehrere, hauptsächlich kritische Fehler)	Stark verzögert	4	Der Spieler hat stark verzögert den Ball abgespielt und dabei einige grobe Fehler gemacht.
(Mehrere kritische und grobe Fehler)	Gar nicht/leicht verzögert		
Häufig schlecht (mehrere, kritische und grobe Fehler)	Stark verzögert	3	Der Spieler hat leicht verzögert den Ball abgespielt und viele kritische und grobe Fehler gemacht.
(Mehrere, hauptsächlich grobe Fehler)	Leicht verzögert		
Sehr häufig schlecht (< 60 %) (viele kritische und grobe Fehler)	Stark verzögert	2	Der Spieler hat stark verzögert den Ball abgespielt und dabei viele grobe Fehler gemacht. Das Treffen von Entscheidungen war kaum zu erkennen.
(Viele, hauptsächlich grobe Fehler)	Gar nicht/leicht verzögert		
Sehr häufig schlecht (< = 50 %) (sehr viele grobe Fehler)	Unabhängig von der Entscheidungszeit	1	Der Spieler hat wahllos den Ball abgespielt und dabei sehr viele grobe Fehler gemacht.

4.2.3 Spieltestsituation „Lücken ausnutzen"

Innerhalb der basistaktischen Spieltestsituation *Lücken ausnutzen* (Lücke erkennen) müssen Lücken situationsadäquat erkannt und genutzt werden. Daher wird beurteilt, ob Spieler die „optimale" Lücke erkannt haben bzw. vorhandene Lücken nicht erkannt haben. Falls in einer bestimmten Situation keine Lücke vorhanden ist, muss ein Abspiel in den eigenen Reihen erfolgen. Wiederum wird nur der am Ball aktive Spieler bewertet und nicht, wie gut sich die Spieler anbieten, im Raum orientieren oder wie das Zusammenspiel erfolgt.

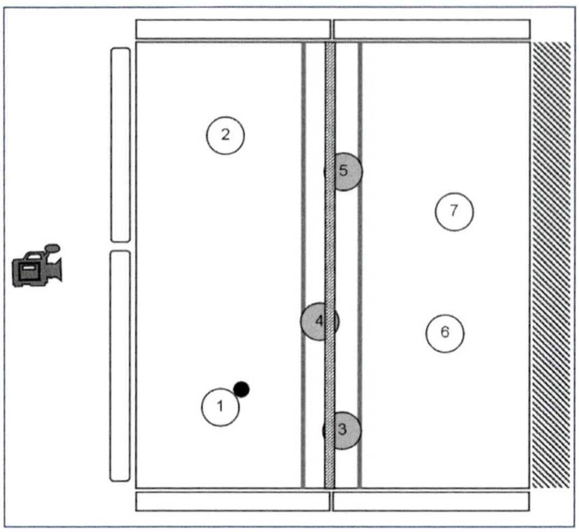

Abb. 18: Spielfeldgröße = 8 x 7 m; Breite der mittleren Zone = 1 m; Höhe des Baustellenbandes über der mittleren Zone = 1,50 m; Abstand der Videokamera zum Spielfeld = 8 m

Für die Durchführung dieser Spieltestsituation *Lücke ausnutzen* wird die aus vier Spielern bestehende, angreifende Mannschaft auf zwei Zonen mit jeweils zwei Spielern aufgeteilt (Abb. 18). Die abwehrende Mannschaft besteht aus drei Spielern und agiert im mittleren Bereich, den sie nicht verlassen darf. Weiterhin dürfen die angreifenden Mannschaften diesen mittleren Bereich nicht betreten.

Die angreifenden Spieler müssen ihre jeweiligen Plätze (links oder rechts des Aktionsfeldes) halten und dürfen nicht mit dem Ball laufen. Zuspiele innerhalb der beiden angreifenden Teams sind erlaubt. Die abwehrende Mannschaft dreht sich stets zum ballbesitzenden Spieler. Nach jeweils zwei Minuten werden die Positionen systematisch gewechselt, sodass jedes Kind sich zweimal in einer Angriffsposition befindet (vgl. Tab. 7).

Tab. 7: Skalierung der Basistaktik „Lücken ausnutzen" (Memmert, 2004a)

Qualität der Lösung der Situation (Ausnutzen von Lücken oder Abspiel)	Deutlichkeit der Situation	Punkte	Ankerbeispiel
Optimal	Schwere Situation	10	Der Spieler hat auch bei schwierigen Situationen immer optimal die Lücke ausgenutzt oder zu einem Mitspieler mit einer besseren Lücke gepasst.
Optimal	Mittelschwere Situation	9	Der Spieler hat bis auf wenige kritische Entscheidungen optimal die Lücke ausgenutzt und mittelschwere Situationen vorgefunden.
Optimal	Leichte Situation	8	Der Spieler hat fast immer optimal die Lücke ausgenutzt und gegen eine schwache Abwehr gespielt, bei der leichte Situationen auftauchten.
Gut, es existiert nur eine bessere Alternative.	Schwere Situation	7	Der Spieler hat fast immer optimal die Lücke ausgenutzt und vorwiegend schwere Situationen gehabt.
Gut, es existiert nur eine bessere Alternative.	Mittelschwere Situation	6	Der Spieler hat bis auf wenige kritische Entscheidungen optimal die Lücke ausgenutzt, wobei leichte und schwierige Situationen vorkamen.
Befriedigend, es existieren zwei bessere Alternativen.	Mittelschwere Situation	5	Der Spieler hat mehrere kritische Entscheidungen gehabt, jedoch keine schlechten. Die Situationen waren mittelschwer.
Befriedigend, es existieren zwei bessere Alternativen.	Leichte Situation	4	Der Spieler hat einige schwere Fehler in leichten Situationen gemacht, sonst aber die Lücken gut erkannt.
Ungenügend, es wurde eine schlechte Möglichkeit ausgewählt.	Schwere Situation	3	Der Spieler hat mehrere schlechte Entscheidungen getroffen, aber sonst keine schweren Fehler in schweren Situationen gemacht.
Ungenügend, es wurde eine schlechte Möglichkeit ausgewählt.	Mittelschwere Situation	2	Der Spieler hat viele kritische Entscheidungen in leichten Situationen getroffen. Die Situationen waren als mittelschwer einzustufen.
Ungenügend, es wurde eine schlechte Möglichkeit ausgewählt.	Leichte Situation	1	Der Spieler hat mehrere schwere Fehler in leichten Situationen gemacht.

4.2.4 Spieltestsituation „Überzahl herausspielen"

In der standardisierten Spieltestsituation *Überzahl herausspielen* (Anbieten und Orientieren) geht es darum, zum richtigen Zeitpunkt eine optimale Position auf dem Spielfeld (vgl. Abb. 19) einzunehmen. Daher ist das zu bewertende Kriterium das adäquate Aufsuchen von anspielbaren Positionen im Raum. Demzufolge werden die Spieler, die nicht am Ball sind, beurteilt. Im Gegensatz zu den vorherigen Spieltestsituationen fließt in die Bewertung nicht ein, ob ein Pass gespielt wird oder erfolgreich ist bzw. ob eine Distanzüberwindung oder eine Zielorientierung stattfindet.

Weiterhin wird versucht, die Schwierigkeit der Situation mitzubewerten. Das Ergebnis stellt ein Gesamturteil der individuellen Leistung in Bezug auf das Einnehmen von anspielbaren Positionen im Raum dar.

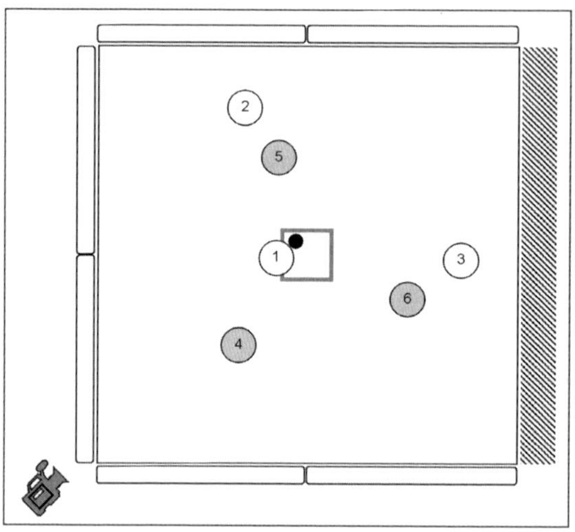

Abb. 19: Spielfeldgröße = 9 x 9 m; Startquadratgröße = 1 x 1 m; Abstand der Videokamera zum Spielfeld = 4 m

Für die Durchführung der Spieltestsituation *Anbieten und Orientieren* agiert ein angreifendes Team A und ein abwehrendes Team B gegeneinander, die jeweils aus drei Spielern bestehen. Die Aufgabe der angreifenden Mannschaft A ist es, sich den Ball so oft wie möglich zuzupassen, wobei mit dem Ball nicht gelaufen werden darf. Team B versucht, die Zuspiele abzufangen. Die Abwehrspieler müssen 2 m Abstand zum Ballhalter wahren. Zu Beginn des Spiels oder nach einem abgefangenen Ball von der Abwehr muss sich ein Angreifer mit Ball in einem vordefinierten Startquadrat befinden. Die übrigen Spieler können sich frei auf dem gesamten Spielfeld verteilen. Nach jeweils zwei Minuten werden die Spieler aus den drei Mannschaften systematisch durchgewechselt, damit sich jedes Kind im Laufe des Spieltests mit unterschiedlichen Partnern zweimal im Angriff befindet (vgl. Tab. 8).

Tab. 8: Skalierung der Basistaktik „Anbieten und Orientieren" (Memmert, 2004a)

Qualität der Leistung (adäquates Aufsuchen von anspielbaren Positionen im Raum)	Deutlichkeit der Situation für den Agierenden	Punkte	Ankerbeispiele
Optimal immer anspielbar	Eher schwer	10	Der Spieler hat trotz einer eher schweren Situation immer die optimale Position aufgesucht und so dem Ballbesitzenden immer die Möglichkeit gegeben, ihn anzuspielen.
Optimal immer anspielbar	Eher leicht	9	Der Spieler hat immer die optimale Position aufgesucht und so dem Ballbesitzenden immer die Möglichkeit gegeben, ihn anzuspielen. Die Situation war jedoch weniger schwierig.
Fast optimal fast immer anspielbar	Eher schwer	8	Der Spieler hat trotz einer eher schweren Situation fast immer die optimale Position aufgesucht und so dem Ballbesitzenden meist die Möglichkeit gegeben, ihn anzuspielen.
Fast optimal fast immer anspielbar	Eher leicht	7	Der Spieler hat fast immer die optimale Position aufgesucht und so dem Ballbesitzenden meist die Möglichkeit gegeben, ihn anzuspielen. Die Situation war jedoch weniger schwierig.
Gut häufig anspielbar	Eher schwer	6	Der Spieler hat trotz einer eher schweren Situation häufig die optimale Position aufgesucht und so dem Ballbesitzenden oft die Möglichkeit gegeben, ihn anzuspielen.
Befriedigend unregelmäßig anspielbar	Eher leicht	5	Der Spieler hat unregelmäßig die optimale Position aufgesucht und so dem Ballbesitzenden manchmal die Möglichkeit gegeben, ihn anzuspielen. Die Situation war weniger schwierig.
Mangelhaft fast nie anspielbar	Eher schwer	4	Der Spieler hat fast nie die optimale Position aufgesucht und so dem Ballbesitzenden selten die Möglichkeit gegeben, ihn anzuspielen. Die Situation war aber eher schwer.
Mangelhaft fast nie anspielbar	Eher leicht	3	Der Spieler hat trotz einer eher leichteren Situation fast nie die optimale Position aufgesucht und so dem Ballbesitzenden selten die Möglichkeit gegeben, ihn anzuspielen.
Ungenügend nie anspielbar	Eher schwer	2	Der Spieler hat nie die optimale Position aufgesucht und so dem Ballbesitzenden nie die Möglichkeit gegeben, ihn anzuspielen. Die Situation war aber eher schwer.
Ungenügend nie anspielbar	Eher leicht	1	Der Spieler hat trotz einer eher leichteren Situation nie die optimale Position aufgesucht und so dem Ballbesitzenden nie die Möglichkeit gegeben, ihn anzuspielen.

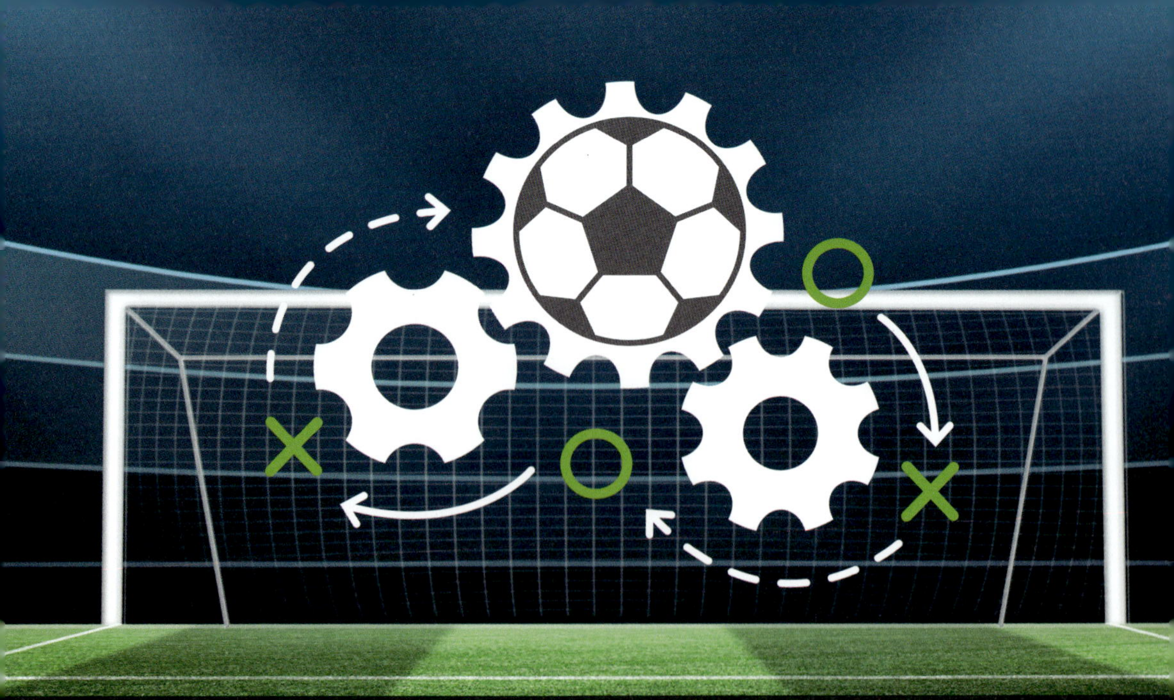

5 SPIELFORMEN ZUM KOGNITIVEN TRAINING

Kognitives Training ist altersunabhängig – für einen Sechsjährigen ist es ebenso wichtig und notwendig wie für einen Bundesligaprofi. Selbst in hohem Alter können Kognitionen gewinnbringend trainiert werden (für einen Überblick: Lampit, Hallock & Valenzuela, 2014; Kelly, Loughrey, Lawlor, Robertson, Walsh & Brennan, 2014; Toril, Reales & Ballesteros, 2014; Shao, Mang, Li, Wang, Deng & Xu, 2015). Aber gerade elementare Kognitionen, sportspielübergreifende Basistaktiken, wie etwa Anbieten und Orientieren oder das Ausnutzen von Lücken, sind im Anfänger- und Kindertraining sehr früh zu schulen.

Wenn ein Trainer in der Bezirksklasse die Schnelligkeit und Technik seiner Spieler schult, weil er an Spritzigkeit oder Passqualität arbeiten will, dann sollte er genau in dem Maße Kognition trainieren, wenn er glaubt, dass sein Team viele schlechte Lösungen auf dem Feld wählt. Fußballspezifisches Kognitionstraining ist nicht nur altersunabhängig, sondern auch spielklassenunabhängig. Somit können Kognitionen als ebenso wichtig wie Schnelligkeit, Kraft, Ausdauer oder Technik angesehen werden. Fußballspezifisches Kognitionstraining ist letztlich die Grundlage für ein optimales Technik-Taktik-Training. Das kann man in allen Altersklassen und auf allen Spielniveaus strukturierter trainieren. Deshalb sollte Kognitionstraining auch stärker und ganz systematisch in der Trainerausbildung verankert werden.

Bezüglich einer Periodisierung kann das Lösen von Spielsituationen in jeder Phase der Saison, also in jeder Trainingseinheit, seinen Platz finden: sowohl in der Vorbereitung als auch während der Spielzeit. Fußballspezifisches Kognitionstraining ist oftmals sehr effektiv in spezielle Spielformen integrierbar. Obwohl hierzu noch keine systematischen Studien vorliegen, kann man in Analogie zum Techniktraining vermuten (Augste, 2006; Olivier, 1996), dass es keine wesentliche Rolle spielen dürfte, ob man die kognitiven Fähigkeiten innerhalb einer Einheit zu Beginn üben lässt oder am Ende. Die zeitliche Reihenfolge zwischen Konditions- und Techniktraining wurde früher überschätzt und ist heute nicht mehr in diesem Maße haltbar.

Spieler lernen im ausgeruhten Zustand genauso viel wie während oder nach einer Belastung. Im Wettkampf müssen Spieler schließlich auch in den letzten 10 Minuten eines Spiels noch gute Entscheidungen treffen. Dazu müssen sie das auch aus dem Training kennen.

Natürlich können fußballspezifische Kognitionen auch beiläufig geschult werden. Aber es geht ja darum, die einzelnen fußballspezifischen Kognitionen gezielt und differenziert anzusprechen, um einzelne Spieler und das Team besser zu machen. Einfach nur Spielformen zu üben und zu hoffen, dass man fußballspezifische kognitive Fähigkeiten als Nebeneffekt mitschult, ist unsystematisch und greift zu kurz.

Nachfolgend wird eine Vielzahl von Spielformen beschrieben, die die einzelnen Kognitionen in fußballspezifischen Situationen schulen können. Dabei wurden nicht alle Aufgabenstellungen neu erfunden. Einerseits wurden interessante Spiele aus der Literatur zusammengetragen und gegebenenfalls entsprechend modifiziert. Andererseits wurden aber auch neue Spiele entwickelt, die auch in der Praxis erprobt wurden. Naturgemäß finden sich auch nicht zu allen Kognitionen gleich viele Spielformen. Während antizipative Fähigkeiten extrem spezifisch zu schulen sind, lässt sich die Aufmerksamkeit auf sehr viele verschiedene Weisen trainieren. Für die Kreativitätsschulung werden methodische Hinweise gegeben, die die Trainer in ihren spezifischen taktischen Spielformen berücksichtigen können.

Ein grundlegendes Equipment wird für fast alle Übungen benötigt. Für die meisten Spielformen reichen Spielfeldmarkierungen, mehrere Bälle und Parteibänder oder Leibchen. Sollten weitere Materialien, wie Minitore, sehr viele Bälle oder Fitlights, benötigt werden, wird in der Übungsorganisation darauf hingewiesen. Stoppuhren, ein Kartenset oder Trillerpfeifen können nützliche Helfer sein, um Zeiten einzuhalten, Signale zu geben und die Gruppe zusammenzurufen.

5.1 Spielformen zur Antizipation

5.1.1 Gegen den Ball im 1:1

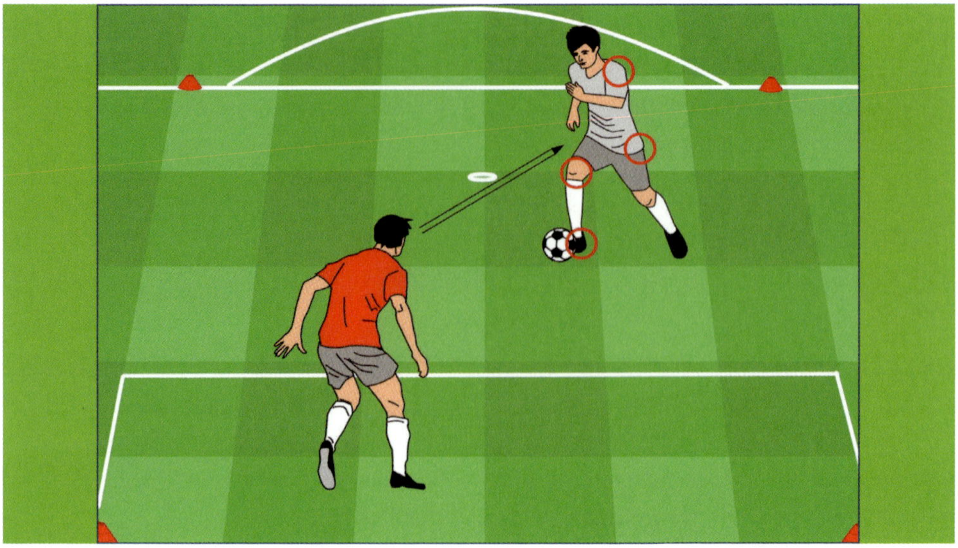

Organisation

Zwei Spieler stehen sich gegenüber. Ein 15 x 15 m großes Spielfeld wird mit vier Hütchen begrenzt. Die Hüfte des Spielers mit dem Ball wird markiert. Der Spieler ohne Ball und Markierung steht seinem „Gegenspieler" gegenüber.

Ablauf

Da heißt es immer: Blick auf den Ball. Dabei ist es ebenso wichtig, auf die Hüfte des Gegners zu achten. Hier lässt sich durch verschiedene Markierungen an bestimmten Körperteilen der Spieler die Antizipation schulen. Das Ziel des Spiels ist es, im 1:1-Duell seinem Gegenspieler den Ball abzunehmen. Um die antizipationsrelevanten Regionen („Information-Rich Areas" – Magill, 1998) zu markieren, wird farbiges Tape oder Malerkreppband (ist leichter zu entfernen, hält aber nicht so lange) benötigt.

Variationen

- Es können weitere Körperteile markiert werden.
- Die Größe des Spielfelds kann variieren.
- Das Ziel des Spiels kann je nach Können gesteigert werden. Das Ziel kann dann sein, dem Gegenspieler den Ball abzunehmen und ein Tor zu schießen.

5.1.2 Elfmeter

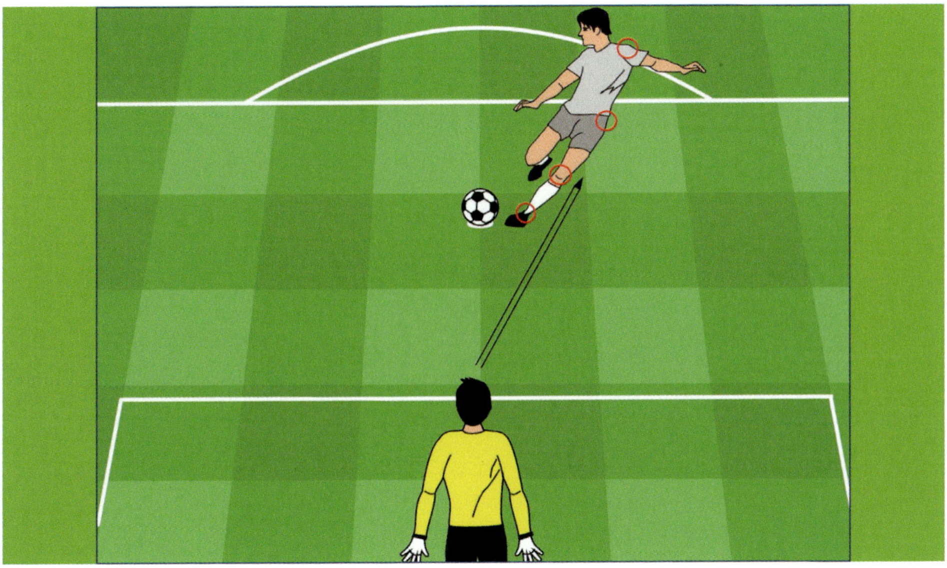

Organisation

Ein Torhüter steht im Tor und ein Spieler am Elfmeterpunkt. Der Ball liegt auf dem Elfmeterpunkt. Um die antizipationsrelevanten Regionen („Information-Rich Areas" – Magill, 1998) zu markieren, wird farbiges Tape oder Malerkreppband (ist leichter zu entfernen, hält aber nicht so lange) benötigt.

Ablauf

Torhüter können anhand der Stellung von Standbein und Hüfte erkennen, wohin der Ball geschossen wird (vgl. Kap. 3.1). Diese Stellen am Oberschenkel und an der Hüfte können beim Schützen mit verschiedenfarbigen Tapes markiert werden, um diese Hinweise für die Schulung der Antizipation beim Torhütertraining zu verwenden. Der Torhüter soll mithilfe der Markierungen am Schützen antizipieren, wohin der Elfmeter geschossen wird.

Variationen

- Die Distanz zum Tor verändern (10,50 m, 11,50 m).
- Die Anlaufdistanz variieren.
- Die Geschwindigkeit variieren und Verzögerungen einbauen.

5.1.3 Schweinchenspiel

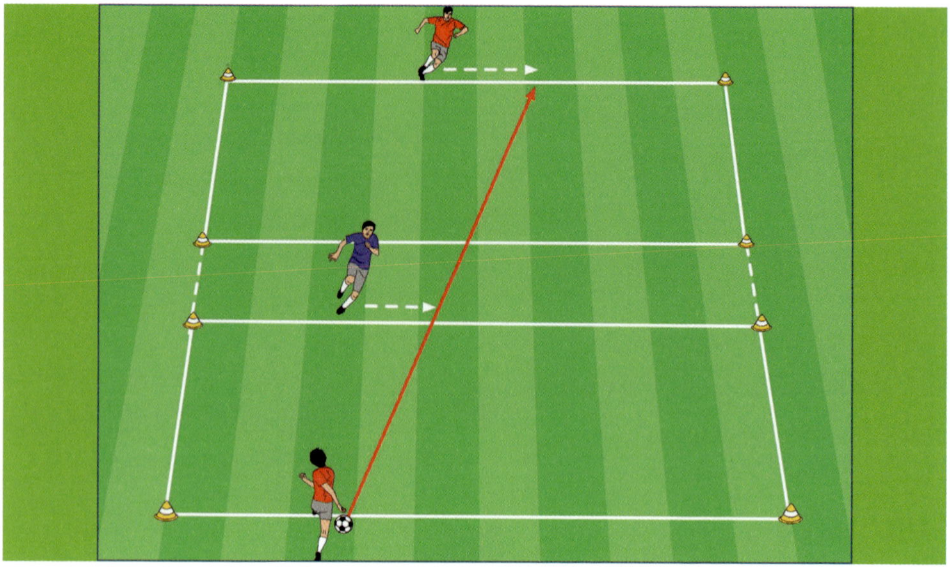

Organisation

Im Abstand von 24 m werden zwei 12 m breite Hütchenlinien und eine 5 m tiefe Mittelzone markiert. Es werden zwei verschiedenfarbige Teams gebildet (Blau und Rot).

Ablauf

Rot hat die Aufgabe, sich den Ball durch die Mittelzone flach hin- und herzuspielen. Blau versucht, die Pässe abzufangen, darf allerdings stets nur zu dem Spieler blicken, der in Ballbesitz ist. Blau muss daher aufmerksam die Blicke des Passgebers beobachten und versuchen, zu antizipieren, zu welcher Seite das Zuspiel erfolgt. Ziel von Rot ist es, innerhalb von 60 Sekunden möglichst viele Pässe zu spielen.

Variationen

- Einen Aufgabenwechsel initiieren.
- Passdistanz und Zonenbreite entsprechend dem Leistungsstand der Gruppe variieren.

5.1.4 Freistöße „ausschauen"

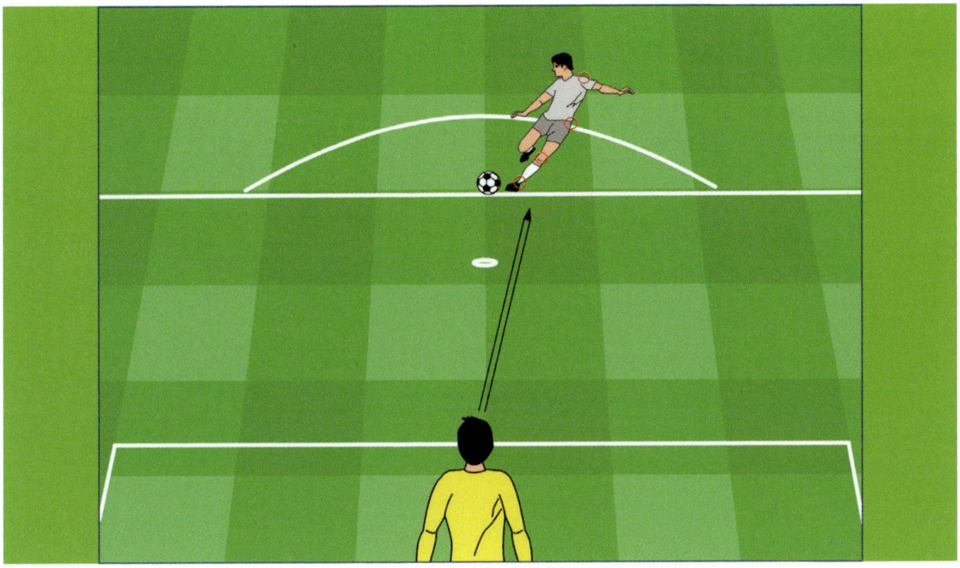

Organisation

Ein Torhüter steht im Tor und ein Spieler steht zentral vor dem Strafraum. Der Ball liegt auf der 16-m-Linie. Um die antizipationsrelevanten Regionen („Information-Rich Areas" – Magill, 1998) zu markieren, wird farbiges Tape oder Malerkreppband (ist leichter zu entfernen, hält aber nicht so lange) benötigt.

Ablauf

Torhüter können anhand der Stellung von Standbein und Hüfte erkennen, wohin der Ball geschossen wird (vgl. Kap. 3.1). Diese Stellen am Oberschenkel und an der Hüfte können beim Schützen mit verschiedenfarbigen Tapes markiert werden.

Variationen

- Die Distanz zum Tor verändern (z. B. 15 m, 17 m, 18 m, 19 m).
- Die Richtung variieren (seitlicher).

5.2 Spielformen zur Wahrnehmung

5.2.1 Rondo mit zwei Bällen

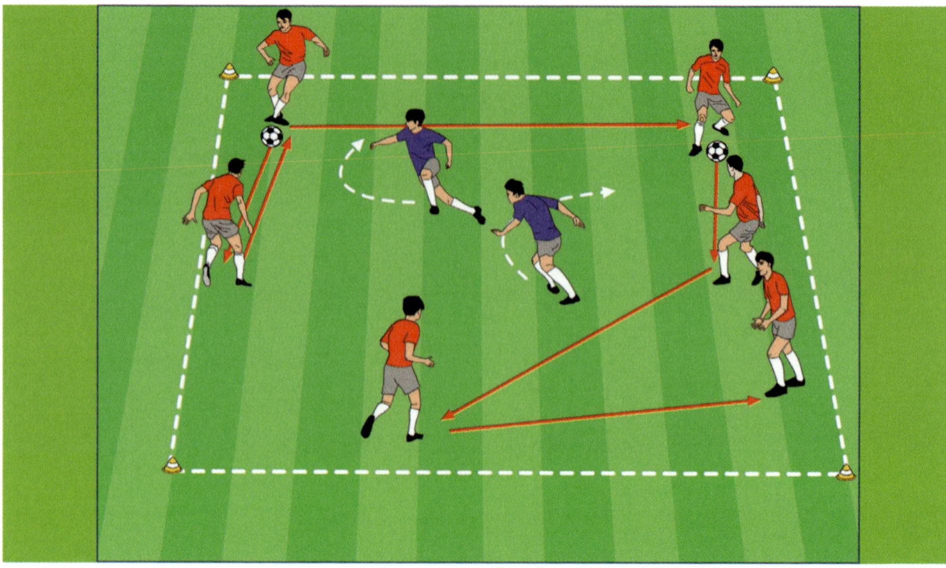

Organisation

Es wird ein viereckiges Spielfeld markiert. Das Feld sollte zunächst eher groß (12 x 12 m) gewählt werden.

Ablauf

Die Spieler spielen ein Rondo mit größerer Überzahl (z. B. 6:2), jedoch mit zwei Bällen. Die Spieler müssen dabei beide Bälle im Spiel halten. Dabei ist es wichtig, durch Kommunikation und Blickverhalten eine Organisation zu erstellen, wie beide Bälle beachtet werden können und somit zirkulieren. Dadurch wird vor allem das periphere Sehen, die Orientierung und das Blickverhalten geschult. Außerdem kommt es durch die beiden Bälle und den Gegnerdruck zu Überforderungen, die Stress erzeugen. Dieser ist gewünscht und durch die Entwicklung von angepasstem Verhalten wird dieser Schritt für Schritt vom Spieler selbst reduziert.

Variation

- Der Trainer kann zusätzliche Regeln (z. B. der Ball muss immer in Bewegung sein, Kontaktbegrenzung etc.) einbringen, um die Spielform schwieriger zu gestalten.

5.2.2 Vier-Farben-Spiel mit Umschalten

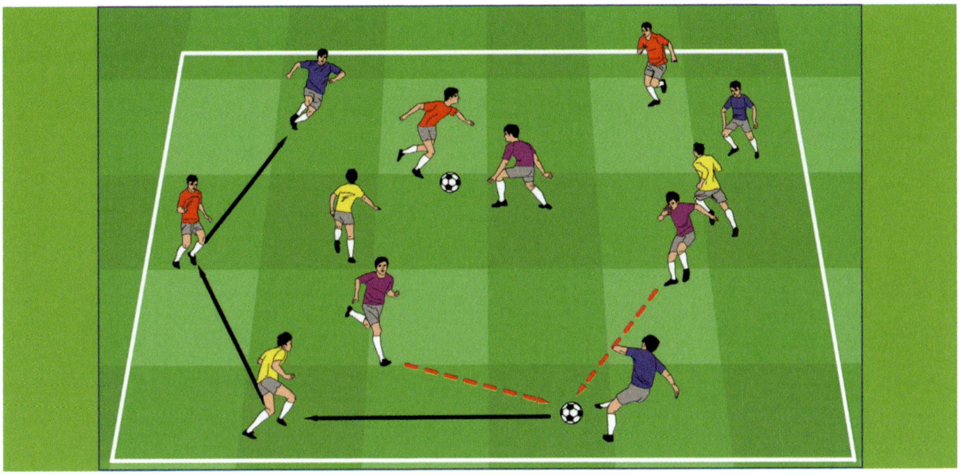

Organisation

Es werden Leibchen oder Parteibänder in vier Farben benötigt. Die Spieler teilen sich in vier Teams mit verschiedenfarbigen Leibchen auf. Die vier Teams stellen sich in einem quadratischen Spielfeld mit einer Größe von 20 x 20 m (die Größe hängt von der Spieleranzahl ab) auf. Es gibt zwei Bälle im Spielfeld.

Ablauf

Eins der vier Teams ist das „Gegnerteam". Die drei Teams, welche die zwei Bälle halten sollen, müssen sich diese in einer vom Trainer vorab festgelegten Reihenfolge zuspielen. So soll sich beispielsweise der Ball anfangs immer von Rot zu Blau zu Gelb bewegen. Dies erfordert für die Spieler konstante Orientierung. Sie müssen sich nicht nur merken, zu wem sie spielen sollen, sondern müssen auch durchgehend Informationen peripher wahrnehmen, um einen freien Mitspieler der jeweiligen Farbe zu finden.

Die Spieler ohne Ball (lila) wiederum müssen sich so bewegen, dass sie sich nicht alle auf der gleichen Position wie ein anderer Mitspieler ihrer Farbe befinden. Sie müssen die Bewegungen des Gegners visuell aufnehmen und sich so bewegen, dass sie trotzdem für die Ballführenden anspielbar sind. Auch hier ist somit das periphere Sehen gefragt. Verliert ein Team den Ball, wechselt es in die Mitte und muss den Ball (zurück-)erobern. Um den Schwierigkeitsgrad zu steigern, wird explizit ein möglichst schnelles Spiel durch möglichst wenige Ballkontakte gecoacht.

Variation

- Möglichst schnelles Spiel durch eine Kontaktbegrenzung implizit erreichen.

5.2.3 „Wer hat Angst vor Lionel Messi?"

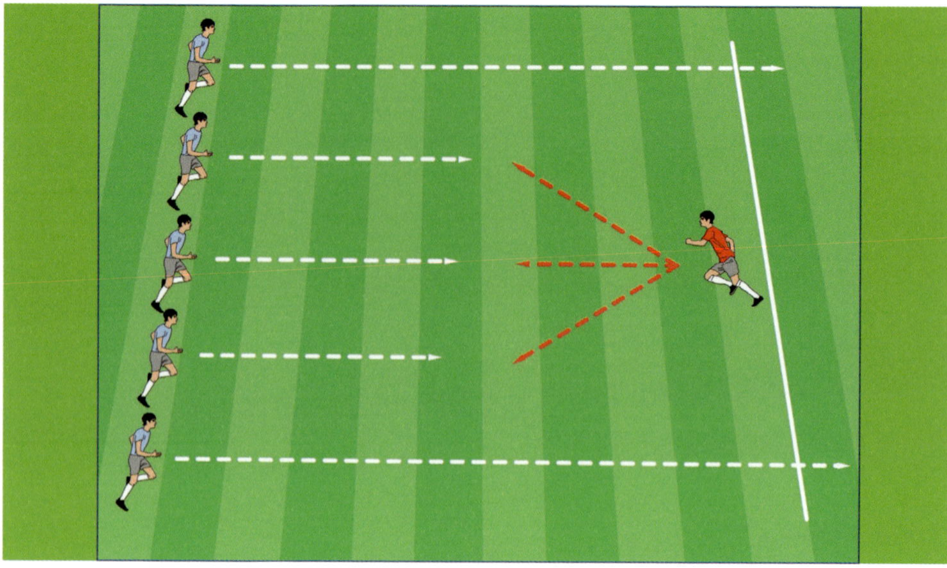

Organisation

Ein Spieler wird als „Messi" ausgewählt und stellt sich gegenüber von seinen Mitspielern auf. Die Gruppe steht dem „Messi" gegenüber.

Ablauf

Bei dieser Spielform wird ein Fänger („Lionel Messi"; natürlich eignen sich auch andere Vorbilder der Spieler, gerade in Mädchen- und Frauenteams (z. B. Dzsenifer Marozsán)) ausgewählt, der auf der den Spielern gegenüberliegenden Spielfeldseite steht. Er ruft der Gruppe zu: „Wer hat Angst vor Messi?". Die Gruppe antwortet: „Niemand!", und fragt: „Wie kommen wir an ihm vorbei?" Messi darf dann bestimmen, mit welcher Bewegungsform das Feld überquert werden muss (z. B. rückwärts, mit Sidesteps, auf einem Bein) und versucht, möglichst viele aus der Gruppe zu fangen. Die gefangenen Spieler der Gruppe unterstützen „Messi" in der nächsten Runde dabei, die anderen zu fangen. Hier wird geschult, den Gegner zu beobachten und Lücken zu erkennen.

Variation

- Je nach Leistungsniveau lässt sich diese Übung auch mit Ball am Fuß durchführen, wobei der Fänger bspw. eine Technik der Ballführung vorgibt.

5.2.4 Dribbelkünstler

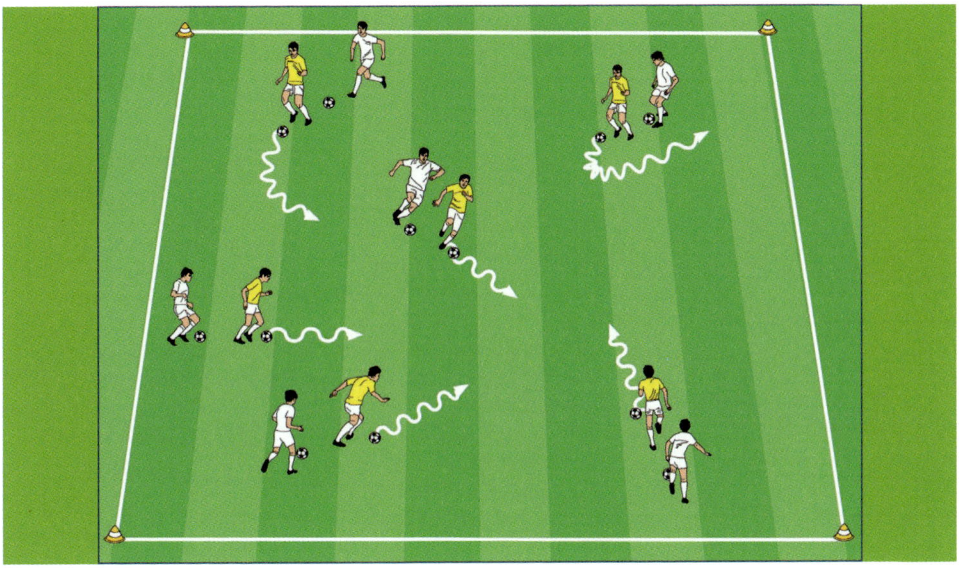

Organisation

Zwei Spieler stellen sich mit jeweils einem Ball hintereinander auf.

Ablauf

Bei dieser Spielform dribbelt ein Spieler einem anderen Spieler mit einem Ball hinterher. Der Vordermann darf nach Belieben seine Laufrichtung ändern (rechts, links, vorwärts, rückwärts), den Ball abstoppen, hochhalten, das Tempo verschärfen, drosseln oder Täuschungen einbauen. Der Verfolger versucht, diese Änderungen schnellstmöglich zu erkennen und nachzuahmen (Körpertäuschungen erkennen). Nach einer bestimmten Zeit sagt der Trainer den Wechsel der Rollen an, sodass Spieler A dann Spieler B folgt. Perfekt zum Warmmachen. Hier wird die schnelle Wahrnehmung der gegnerischen Bewegung geschult.

Variationen

- Die Räume verkleinern (5-m-Raum) oder vergrößern (halbes Fußballfeld).
- Wenn Spieler A Spieler B mit dem Ball berührt hat, wechseln die Rollen automatisch.
- Spieler B hat zwei Bälle; einen am Fuß und einen in der Hand. B ahmt A nach, während er zusätzlich einen Ball in der Hand prellt.

5.2.5 Vario-Torschuss

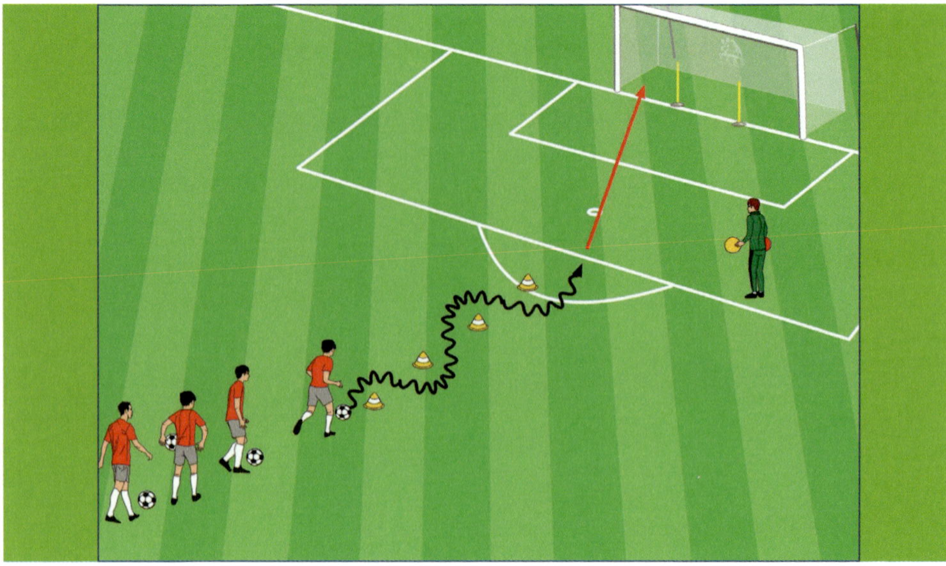

Organisation

Es wird ein Hütchenparcours vor dem Tor aufgebaut. Die Spieler stellen sich hintereinander auf.

Ablauf

Bei dieser Spielform dribbeln die Spieler hintereinander durch einen Hütchenparcours, bevor sie auf das Tor schießen sollen. Kurz vor dem Schuss hält der Trainer eine farbige Karte (rot oder gelb) hoch. Bei der roten Karte sollen die Spieler in die linke Torecke schießen, bei der gelben in die rechte Ecke. Da beim Dribbeln der Blick auf den Ball gerichtet ist, wird hier die seitliche Wahrnehmung geschult.

Variationen

- Je nach Leistungsniveau lässt sich diese Übung auch mit bestimmten Techniken verknüpfen, mit denen auf das Tor geschossen werden soll (z. B. Innenseite, Außenseite, Spann).
- Der Trainer kann die Schwierigkeit beliebig anpassen, indem er den Zeitpunkt des Signals variiert.

5.2.6 „Finde das freie Tor!"

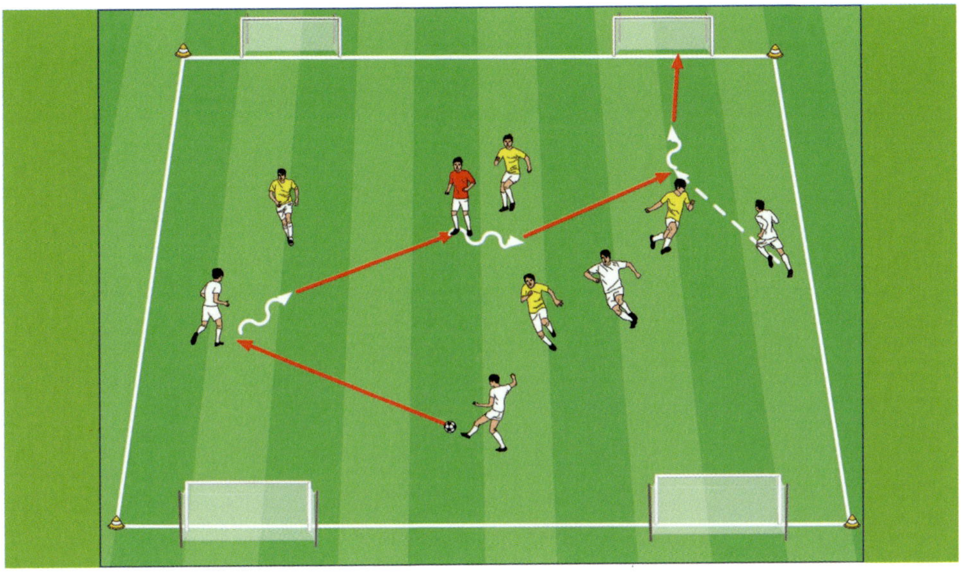

Organisation

Zwei Teams stellen sich auf einem markierten Spielfeld (15 x 15 m) mit zwei kleinen Toren pro Team auf. Falls die Zeitlimitvariation gespielt wird, wird auch eine Stoppuhr benötigt.

Ablauf

Bei dieser Spielform spielen die beiden Teams auf die beiden kleinen Tore des jeweiligen gegnerischen Teams (ohne Torhüter). Es darf auf jedes der beiden Tore geschossen werden. Das ballbesitzende Team hat immer einen Spieler („Joker") mehr auf dem Feld. Dieser Joker wechselt, sobald der Ballbesitz wechselt. Sowohl die beiden Tore als auch die Überzahl lassen vorteilhafte Situationen entstehen, die möglichst schnell erkannt und ausgenutzt werden müssen (Spielsituationen und Muster erfassen).

Variationen

- Ein Zeitlimit, um ein Tor zu erzielen, festlegen.
- Die Spielfeldgröße variieren.
- Wettkampfgedanke: Pro erzieltem Tor werden Punkte vergeben.

5.2.7 7-m-, 9-m- und 11-m-Schießen

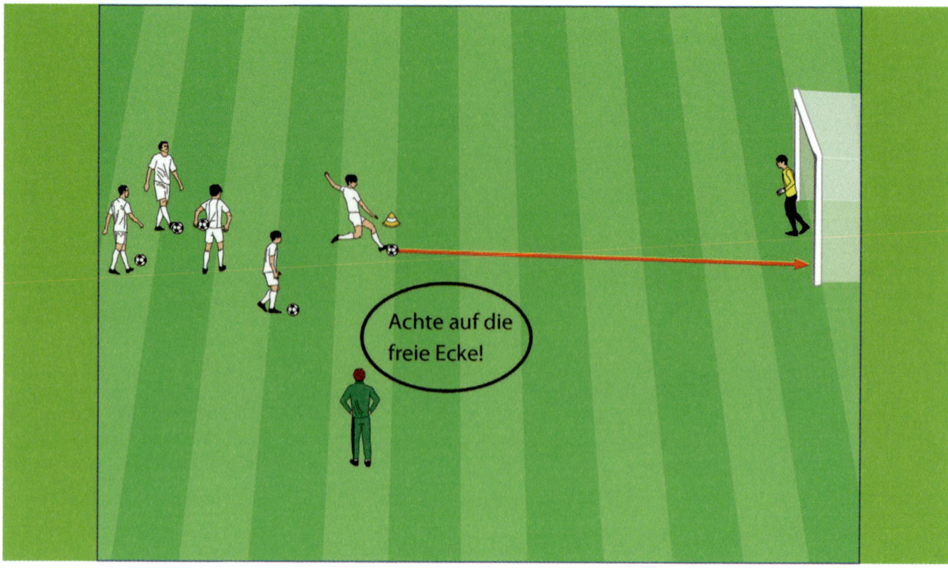

Organisation

Der Spieler stellt sich sieben, neun oder 11 m entfernt vor dem Tor auf.

Ablauf

Bei dieser Übungsform sollen Spieler einen Strafstoß ausführen.

Hinweise

Auch wenn man Spielern sagt, dass sie *nicht* auf etwas achten sollen, wird die Aufmerksamkeit dorthin gelenkt. Die Genauigkeit steigt aber, wenn man dorthin guckt, wo man hin schießen möchte.

- Gute Instruktion: „Achte auf die freie Ecken!"
- Kontraproduktive Instruktion: „Achte nicht auf den Torhüter!"

Variationen

- Je nach Leistungsniveau kann diese Übung aus sieben, neun oder 11 m ausgeführt werden.
- Dem Spieler wird eine Ecke vorgegeben, für die er sich entscheiden muss.

5.2.8 „Mache das Licht aus!"

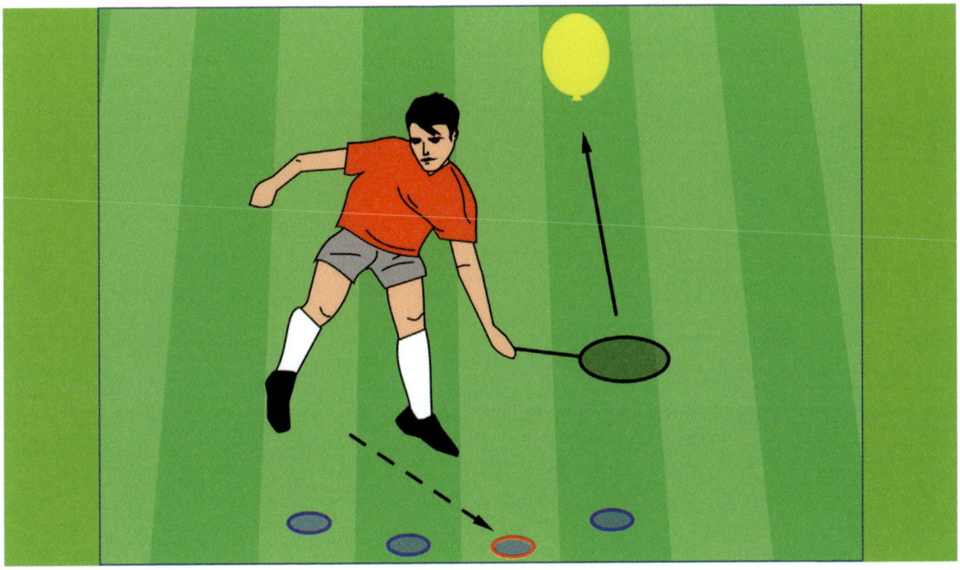

Organisation

Es werden vier Fitlights (eingestellte Farben: frei wählbar), ein Federball- oder Tennisschläger und einige Luftballons benötigt. Die Fitlights liegen auf dem Boden oder auch erhöht, dem Level des Spielers angemessen, weit entfernt voneinander. Der Spieler befindet sich zwischen den Fitlights.

Ablauf

Der Spieler hält den Luftballon mit dem Schläger hoch und macht währenddessen die Fitlights mit dem Fuß aus.

Variationen

- Die Entfernungen der Fitlights variieren.
- Die Erhöhung der Fitlights variieren.

5.3 Spielformen zur Aufmerksamkeit

5.3.1 Drei-Bälle-Spiel

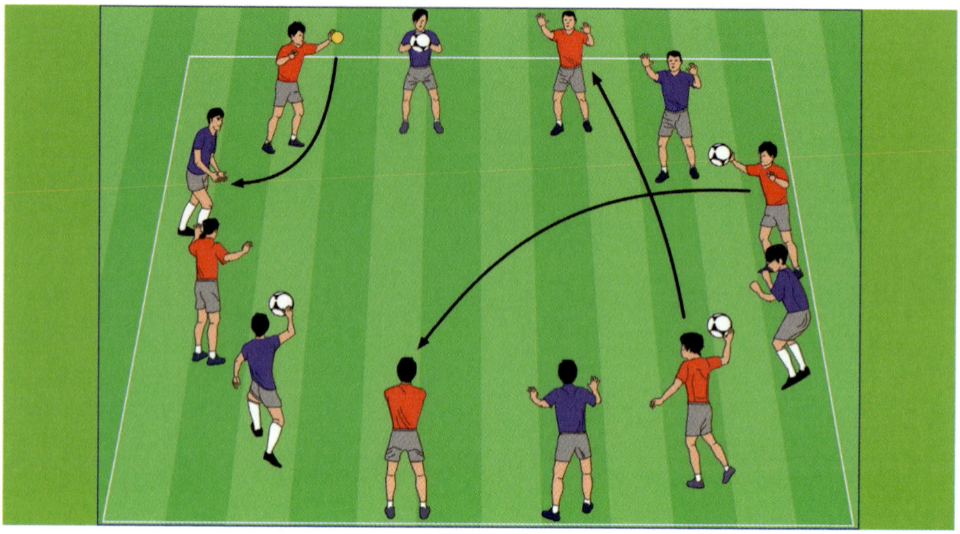

Organisation

Die Spieler finden sich in einem viereckigen Spielfeld (10 x 10 m) in zwei Gruppen zusammen. Die zwei Gruppen haben jeweils zwei Bälle zur Verfügung. Zusätzlich wird ein Tennisball und ein weiterer Ball bereitgehalten.

Ablauf

Anfangs werfen sich die Spieler pro Gruppe zwei Bälle zu. Dabei steht das Erkennen von relevanten und irrelevanten Faktoren im peripheren Sehen im Fokus. Dann wird ein Tennisball als weiterer Ball integriert, der in Kreisrichtung übergeben werden soll. Somit werden sich Bälle frei im Feld zugeworfen, während der Tennisball in eine bestimmte Richtung weitergereicht werden soll. Damit soll das periphere Sehen verstärkt werden, indem zwei relevante Bälle aus allen Richtungen und von allen Spielern kommen können, der dritte Ball wiederum peripher verfolgt wird und immer wieder als zusätzlicher visueller Reiz fungiert. Dieser Effekt wird in der dritten Aufgabe noch verstärkt. Anstatt des vorher involvierten Tennisballs wird nun ein dritter Fußball in die Übung inkludiert, der im Kreis von Fuß zu Fuß weitergepasst wird. Später wird ein dritter Ball als Abschluss der Übung im Hauptteil mit einbezogen.

Variation

- Pro Runde, die der Tennisball weitergereicht wird, werden Punkte vergeben.
- Es wird nur mit dem Fuß gepasst.

5.3.2 Freistoßzonen permanent treffen

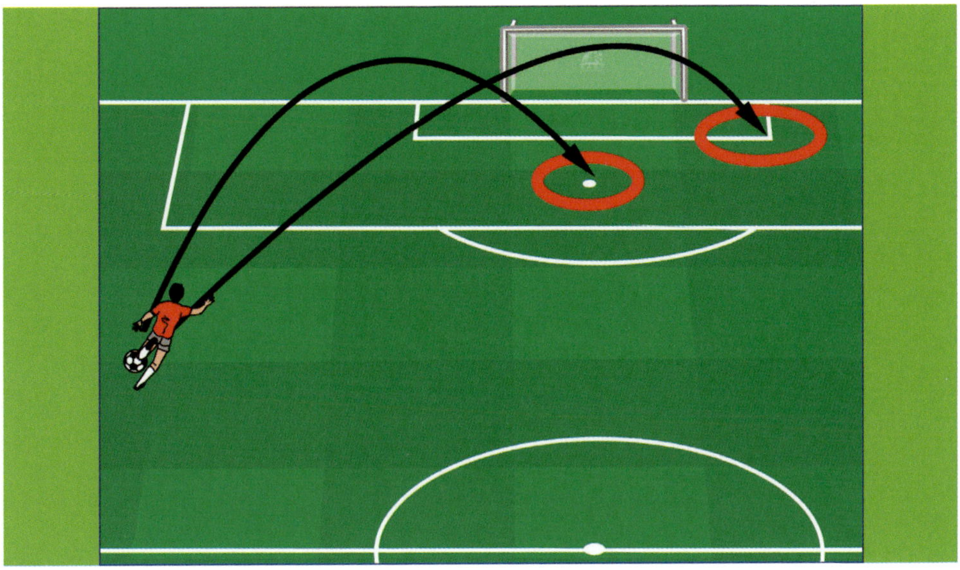

Organisation

Im Strafraum werden verschiedene Zonen markiert. Möglich wären zum Beispiel folgende Zonen: Elfmeterpunkt, Ecken des 5-m-Raums und Mitte des 5-m-Raums.

Ablauf

Der Spieler positioniert sich im Halbfeld. Es gilt, die abgesteckten Zonen nacheinander durch einen präzisen Freistoß zu treffen. Für jede getroffene Zone gibt es einen Punkt. Hierbei soll sich der Spieler vor allem auf sein Ziel konzentrieren.

Variationen

- Die Position der Zonen kann verändert werden.
- Die Größe der Zonen kann nach dem Expertisegrad der Spieler variiert werden.
- Die Ausgangsposition des Spielers im Halbfeld verändern.
- Der Spieler führt Eck- anstelle von Freistößen aus.

5.3.3 Simulation des Elfmeters

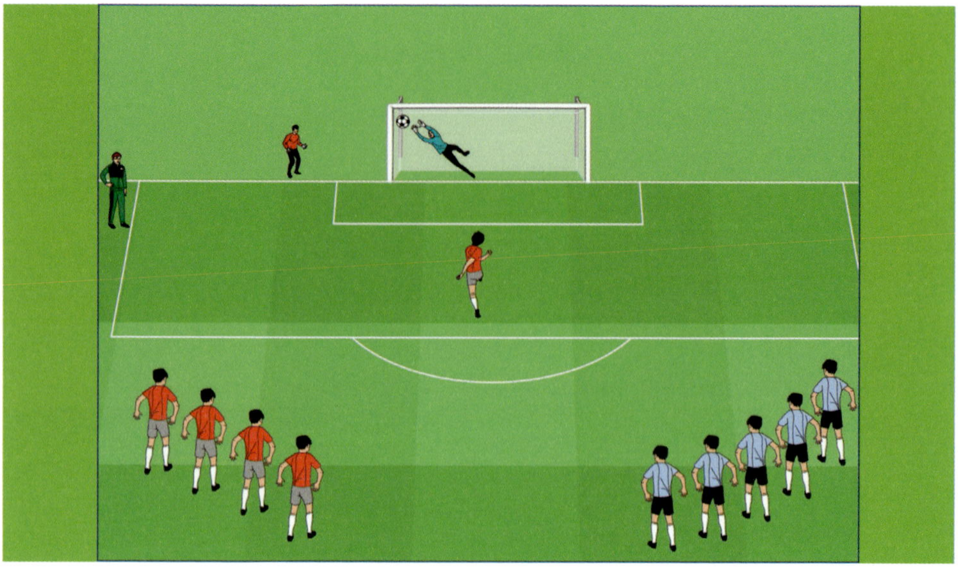

Organisation

Die Spieler bilden zwei Teams mit jeweils fünf Spielern. Jedem Team wird ein Torhüter zugeteilt. Der Trainer benötigt eine Audiodatei mit Zuschauergeräuschen sowie ein Gerät zum Abspielen.

Ablauf

Nun gilt es, sich in einem Elfmeterschießen gegen das gegnerische Team durchzusetzen. Abwechselnd schießen die Schützen einen Strafstoß. Um die Konzentration auf die Aufgabe zu erschweren, spielt der Trainer eine CD ab, die Geräusche von Zuschauern (u. a. „Buh-" und Anfeuerungsrufe) beinhaltet. Außerdem werden die Torhüter dazu aufgefordert, mit Blickkontakt und anderen Provokationen den Schützen aus seiner Konzentration zu bringen. Nachdem jeder Spieler zweimal geschossen hat, wird der Sieger bekannt gegeben.

Variation

- Situationsdruck schaffen, indem vorher eine Belohnung für das Siegerteam ausgelobt wird. Zum Beispiel müssen die Gewinner nicht beim Aufräumen helfen, im Spiel keine Leibchen tragen oder dürfen sich eine Übung/eine Spielform für das nächste Training wünschen.

5.3.4 Spieler in der Mitte

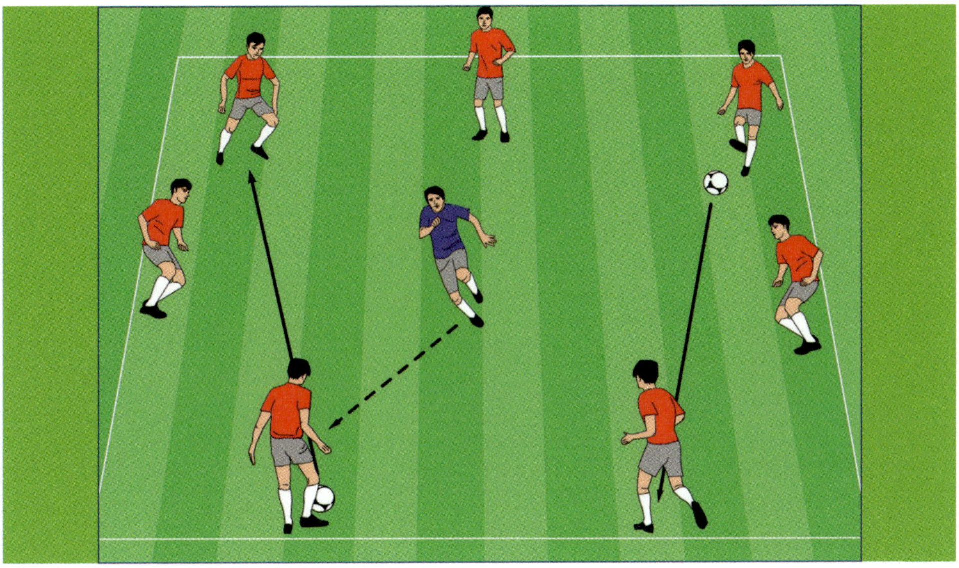

Organisation

Sieben Spieler stellen sich in einem 10 x 10 m großen Feld auf und passen sich zwei Bälle zu. Im Kreis befinden sich ein oder zwei Verteidiger, die versuchen, beide Bälle zu erobern.

Ablauf

Bei dieser ganz simplen, aber wirkungsvollen Übung dürfen nie beide Bälle bei einem Spieler ankommen. So sind die Spieler gezwungen, ihre Aufmerksamkeit zu streuen, um beide Bälle und die Mitspieler im Blick zu behalten. Zu Beginn kann die Übung ohne Verteidiger eingeführt werden. Sobald das funktioniert, wird ein Verteidiger hinzugefügt. Wenn diese Übung funktioniert, kann auch der zweite Verteidiger hinzugefügt werden.

Variationen

- Doppelpässe zwischen zwei Spielern sind nicht erlaubt.
- Die Anzahl der Ballkontakte einschränken (frei, maximal drei, zwei Kontakte oder Direktpassspiel).

5.3.5 Guerilla

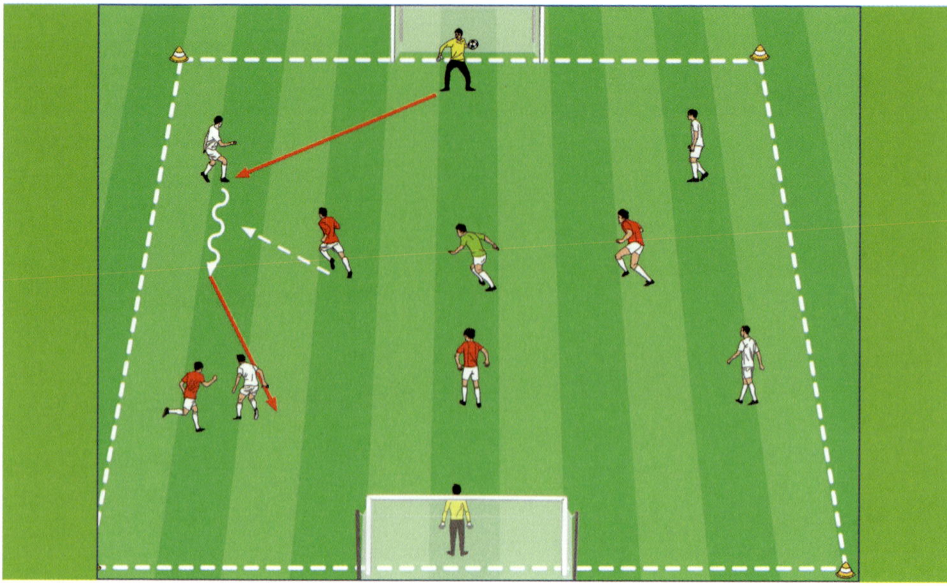

Organisation

Dieses Spiel kann in einer beliebigen Spielform (z. B. 4:4 plus 1 in einem 25 x 25 m großen Feld) durchgeführt werden.

Ablauf

In einem 4:4 plus 1 (es können auch andere Spielformen gewählt werden) sorgt ein einzelner Spieler als Unruhestifter für Unordnung. Dieser „Unruhespieler" gehört zu keinem Team und versucht, den Ball zu erobern. Auf diesen Einzelkämpfer müssen die übrigen Spieler neben ihren Mit- und Gegenspielern immer mindestens ein halbes Auge haben (selektive Aufmerksamkeit). Der Einzelkämpfer ist quasi ein „Guerillaspieler", der allein gegen alle spielt und unvermittelt auftaucht und attackieren kann, wenn die übrigen Spieler ihn nicht im Auge behalten.

Variationen

- Mehrere Guerillaspieler einsetzen.
- Erzielte Tore zählen.
- Zeitlimit zum Erzielen der Tore einführen. Wenn kein Tor in einer bestimmten Zeit erzielt, geht ein Punkt an den Guerillaspieler.

5.3.6 Überkreuztes 3:3

(Hüttermann, 2016)

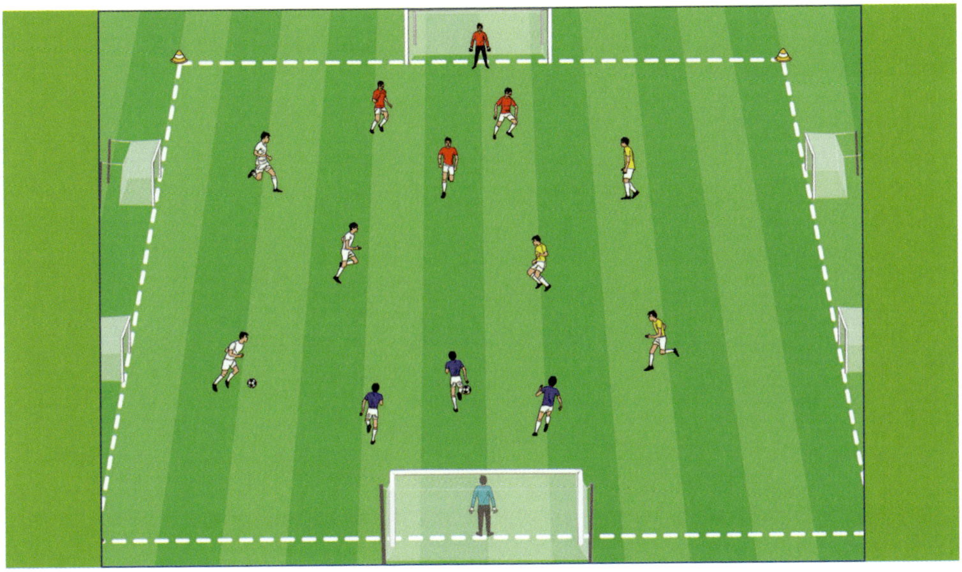

Organisation

Es werden vier Teams (A, B, C und D) mit jeweils drei Spielern gebildet. Insgesamt gibt es zwei Spielbälle. Es wird eine 30 x 30 m große Spielzone mit vier Minitoren und zwei 5-m-Toren markiert. Zudem sollten vier Leibchenfarben zur Verfügung stehen.

Ablauf

In der Spielzone wird 3:3 gespielt. Team A spielt gegen Team B auf jeweils zwei Minitore. Im selben Feld spielt Team C gegen D auf je ein 5-m-Tor mit Torhüter. Ziel ist es, Tore zu erzielen. Es sollte darauf geachtet werden, dass nur flache Pässe gespielt werden (sonst steigt die Verletzungsgefahr). Nach fünf Minuten werden im Uhrzeigersinn die zu verteidigenden Tore oder die Gegner gewechselt. Diese Spielform dient der Optimierung der Ausrichtung des visuellen Aufmerksamkeitsfokus.

Hinweis

Machen Sie den Spielern klar, dass das oberste Ziel ist, wahrzunehmen, wo die anderen Spieler aller Teams sind, um Zusammenstöße zu vermeiden und erfolgreich durch die Gegenspieler zu manövrieren.

Variation

- Die Zeitspanne und Feldgröße kann variiert werden.

5.3.7 Steigendes 3:3

(Hüttermann, 2016)

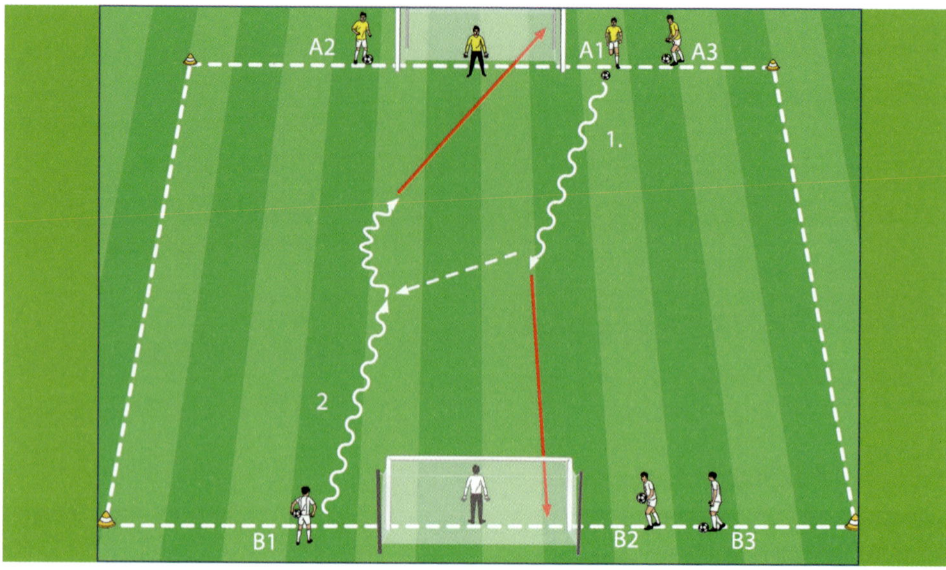

Organisation

Es wird ein 20 x 20 m großes Spielfeld markiert. Insgesamt werden zwei Tore mit jeweils einem Torhüter aufgestellt. Es werden zwei Teams (A und B) mit jeweils drei Spielern (1, 2 und 3) und jeweils einem Torhüter gebildet.

Ablauf

Spieler A1 dribbelt ins Feld, spielt ein 1:0 und schießt auf das Tor von Team B. Mit dem Torschuss darf Spieler B1 zum 1:1 gegen A1 starten. Nach Torerfolg, wenn der Torhüter den Ball festhält oder wenn der Ball im Spielfeldaus ist, darf Spieler A2 mit dem Ball zum 2:1 starten usw., bis zum 3:3. Kann der Torhüter den Ball nach dem Torschuss nicht festhalten oder der Ball kommt von der Latte oder einem Pfosten ins Spiel zurück, geht das Spiel weiter. In der nächsten Runde darf Team B beginnen und somit einige Situationen in Überzahl ausspielen. In jeder Runde sollte ein anderer Spieler aus dem Team beginnen. Diese Spielform dient der Optimierung der Ausrichtung des visuellen Aufmerksamkeitsfokus.

Variationen

- Die Spieleranzahl in den Teams erhöhen.
- Den Einwechselrhythmus verändern: A1 – B1 – B2 – A2 – A3 – B3 (– B4 – A4 – usw.). Bei gerader Anzahl an Teammitgliedern haben die Teams abwechselnd Überzahlsituationen.

5.3.8 3 plus 3:3

(Hüttermann, 2016)

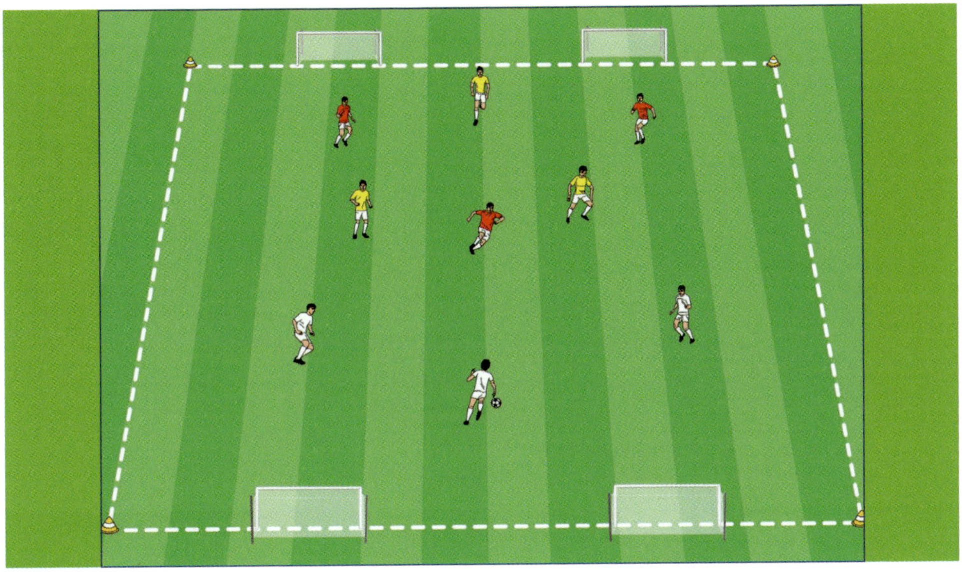

Organisation

Es werden insgesamt drei Teams (A, B und C) mit jeweils drei Spielern gebildet. Jedes Team braucht eine eigene Trikot- oder Leibchenfarbe, da alle gleichzeitig auf dem 15 x 15 m großen Feld sind. Es wird ein Spielfeld mit vier Minitoren markiert.

Ablauf

Team A spielt mit Team C auf je zwei Minitore gegen Team B. Die Spieler dürfen nicht innerhalb ihres Teams zueinander passen. D. h., ein Spieler aus Team A muss einen der drei Spieler aus Team C anspielen. Somit spielen sie ein 6:3 auf die beiden Minitore. Team B kann in folgenden Fällen in das angreifende Team wechseln: **1.** Team B erobert den Ball. Das passgebende Team muss nun verteidigen (z. B. Spieler aus Team C schießt Spieler aus Team B in die Füße → C muss verteidigen, A und B greifen gemeinsam an). **2.** Ein Team passt sich den Ball untereinander zu. Dieses Team muss nun verteidigen. **3.** Wenn innerhalb von vier Minuten kein Wechsel passiert. Diese Spielform dient der Optimierung der Ausrichtung des visuellen Aufmerksamkeitsfokus.

Variation

- Ein Team ist immer neutral (zum Beispiel C), die beiden anderen Teams (A und B) wechseln zwischen Angriff und Verteidigung, wenn **1.** oder **2.** eintritt.

5.3.9 Power-1:1

(Hüttermann, 2016)

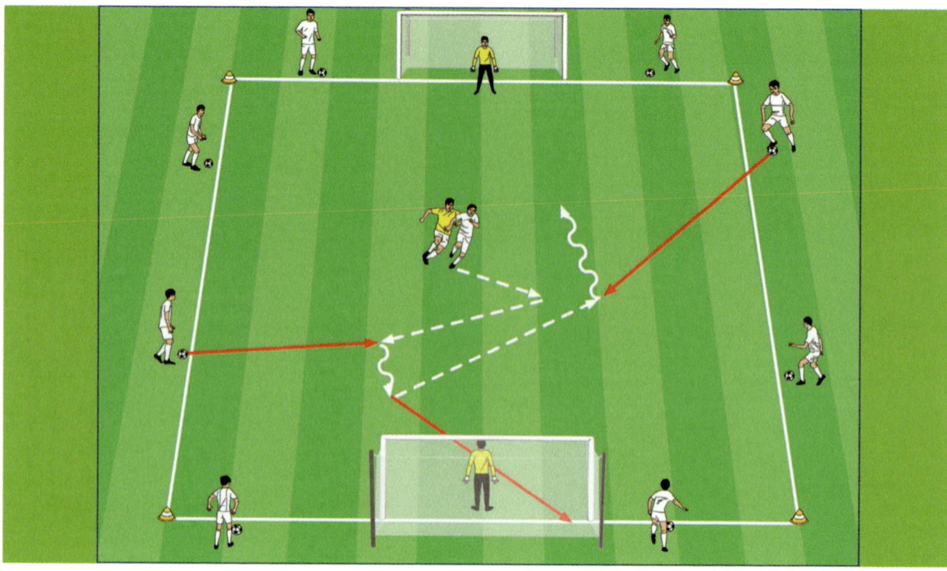

Organisation

Spieler A und B sind ohne Ball im Spielfeld (20 x 30 m, das Tor befindet sich an der kurzen Seite). Die anderen Spieler (C) verteilen sich außen um das Spielfeld herum und haben jeder einen Ball.

Ablauf

Spieler A (offensiv) spielt gegen Spieler B (defensiv) im 1:1 auf beide 5-m-Tore mit Torhüter. Spieler A darf von jedem beliebigen Spieler C den Ball fordern und sich anspielen lassen. Bekommt A einen Ball zugepasst, sollte A schnellstmöglich unter Gegnerdruck von B zum Torabschluss kommen. A darf einen neuen Ball fordern, sobald der Ball im Tor ist, der Torhüter ihn festgehalten hat oder wenn der Ball im Spielfeldaus ist. A ist so lange der Offensivspieler, bis von C niemand mehr einen Ball hat. Danach werden zwei neue zentrale Spieler bestimmt.

Diese Spielform dient der Optimierung der Ausrichtung des visuellen Aufmerksamkeitsfokus.

Variationen

- Die Spielfeldgröße variieren.
- Die Anzahl der Bälle, die C hat oder die Anzahl der Spieler in C verändern (je nachdem, wie viele Angriffe A spielen soll).
- Zwei Pflichtkontakte bis zum Torabschluss.
- Maximal vier Kontakte bis zum Torabschluss.
- A und B bekommen jeweils einen Teamkollegen. A bestimmt weiterhin den Passgeber. Auch hier kann die Anzahl der Ballkontakte festgelegt werden.

5.3.10 Straßenfußball

(Hüttermann, 2016)

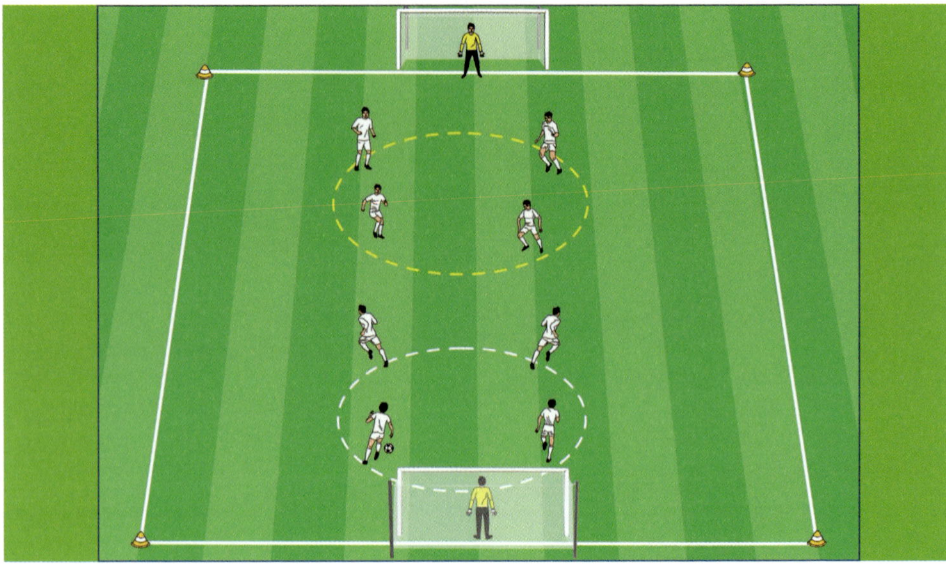

Organisation

Es werden zwei Teams (A und B) mit jeweils vier Spielern gebildet. Die Teams bekommen keine Markierungsleibchen. Auf einem 20 x 30 m großen Spielfeld werden zwei Tore mit jeweils einem Torhüter aufgestellt.

Ablauf

Team A spielt im 4:4 gegen Team B auf je ein 5-m-Tor mit einem Torhüter. Es wird ein freies Spiel initiiert.

Diese Spielform dient der Optimierung der Ausrichtung des visuellen Aufmerksamkeitsfokus.

Variationen

- Die Teamgröße verändern.
- Die Passreihenfolgen oder die Ballkontakte vorgeben.
- Beliebige weitere Modifikationen sind möglich. Relevant ist hier vor allem, dass die Mitspieler schnell und fokussiert identifiziert werden müssen.

5.3.11 Wischweltmeister

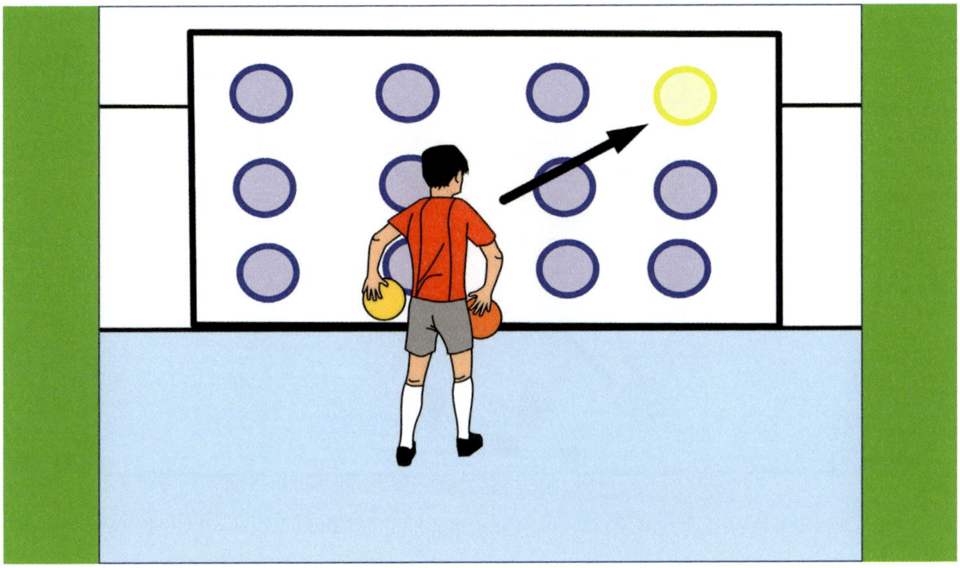

Organisation

Es werden 12 Fitlights (eingestellte Farben: Blau und Gelb) und zwei Tennisbälle (einmal in Rot, einmal in Gelb) benötigt. Die Fitlights werden an einer Wand oder an einem Zaun befestigt. Der Spieler hält beide Bälle in der Hand.

Ablauf

Die Fitlights leuchten in willkürlicher Reihenfolge und Farbe auf. Der Spieler soll das Fitlight mit dem Ball in der gleichen Farbe auswischen. Dies ist natürlich nur dann möglich, wenn die Bälle dieselbe Farbe wie die Fitlights haben.

Variationen

- Den Fitlightfarben werden andere Ballfarben zugeordnet: z. B. rotes Licht/gelber Ball, gelbes Licht/roter Ball.
- Die Höhe der Befestigung der Fitlights kann variiert werden.

5.3.12 The Perfect Match

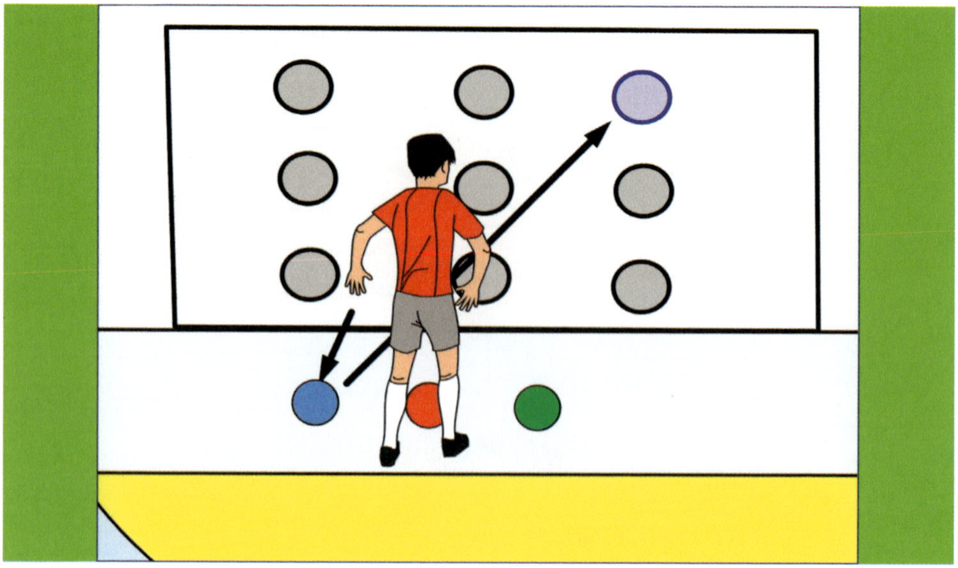

Organisation

Es werden neun Fitlights (eingestellte Farben: Grün, Rot und Blau) und drei Bälle (einmal in Grün, einmal in Rot, einmal in Blau) benötigt. Die Fitlights werden an einer Wand oder einem Zaun befestigt. Der Spieler steht mit 2 m Abstand vor der Wand.

Ablauf

Die Fitlights leuchten in willkürlicher Reihenfolge und Farbe auf. Der Spieler soll das Fitlight mit dem Ball in der gleichen Farbe auswischen.

Variationen

- Den Fitlightfarben werden andere Ballfarben zugeordnet: z. B. rotes Licht/blauer Ball, blaues Licht/grüner Ball, grünes Licht/roter Ball.
- Der Abstand zur Wand des Spielers kann vergrößert werden.
- Die Höhe der Befestigung der Fitlights kann variiert werden.

5.3.13 Das bunte T

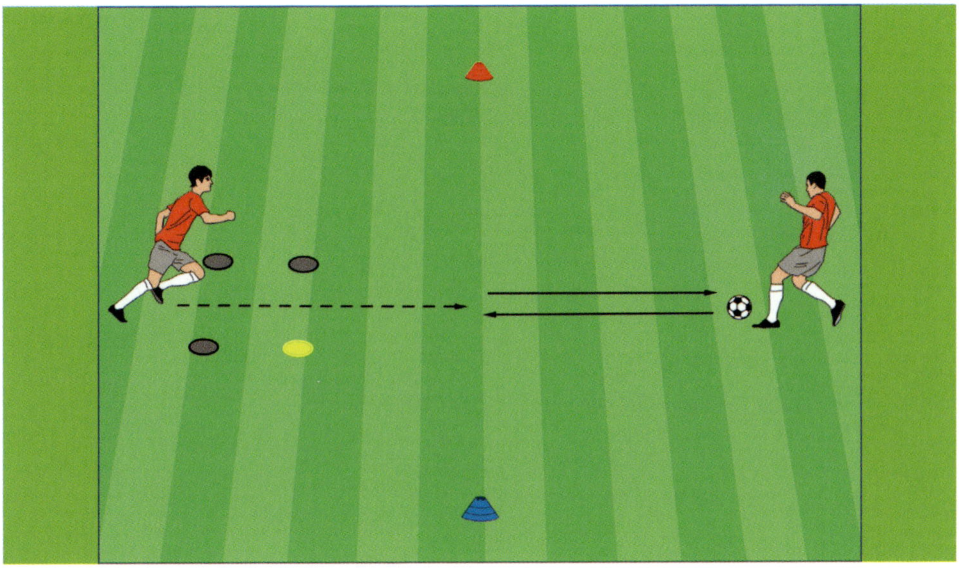

Organisation

Es werden vier Fitlights (eingestellte Farben: Grün, Rot, Blau, Gelb), ein Ball und zwei farbige Hütchen (einmal in Blau, einmal in Rot) benötigt. Die Fitlights liegen als Quadrat sehr nah aneinander auf dem Boden. Der Spieler steht direkt davor. Die beiden Hütchen liegen rechts und links 5 m von den Fitlights entfernt, der Passgeber steht 10 m von den Fitlights entfernt vor dem Spieler.

Ablauf

Die Fitlights leuchten abwechselnd per Zufall in Grün, Rot, Blau und Gelb. Leuchtet das Fitlight in Grün, muss der Spieler es auswischen. Leuchtet das Fitlight in Rot, läuft er zum roten Hütchen. Leuchtet das Fitlight in Blau, läuft er zum blauen Hütchen. Bei Gelb sprintet der Spieler nach vorne, erhält einen Pass und muss den Ball zurückspielen.

Variationen

- Die Farben können neu zugeordnet werden z. B. rotes Licht → blaues Hütchen, blaues Licht → rotes Hütchen usw.
- Das Spiel-„Quadrat" kann vergrößert bzw. verkleinert werden.
- Es können weitere Mitspieler miteinbezogen werden z. B. gelbes Licht: Der Spieler wird von rechts vorne diagonal angepasst. Grünes Licht: Der Spieler wird von links vorne diagonal angepasst.

5.4.14 Finde den Fehler!

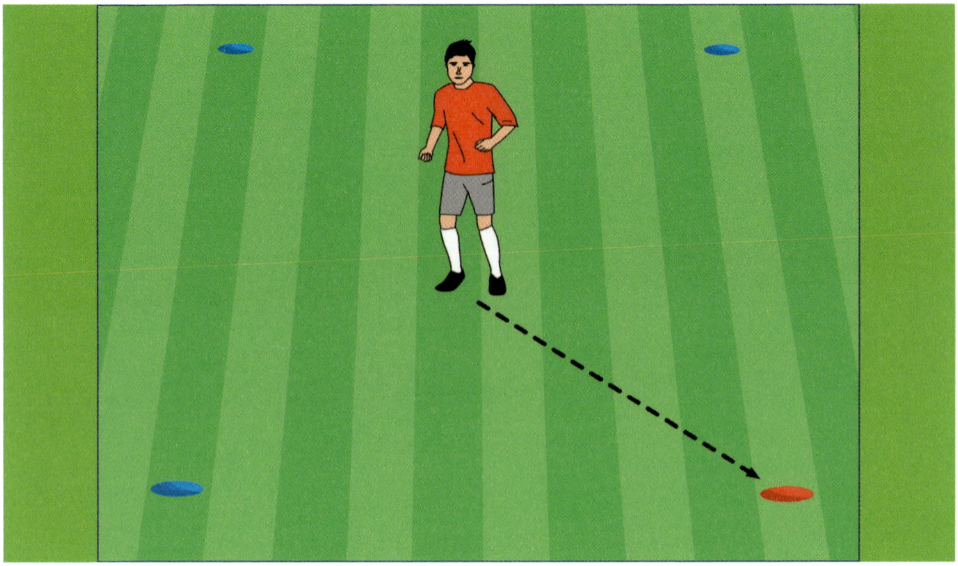

Organisation

Es werden vier Fitlights benötigt (eingestellte Farben: dreimal in der gleichen Farbe, einmal in einer anderen Farbe) und eventuell Kästen, Bänke oder Stangen zum Erhöhen. Vier Fitlights liegen auf dem Boden oder auch erhöht, dem Level des Spielers angemessen, weit entfernt voneinander. Der Spieler befindet sich zwischen den Fitlights.

Ablauf

Drei Fitlights gehen in der gleichen Farbe an, das vierte Licht geht in einer anderen Farbe an. Der Spieler wischt die einzelne Farbe (rot) aus.

Variationen

- Die Häufigkeiten der „Fehler"-Lichter variieren.
- Die Anzahl der Fitlights erhöhen.
- Die Fitlights so platzieren, dass der Spieler sich umdrehen muss.

5.3.15 See the Light

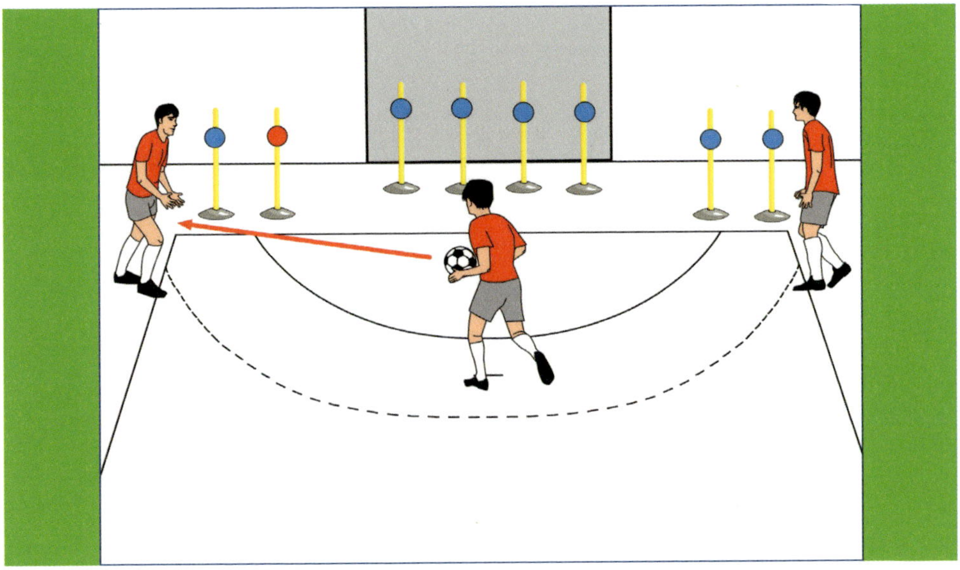

Organisation

Es werden acht Fitlights (eingestellte Farben: frei wählbar, aber insgesamt gleiche Farben) und ein Ball benötigt. Die Fitlights werden an vier Stangen befestigt. Zwei werden links vom Spieler und zwei werden rechts vom Spieler aufgestellt. Vier weitere Stangen mit Fitlights werden vor einer Wand aufgestellt. Der Spieler steht einige Meter von der Wand entfernt vor den Stangen mit einem Ball in der Hand.

Ablauf

Wenn ein Fitlight direkt vor dem Spieler leuchtet, wirft er den Ball gegen die Wand vor ihm. Leuchtet ein Fitlight links oder rechts von ihm, wirft der Spieler den Ball zu einem Mitspieler auf der gleichen Seite und macht einen Liegestütz oder ein Burpee.

Variationen

- Aufgabenvariationen: Kniebeuge etc.
- Der Spieler stellt sich genau zwischen die Stangen (stehen jetzt in Reichweite). Der Spieler darf den Kopf und Oberköper nicht bewegen. Er darf nur über die Augen das Licht wahrnehmen und muss sie dann ausschlagen.

5.3.16 Elfmetertänzer

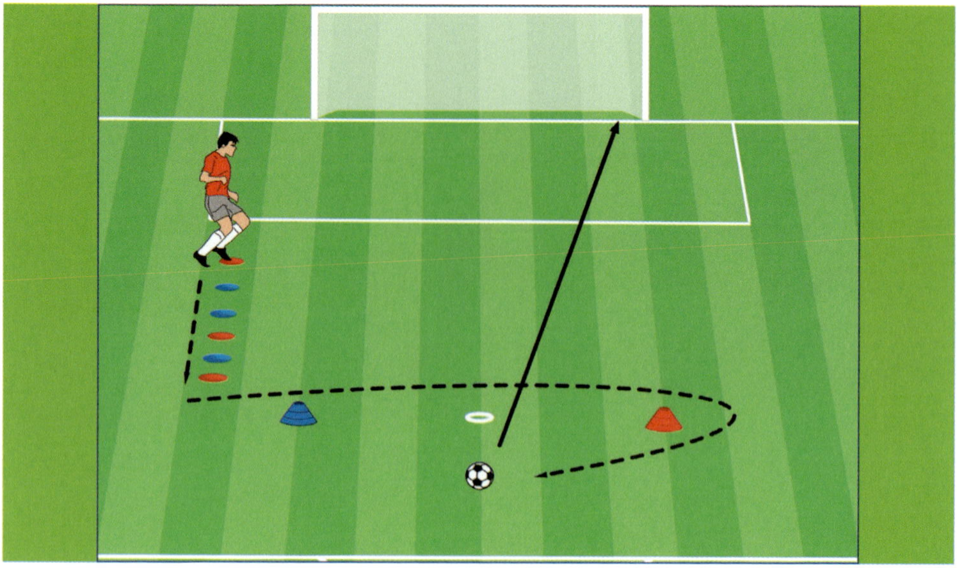

Organisation

Es werden 4-6 Fitlights (eingestellt in den Farben Rot und Blau), zwei Bälle, zwei Hütchen (einmal in Blau, einmal in Rot) und ein Fußballtor benötigt. Die Fitlights werden auf Höhe des Elfmeterpunkts in einer Reihe platziert.

Ablauf

Die Fitlights leuchten in willkürlicher Reihenfolge und Farbe auf. Der Spieler wischt die Lichter nacheinander aus, indem er mit dem Fuß darüberfährt. Wenn das letzte Licht leuchtet, wischt er es aus, läuft zum Hütchen mit der Farbe des letzten Fitlights und schießt von dort aufs Tor.

Variationen

- Wenn das letzte Licht leuchtet, wischt der Spieler es aus, läuft zum Hütchen mit der Farbe, die das letzte Fitlight NICHT gezeigt hat und schießt von dort aufs Tor.
- Die Farben können ebenfalls neu zugeordnet werden, z. B. wenn als letztes Licht in Grün leuchtet, läuft Spieler zum blauen Hütchen, rotes Licht → gelbes Hütchen usw.

5.3.17 Die Kickerampel

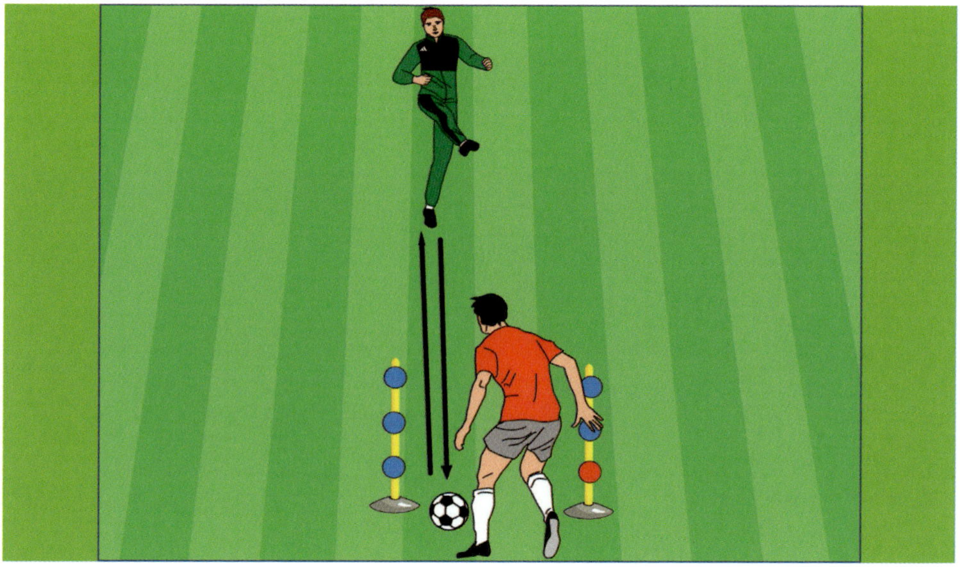

Organisation

Es werden sechs Fitlights (die eingestellten Farben sind frei wählbar), ein Ball und zwei Stangen benötigt. An jeder Stange werden drei Fitlights befestigt (oben, Mitte, unten). Der Abstand zwischen den Stangen sollte 1 m betragen.

Ablauf

Der Spieler wischt das aufleuchtende Fitlight aus, bekommt sofort danach einen Ball zugespielt (vom Torhüter zugeworfen) und spielt ihn zurück zum Passgeber.

Variationen

- Leuchtet das Fitlight am Boden, wird der Pass auf den Fuß zurückgespielt, leuchtet das Fitlight in der Mitte, soll der Passgeber mit Oberschenkel oder Brust annehmen können, beim oberen Fitlight soll der Ball so zurückgespielt werden, dass der Passgeber einen Kopfball spielen muss.
- Die Fitlightpositionen werden der Ballverarbeitung unsystematisch zugeordnet: unteres Licht = Brustannahme, mittleres Licht = Kopfball, oberes Licht = Pass auf den Fuß.

5.4 Spielformen zur Spielintelligenz

5.4.1 Suche die Schnittstelle

Uhlig (2016)

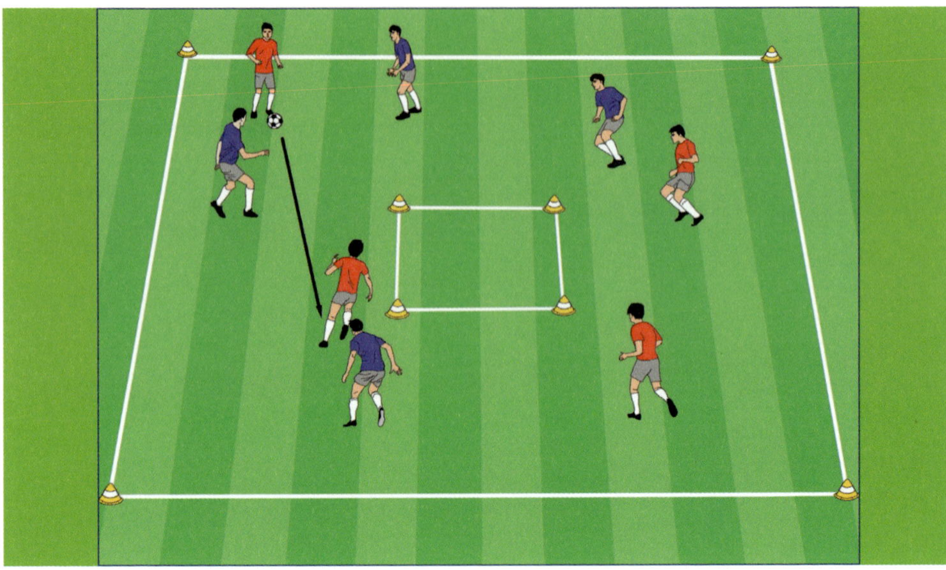

Organisation

Es werden zwei Teams mit jeweils vier Spielern gebildet. In der Mitte des Spielfeldes (20 x 20 m) befindet sich eine mit Pylonen markierte Zone (4 x 4 m).

Ablauf

Es agieren zwei Teams mit jeweils vier Spielern gegeneinander. Ziel eines jeden Teams ist es, 10 Kontakte mit dem Fuß untereinander auszuführen, ohne dass das andere Team den Ball berührt. Dies ergibt einen Punkt. Dabei darf aber keine Ballberührung in der markierten Zone stattfinden. Wenn doch, wechselt sofort der Ballbesitz. Welches Team hat die meisten Punkte?

Hinweise

- Falls das Spielniveau zu niedrig ist und kaum Passfolgen zustande kommen, kann die Regel eingeführt werden, dass der Ball geschützt werden kann, indem er mit der Sohle berührt wird. Dann darf ihn kein anderer Spieler mehr angreifen und muss mindestens 2 m Abstand halten.
- Der Trainer sollte genau darauf achten, ob eine Berührung in der Zone erfolgt oder nicht.

Variationen

- Die Anzahl der Spieler kann je nach Platzangebot erhöht werden.
- Die Zone in der Länge (!) vergrößern.
- Auch der Ball darf die Zone nicht berühren.

5.4.2 Zehnerhandball mit zwei Jokern

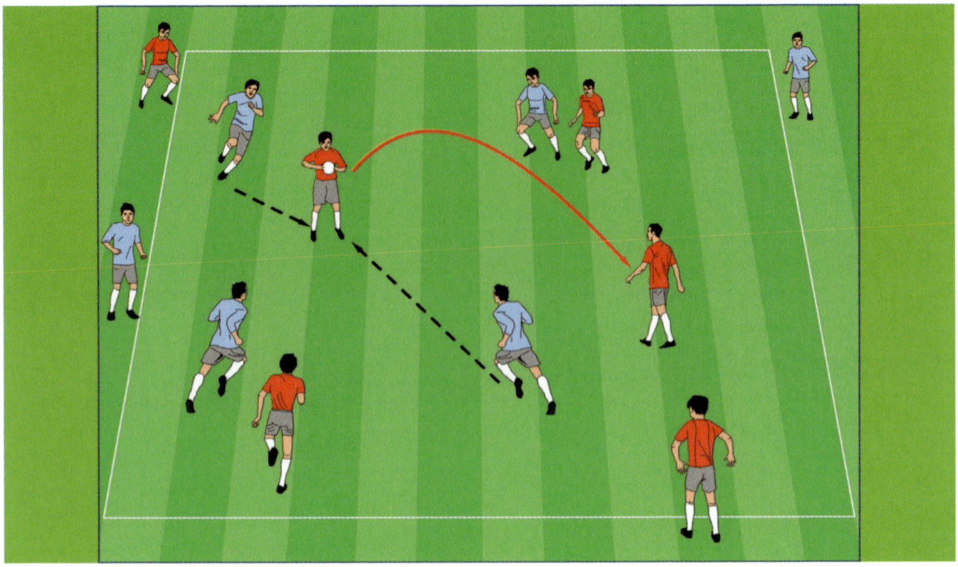

Organisation

Es werden zwei Teams mit jeweils sechs Spielern gebildet. Jeweils vier Spieler von zwei Teams befinden sich im 10 x 10 m großen Spielfeld. An zwei Seiten stehen jeweils zwei Joker beider Teams.

Ablauf

Ziel der Teams ist es, möglichst viele Punkte zu erzielen, indem sie sich untereinander den Ball mit der Hand zupassen, ohne dass das gegnerische Team dazwischenkommt. Bogenlampen bzw. Lobs sind erlaubt. Gelingt dies 10-mal, gibt es einen „großen" Punkt. Dabei dürfen die Teams auch ihre beiden Joker einbeziehen. Diese sollen dann einfach den Ball wieder zu einem Mitspieler im Feld zurückspielen. Nach einer bestimmten Zeit sollen die Joker mit Mitspielern aus dem Feld ausgetauscht werden. Welches Team hat die meisten Punkte?

Hinweis

- Falls notwendig, auf die Möglichkeit von indirekten Pässen und Pass- bzw. Blicktäuschungen aufmerksam machen

Variationen

- Bogenlampen bzw. Lobs sind nicht erlaubt.
- Die Anzahl der Spieler pro Team erhöhen.
- Der Ball wird wie gewohnt mit dem Fuß gespielt.
- Jedes Team bekommt einen Ball.
- Jedes Team hat einen Ball und die Teams müssen im Feld eine feste Reihenfolge festlegen.
- Pässe zum Joker zählen nicht.
- Wenn ein Joker angespielt wird, wechselt er ein und der Passgeber wird zum Joker.

5.4.3 King of the Ring

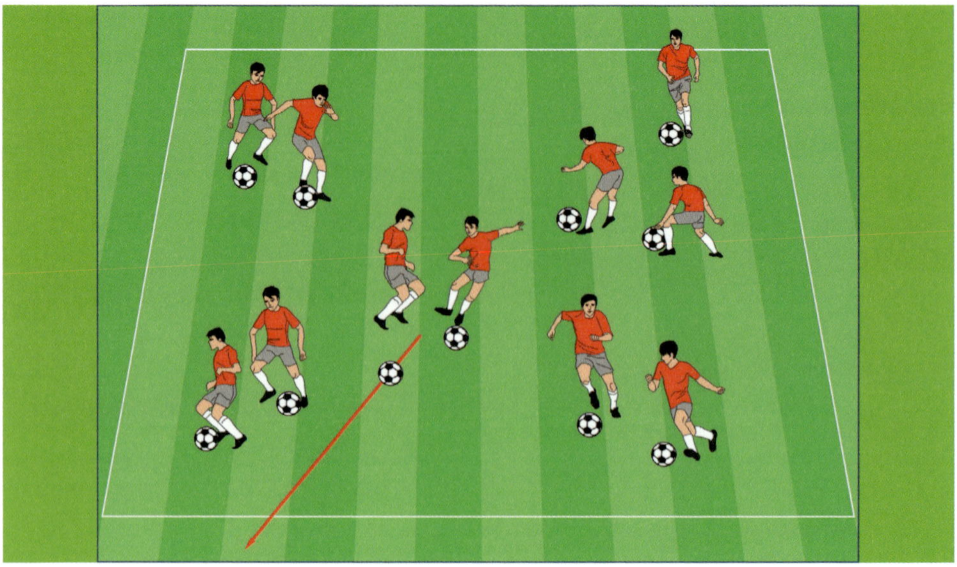

Organisation

Die Spieler befinden sich mit je einem eigenen Ball in einem 12 x 12 m großen Viereck (jeder Spieler sollte um sich herum einige Meter Platz haben). Ziel ist es, den eigenen Ball zu schützen und die Bälle der anderen Spieler aus dem Hütchenviereck herauszuschießen.

Ablauf

Die Spieler verteilen sich im Feld und auf einen Startpfiff hin dürfen sie sich bewegen und versuchen, den Ball eines anderen Spielers aus dem Feld zu schießen. Dies ist allerdings nur dann erlaubt, wenn sie ihren eigenen Ball noch tatsächlich im Feld haben. Für jeden Ball, der das Hütchenviereck verlässt, gibt es einen Punkt. Die Spieler dürfen ihren Ball zurückholen und wieder einsteigen. Wer hat nach drei Minuten die meisten Punkte und wird somit „King of the Ring"?

Hinweise

- Falls notwendig, sind die Spieler darauf aufmerksam zu machen, dass sie den Ball mit ihrem Körper abschirmen können. Aufpassen, wenn auch andere Teams auf dem Platz sind, dass die weggeschossenen Bälle nicht in deren Übungen rollen.
- Sollten sich „Allianzen" formen („Wir greifen uns gegenseitig nicht an", „Alle auf Timo"), sollte der Trainer sich überlegen, einzugreifen und Gegenmaßnahmen zu treffen und z. B. nur 1:1 erlauben oder es zur Pflicht machen, immer den nächsten freien Spieler anzugreifen.

Variationen

- Die Spielzeit variieren.
- Die Größe des Hütchenvierecks variieren.
- Alle starten mit 10 Punkten. Wer seinen Ball verliert, bekommt einen Minuspunkt, wer einen fremden Ball aus dem Feld schießt, bekommt einen Pluspunkt. Wenn jemand keine Punkte mehr hat, kann er sich mit einer Dribbelrunde um das Spielfeld drei Punkte dazuverdienen.
- Das Spiel endet, wenn jemand eine bestimmte Punktzahl erreicht hat.
- Eine Feldhockeyvariante mit Schläger und Feldhockeyball einführen.
- Je einen starken und einen schwachen Spieler gemeinsam Punkte sammeln lassen. Hier sind „Allianzen" unter den Spielerpaaren natürlich gewünscht.

5.4.4 Wo sind meine Mitspieler?

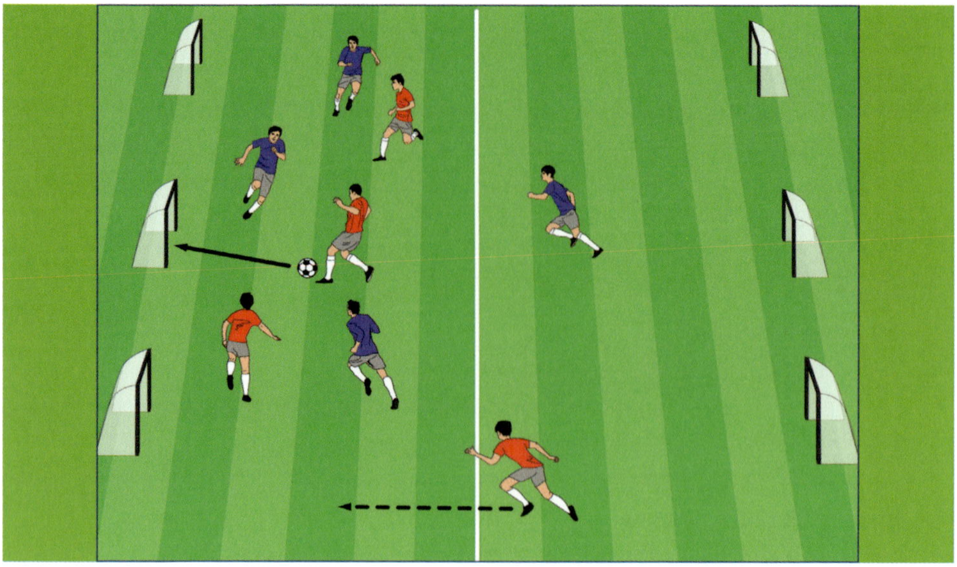

Organisation

Insgesamt spielen zwei Teams mit jeweils vier Spielern auf jeweils drei Tore (Sechs Tore pro Spielform!). Jedes Team hat drei zu verteidigende Tore auf seiner Feldseite. Im Mittelbereich des 25 x 25 m großen Spielfelds wird eine Linie markiert.

Ablauf

Ziel beider Teams ist es, ein Tor mit dem Fuß zu erzielen. Ein Tor wird nur dann gezählt, wenn alle Spieler des angreifenden Teams auf derselben Seite wie der Schütze sind.

Hinweise

- Nach einem Punktgewinn bekommt das verteidigende Team den Ball. Mit dem Ball darf gedribbelt werden.

Variationen

- Die Anzahl der Spieler pro Team erhöhen.
- Die Spielfeldgröße variieren.
- Die Tore verkleinern bzw. weniger Tore aufstellen.
- Ein Zeitlimit, in dem ein Tor erzielt werden soll, vorgeben.

5.4.5 Viele Möglichkeiten

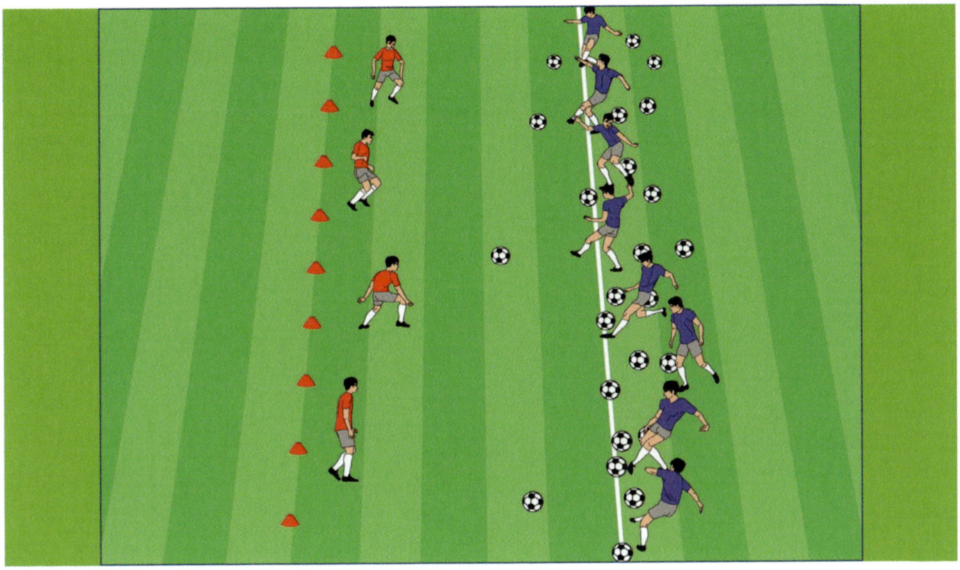

Organisation

Auf einem Spielfeld werden acht kleine Hütchentore im Abstand von jeweils 3 m aufgestellt. Der Abstand zwischen den Hütchen beträgt mindestens 2 m. Es wird eine Linie in 5 m Entfernung parallel zu den acht Toren markiert.

Ablauf

Acht Spieler stellen sich mit drei Bällen an der Linie gegenüber den Toren auf. Vier abwehrende Spieler schützen acht kleine Hütchentore. Ziel der Spieler mit Ball ist es, viele Punkte zu erreichen, d. h., möglichst viele Tore mit dem Fuß zu erzielen.

Hinweis

- Falls notwendig, auf die Möglichkeit von Blicktäuschungen aufmerksam machen. Es darf nur flach geschossen werden.

Variationen

- Unterschiedliche Bälle einsetzen.
- Die Anzahl der Spieler jedes Teams kann je nach Platzangebot erhöht werden; dabei muss aber auch das Feld vergrößert werden.
- Es darf nur mit dem schwachen Fuß agiert werden.
- Innerhalb von 30 Sekunden müssen alle Versuche abgeschlossen sein.

5.4.6 3:3 hoch 2

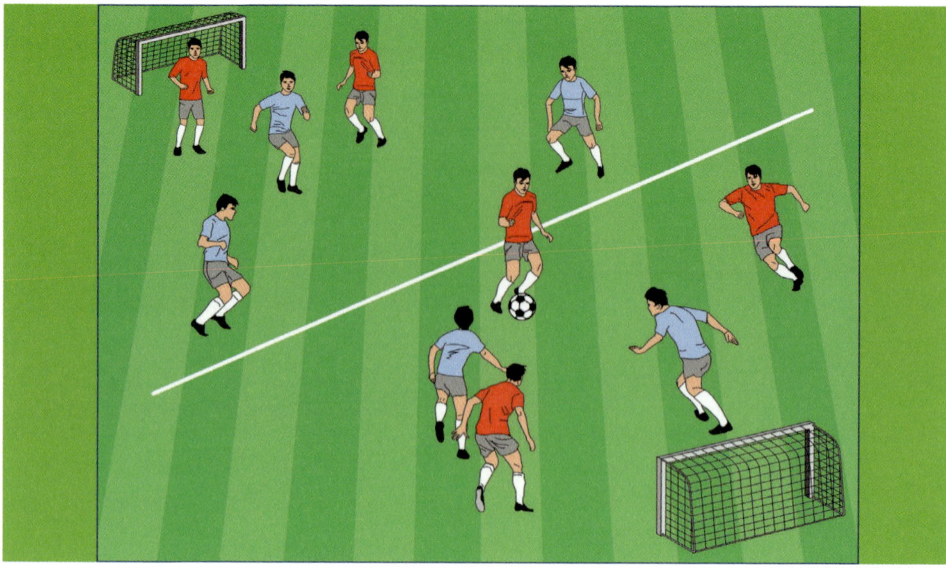

Organisation

Zwei Teams mit jeweils fünf Spielern agieren auf zwei Tore gegeneinander. Der Abstand zwischen den Toren beträgt nicht mehr als 15 m. Ein Tor ist mindestens 2 m breit. Das 15 x 15 m große Spielfeld ist in zwei Hälften geteilt. In jeder Hälfte wird 3:2 gespielt, wobei die jeweiligen Spieler ihr Feld nicht verlassen dürfen und die Unterzahl immer vor dem eigenen Tor ist.

Ablauf

Ziel des angreifenden Teams ist es, Tore zu erzielen, indem es Lücken zwischen dem gegnerischen Team erkennen und ausnutzen muss, während das verteidigende Team versuchen muss, den Ball zu erobern und über die Mittellinie zu den eigenen Angreifern zu passen. Bogenlampen bzw. Lobs sind nicht erlaubt.

Hinweis

- Falls notwendig, auf die Möglichkeit von Pass- bzw. Blicktäuschungen aufmerksam machen.

Variationen

- Unterschiedliche Bälle einsetzen.
- Die Anzahl der Spieler jedes Teams kann je nach Platzangebot erhöht werden; dabei muss aber auch das Feld vergrößert werden.
- Es darf nur mit dem schwachen Fuß agiert werden.
- Innerhalb von 20 Sekunden muss ein Torabschluss erfolgen.
- Ab 14 Spielern kann mit zwei Bällen gespielt werden.
- Der Ball wird nicht mit dem Fuß gespielt, sondern geworfen.

5.4.7 7:2 mit zwei Bällen

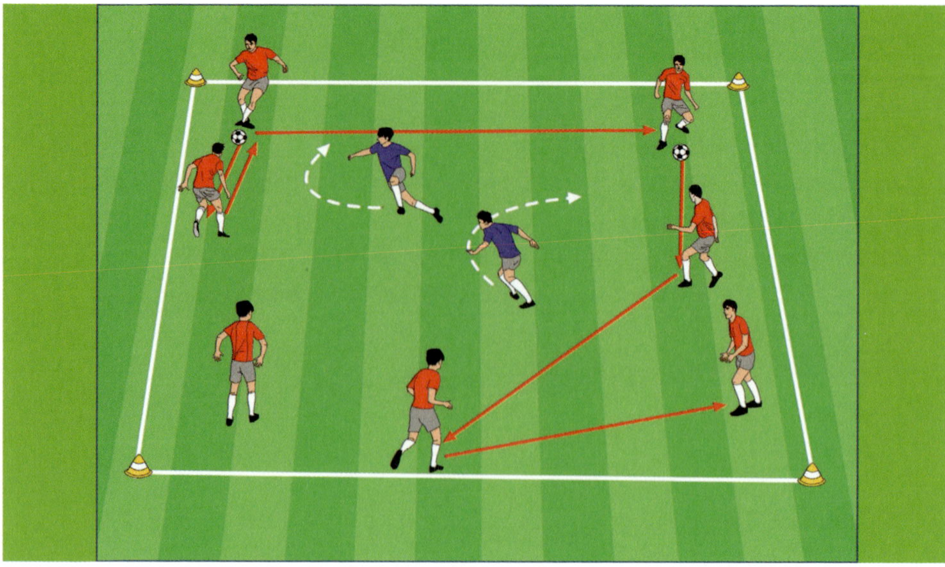

Organisation

Das sich in Ballbesitz befindende Team bildet einen Kreis in einem 10 x 10 m großen Feld mit jeweils 2-3 m Abstand zum Nebenmann. In diesem Kreis befinden sich zwei Abwehrspieler.

Ablauf

Ziel des Teams in Ballbesitz ist es, so viele Pässe wie möglich zu spielen. Die Abwehrspieler versuchen, dies zu verhindern. Die einzigen kleinen Veränderungen zum traditionellen 5:2 sind, dass sich zwei Spieler sowie zwei Bälle mehr im Spiel befinden. Berührt ein Abwehrspieler den Ball, muss derjenige, der den Pass gespielt hat, in die Mitte.

Hinweis

- Hier wird der Aufmerksamkeitsfokus dadurch erweitert, dass zwei Bälle im Spiel sind. Dies bedeutet, dass das ballbesitzende Team immer beide Bälle „im Visier" haben muss, um die Pässe aufeinander abzustimmen (sonst könnte es vorkommen, dass beide Bälle zu einem Spieler gepasst werden).

Variationen

- Die Größe des Kreises erweitern.
- Die Zahl der Spieler erhöhen (bspw. 8:3).
- Keine Rückpässe erlauben.
- Die Anzahl der Kontakte vorgeben.
- Die Spieler werden nach einer bestimmten Anzahl von Pässen „gesperrt" (zum Beispiel nach fünf Ballkontakten müssen weitere fünf Pässe abgewartet werden, um wieder „aktiviert" zu sein). So wird das Team herausgefordert, strategisch Pässe zu spielen.

5.4.8 Parteiball

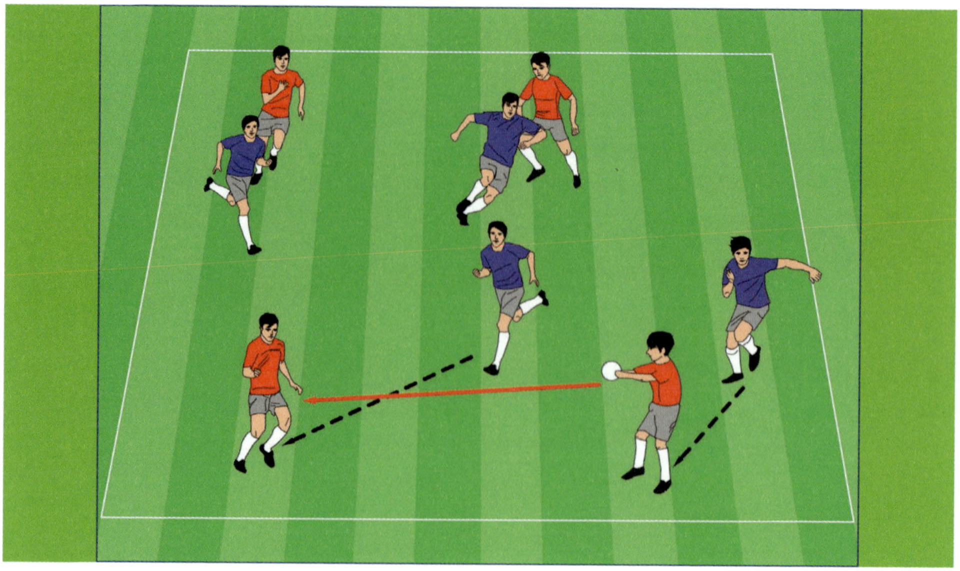

Organisation

Es bilden sich zwei Teams mit der gleichen Anzahl an Spielern, ein Team hat einen Ball. Das Spielfeld ist 20 x 20 m groß.

Ablauf

Zwei Teams spielen mit dem Ziel gegeneinander, 10 Pässe zu spielen, ohne den Ball zu verlieren. Die Schwierigkeit dabei ist, dass der Ballbesitz bei Berührung des Ballbesitzers durch einen Gegner wechselt. Somit wird gewährleistet, dass der Ballbesitzende nur zu einem Mitspieler passen kann, der relativ weit von seinem Gegenspieler entfernt ist. Da bei Berührung des Ballbesitzers durch einen Gegenspieler der Ballbesitz wechselt, muss er unter Zeitdruck erkennen, welcher Mitspieler am weitesten von seinem Gegenspieler entfernt ist. Spielt er den Ball nämlich zu einem Spieler, welcher relativ nah bei einem Gegenspieler steht, ist die Chance deutlich geringer, in Ballbesitz zu bleiben.

Hinweis

- Bei dieser Form des Parteiballspiels bietet es sich an, eine Art Joker einzuführen, welcher immer Mitspieler des ballbesitzenden Teams ist.

Variationen

- Eine höhere Laufbereitschaft wird durch ein Prellverbot erreicht.
- Des Weiteren können Abspiele nur als Bodenpass gespielt werden.
- Für Spieler, die die Technik nicht beherrschen: Der Joker darf bei Ballbesitz nicht berührt werden und ist damit „immun" gegen Ballverlust. Allerdings zählen auch die Pässe nicht, welcher dieser spielt oder fängt.

5.4.9 Freilauf-Völkerball

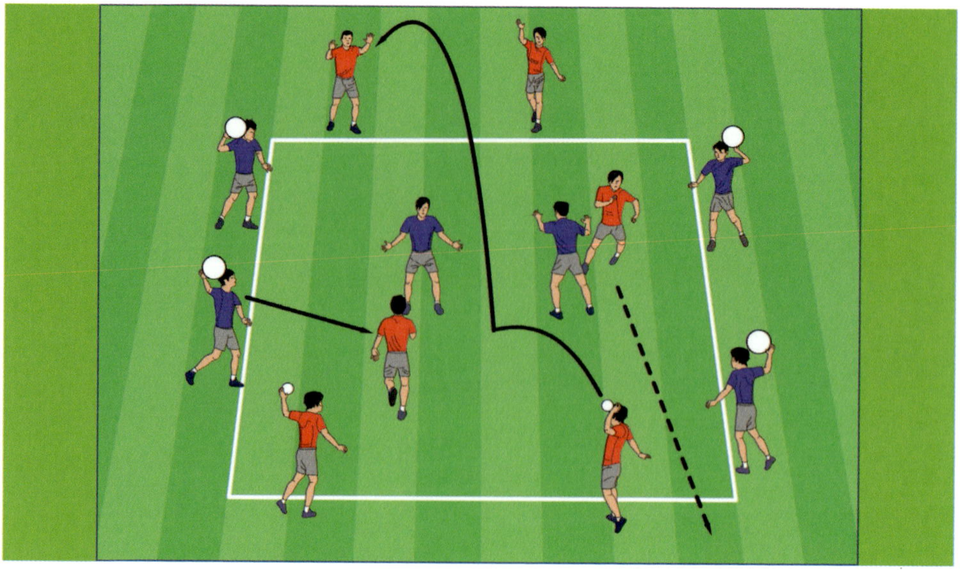

Organisation

Es werden zwei Teams gebildet, die auf einem Volleyballfeld (oder 9 x 18 m) spielen. Ein Team hat zwei Handbälle zur Verfügung. Das andere Team hat 3-6 Elefantenhautbälle zur Verfügung.

Ablauf

Hat ein Spieler einen Handball, muss er einen Mitspieler auf der anderen Seite des Volleyballfeldes anspielen. Danach versucht er, das Volleyballfeld zu durchqueren, in welchem zwei Abwehrspieler stehen, die versuchen, einen Rückpass zu verhindern. Zusätzlich befinden sich noch Gegenspieler mit Elefantenhautbällen an den Seitenlinien des Volleyballfeldes, welche versuchen, die Spieler abzuwerfen.

Ein Punkt für die Angreifer wird erzielt, wenn ein erfolgreicher Passrückpass gespielt wurde. Punkte für die Abwehrspieler werden erzielt, wenn ein Spieler abgeworfen wurde. Ist dies der Fall, muss der Spieler zurück auf die Seite, von der er gekommen ist. Außerdem bekommt das abwehrende Team einen Punkt, wenn es den Pass abfängt. Auch hier muss der Angreifer wieder auf die Seite zurück, von der er gekommen ist. Das Team, welches zuerst 15 Punkte erzielt, gewinnt.

Hinweis

- Durch die Kombination eines Freilaufspiels mit Völkerball müssen die Spieler wesentlich mehr Informationen gleichzeitig verarbeiten als bei anderen gängigen Spielformen. Außerdem wird auch ein relativ breiter Aufmerksamkeitsfokus der Abwehrspieler dadurch gewährleistet, dass zwei Handbälle im Spiel sind.

Variationen

- Der Rückpass muss als Bodenpass gespielt werden, um Bogenlampen zu vermeiden und somit das Freilaufen effizienter zu machen.
- Es müssen zwei Rückpässe gespielt werden, um einen Punkt zu erzielen.

5.4.10 Bälle „am Leben erhalten"

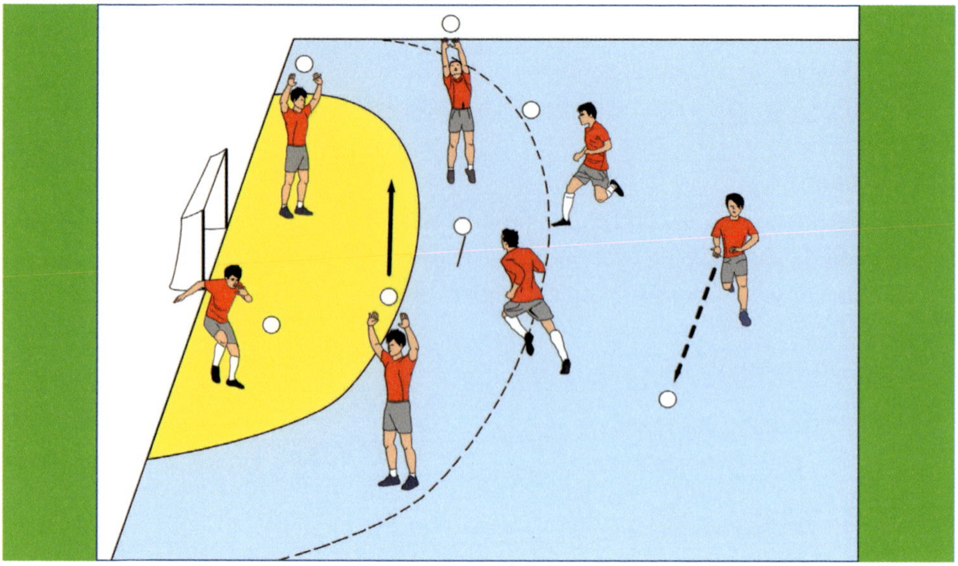

Organisation

Ein Handball pro Spieler wird benötigt, bei älteren oder erfahrenen Gruppen sind auch mehr Bälle möglich. Die Spieler stellen sich in einer Handballhälfte auf. Jeder Spieler hat einen Handball.

Ablauf

Auf Pfiff des Trainers werden die Handbälle in die Luft geworfen. Jetzt ist das Spiel gestartet. Ziel der Spieler ist es, alle Bälle so lange wie möglich am Leben zu erhalten. Ein Ball ist tot, wenn er am Boden liegen geblieben ist, also nicht mehr „dopst". Wird ein Ball in der Luft von einem Spieler gefangen, so muss dieser direkt wieder in die Luft geworfen werden.

Hinweise

- Die Spieler müssen versuchen, ihre Aufmerksamkeit auf möglichst viele Bälle richten, um zu erkennen, zu welchem Ball sie rennen müssen.
- Außerdem sollten sie auch noch auf die Mitspieler achten, damit nicht alle Spieler den gleichen Ball retten wollen.

Variationen

- Kann auch als Wettkampf ausgeführt werden, indem zwei Teams auf zwei Spielfeldern gegeneinander spielen. Das Team, welches alle Bälle länger am Leben erhalten hat, gewinnt.
- Durch Verwendung anderer Bälle, die nicht so gut hochspringen, kann die Intensität gesteigert werden.
- Bei Verkleinerung der Spielfeldgröße darf der Ball nur einmal den Boden berühren, bevor er „tot" ist.
- Der Ball wird auf den Boden geprellt, anstatt in die Luft geworfen.

5.6.11 Vom 2:3 auf ein 3:2

Uhlig (2016)

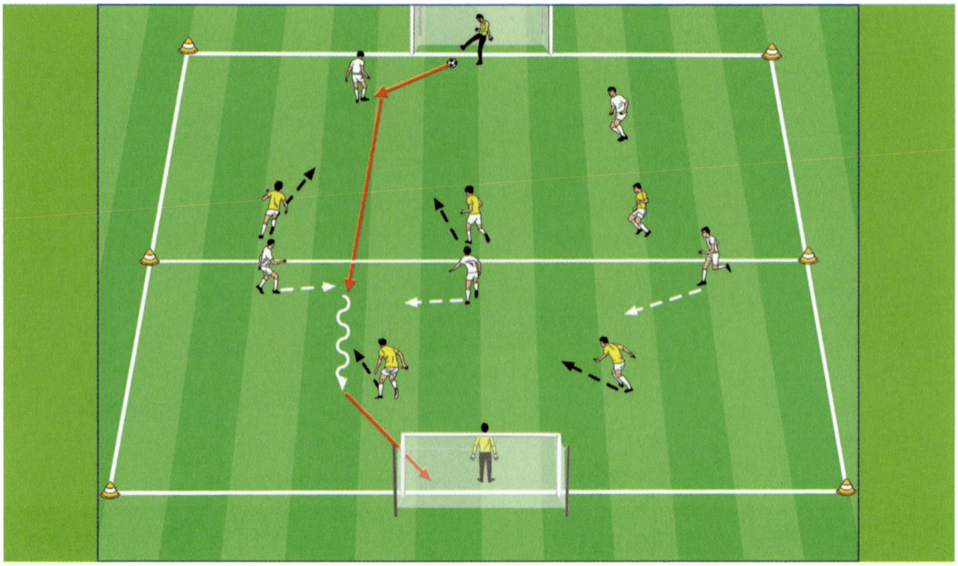

Organisation

Es wird ein 25 x 20 m großes Feld mit zwei großen Toren und Torhütern in zwei Hälften aufgeteilt. Es werden zwei Teams gebildet und den Feldhälften (je zwei Verteidiger und drei Angreifer) zugewiesen.

Ablauf

Es wird ein Spiel 5:5 mit der Einschränkung, dass kein Spieler „seine" Hälfte verlassen darf, initiiert. Das Spiel beginnt immer beim Torhüter. Ziel des ballbesitzenden Teams ist es, Treffer durch das Ausnutzen von Lücken im gegnerischen Abwehrverband zu erzielen.

Variationen

- Die drei gegnerischen Angreifer können auch „halb aktiv" agieren und Zuspiele in die andere Hälfte zulassen.
- Geeignet auch für verstärktes Pressing, um den Gegnerdruck zu erhöhen.

5.4.12 Offentore durchspielen

Uhlig (2016)

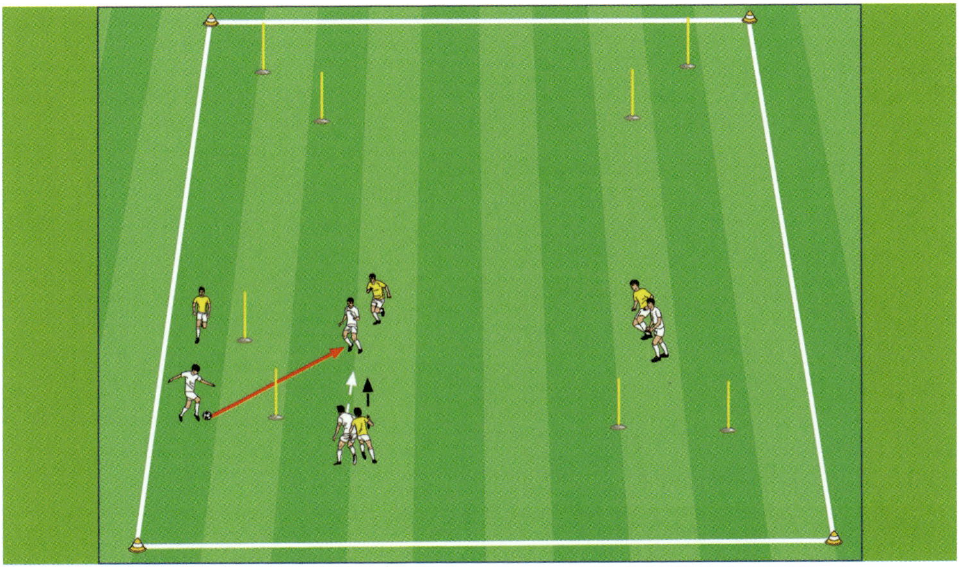

Organisation

Es wird ein 25 x 25 m großes Feld markiert. Mit acht Stangen werden in den Ecken des Feldes je 5 m breite Stangentore errichtet. Insgesamt werden zwei Teams mit jeweils vier Spielern gebildet.

Ablauf

Es wird ein freies Spiel initiiert. Ziel ist es, den Ball so durch eines der vier Stangentore (Offentore) zu passen, dass ein Mitspieler den Ball kontrollieren kann (ein Punkt). Treffer zählen von beiden Seiten des Offentors.

Variationen

- Nur eine Seite des Offentors zählt.
- Sobald ein Tor durchspielt wurde, ist es nicht mehr gültig, bis der Ballbesitz wechselt. Schafft es ein Team, innerhalb eines Ballbesitzes alle Tore nacheinander zu durchspielen, ist das Spiel gewonnen.

5.4.13 2:0-Spiel

Uhlig (2016)

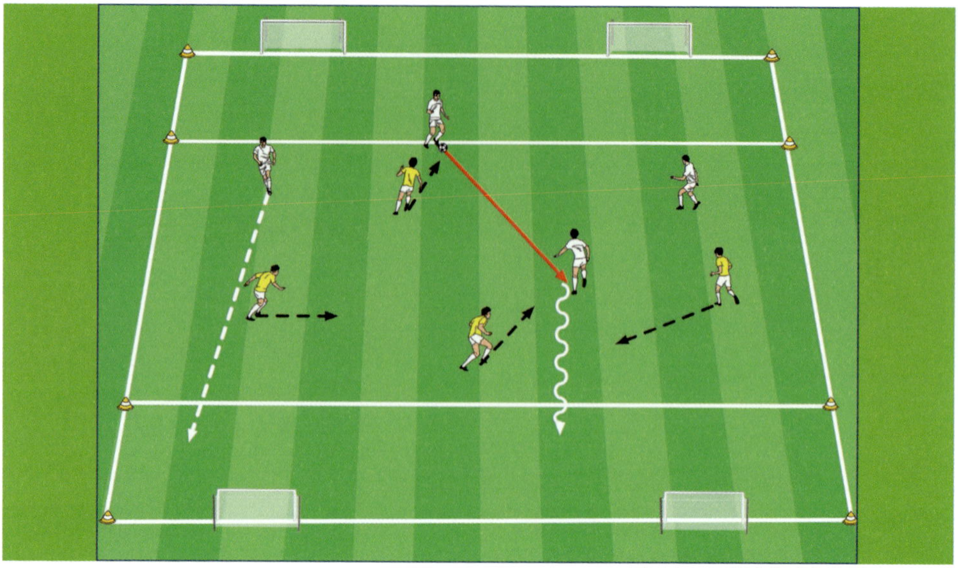

Organisation

Es wird ein 25 x 20 m großes Feld in drei Zonen (5 m – 15 m – 5 m) eingeteilt. Auf beiden Grundlinien werden dann zwei Minitore aufgestellt. Dann werden zwei Teams mit jeweils vier Spielern gebildet.

Ablauf

Es wird ein freies Spiel 4:4 in der Mittelzone initiiert: Ziel ist es, durch ein geschicktes Dribbling oder ein Zuspiel in die gegnerische Endzone einzudringen. Gelingt dies einem Team, darf ein zweiter Angreifer in die Angriffszone einlaufen und auf eines der beiden Minitore direkt abschließen.

Variation

- Erschweren: Ein Spieler des Gegners darf ebenfalls mit in die Angriffszone zum 2:1 einrücken.

5.4.14 Kontaktball

Uhlig (2016)

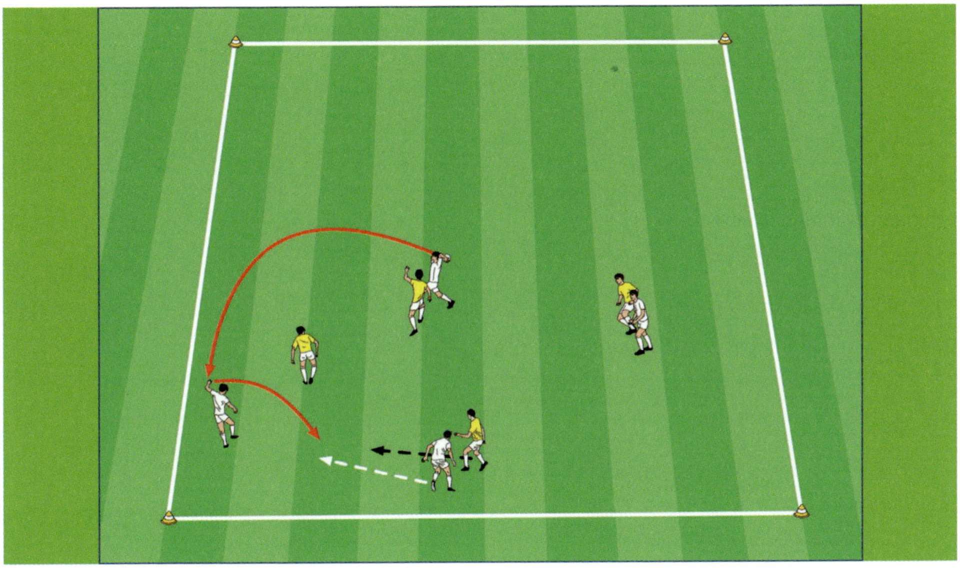

Organisation

Es wird ein 20 x 20 m großes Feld markiert und insgesamt zwei Teams mit jeweils vier Spielern gebildet.

Ablauf

Die Teams werfen sich den Ball untereinander mit der Hand zu. Um einen Punkt erzielen zu können, muss ein Spieler einem Mitspieler den Ball so zuwerfen, dass dieser das Zuspiel direkt per Fuß oder Kopf an einen dritten Mitspieler weiterleiten kann (ein Punkt).

Variationen

- Jedes Team bekommt einen Ball.
- Der annehmende Mitspieler muss den Ball erfolgreich mit dem Fuß oder der mit Brust stoppen und sichern.

5.4.15 Endzonenball

Uhlig (2016)

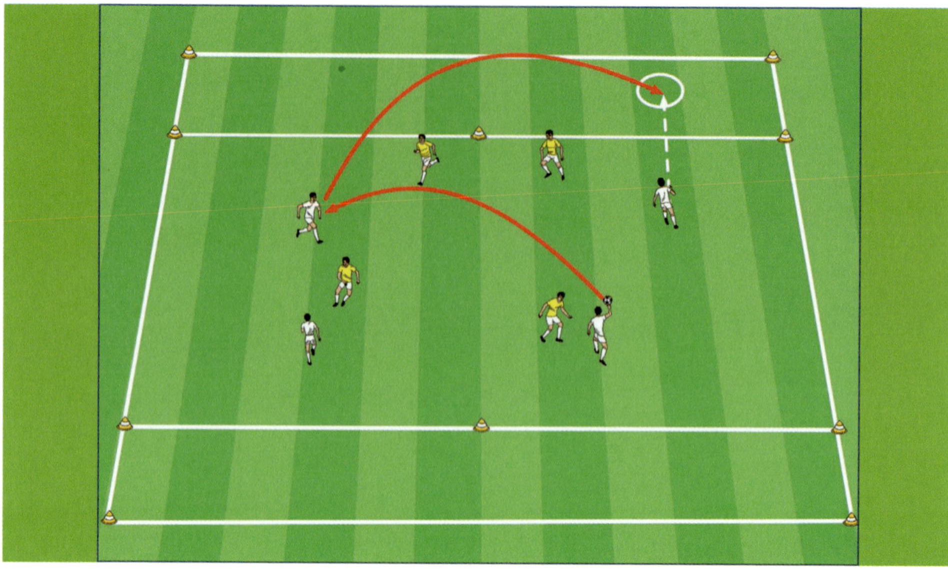

Organisation

Es wird ein 20 x 20 m großes Feld mit zwei 4 m langen Endzonen markiert. Es werden zwei Teams mit jeweils vier Spielern eingeteilt.

Ablauf

Es wird nun ein freies Spiel mit der Hand initiiert: Das jeweils ballbesitzende Team versucht, einen in die Endzone einlaufenden Mitspieler anzuspielen (ein Punkt). Passiert ein Fangfehler und fällt der Ball auf den Boden, so erfolgt ein Ballwechsel. Nach einem Treffer darf sofort ein Gegenangriff auf die gegenüberliegende Endzone erfolgen.

Variationen

- Keine Rückpässe erlauben.
- Andere Bälle oder einen Frisbee benutzen.
- Mit dem Fuß spielen lassen. Ein Punkt ist dann erzielt, wenn ein Spieler den Ball in der Zone stoppt.
- Ein Punkt ist dann erzielt, wenn ein Spieler den Ball in der Zone mit der Brust annimmt und sichern kann.
- Das Feld länger machen, um den Aufmerksamkeitsfokus der Spieler zu verlagern.

5.4.16 Sechs-Tore Ball

Uhlig (2016)

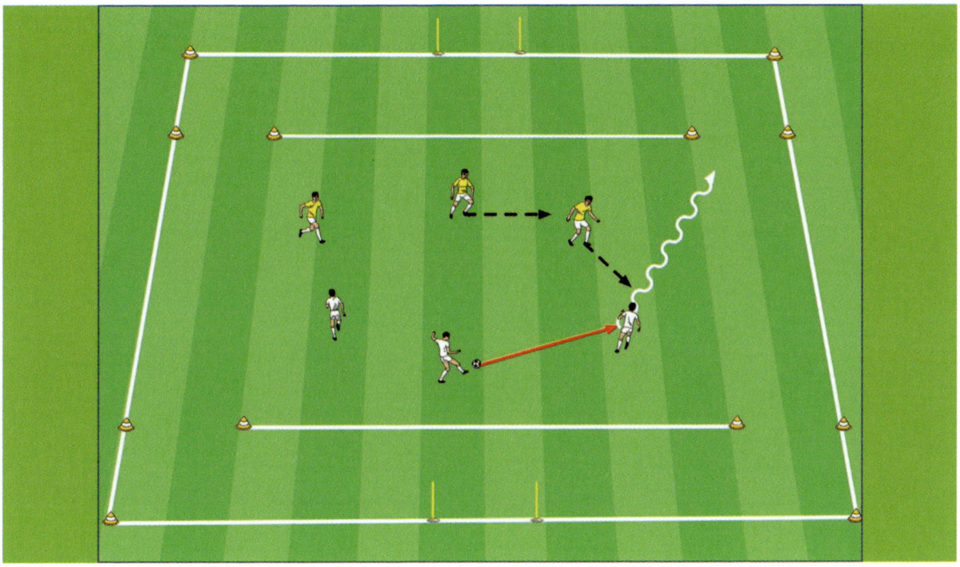

Organisation

Es wird ein 25 x 20 m großes Feld mit zwei Minitoren eingeteilt. An den Außenlinien werden vier weitere Hütchentore (Breite: 4 m) errichtet. Es werden zwei Teams mit jeweils drei Spielern gebildet.

Ablauf

Ein freies Spiel wird initiiert: Das jeweils ballbesitzende Team versucht, durch eines der beiden äußeren, im Feld befindlichen Hütchentore (ein Punkt) zu dribbeln oder über die „Mittellinie" zwischen den beiden Hütchentoren zu gelangen und dann schnell einen Treffer auf das Minitor zu erzielen (zwei Punkte).

Variationen

- Die Spielfeldgröße verändern.
- Rückpässe sind nicht erlaubt.

5.4.17 1:1 seitlich mit Abschluss auf ein Minitor

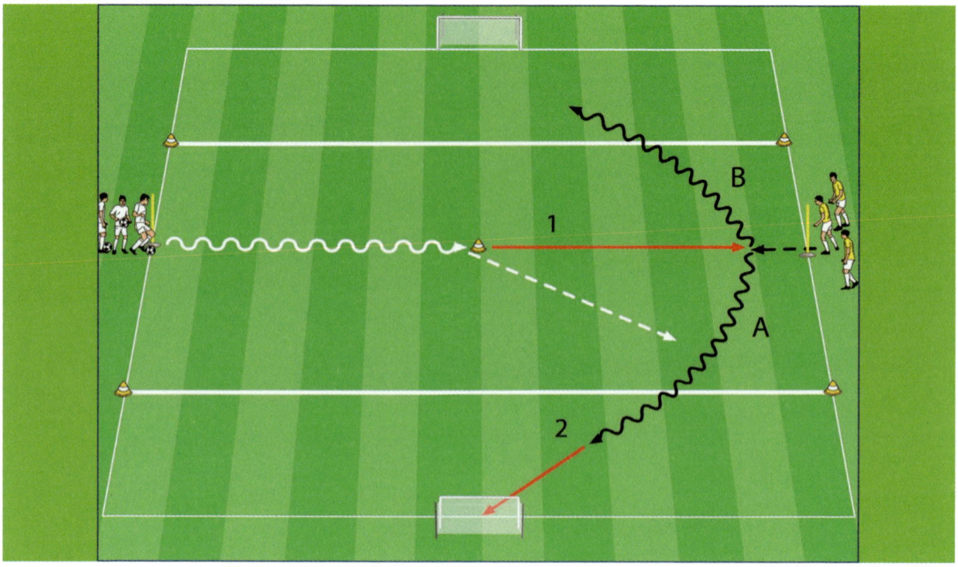

Organisation

Es wird ein 25 x 20 m großes Spielfeld markiert. An den Endlinien werden jeweils zwei Minitore zentral postiert. Vor den Toren wird jeweils eine Endzone von 5 m Tiefe markiert. An den Seitenlinien stellen sich jeweils drei Spieler pro Team gegenüber auf. Die Mitte wird mit einem Hütchen markiert.

Ablauf

Der erste Spieler startet mit dem Ball in Richtung Hütchen und spielt anschließend den Ball zum gegenüber postierten Gegenspieler. Dieser nimmt den Ball seitlich nach rechts oder links „offensiv" mit und dribbelt im Tempo in Richtung Endzone. Der Zuspieler läuft schräg zum ballführenden Spieler und setzt ihn unter Druck. Das Ziel des dribbelnden Spielers ist es, in die Endzone einzudringen und einen Treffer zu erzielen. Danach werden die Rollen getauscht.

Hinweise

Coachingpunkte (CPs):

- „Offensive" Ballmitnahme diagonal in Richtung Tor.
- Den Gegenspieler mittels Körpertäuschung ins Leere laufen lassen.
- Zielgenauigkeit beim Torschuss.

Trainer: Der Trainer unterbricht bei misslungenen Aktionen die Spielform, korrigiert und gibt Verbesserungsvorschläge! Das gilt für alle Spielformen!

Variation

- Der Gegenspieler versucht, vehement den dribbelnden Spieler an der Abschlussaktion zu hindern. Gewinnt er den Ball im Zweikampf, so startet er auf das gegenüberliegende Tor und der Spieler, der den Ball verloren hat, versucht, diesen sofort wieder zurückzuerobern.

5.4.18 1:1 in Zonen

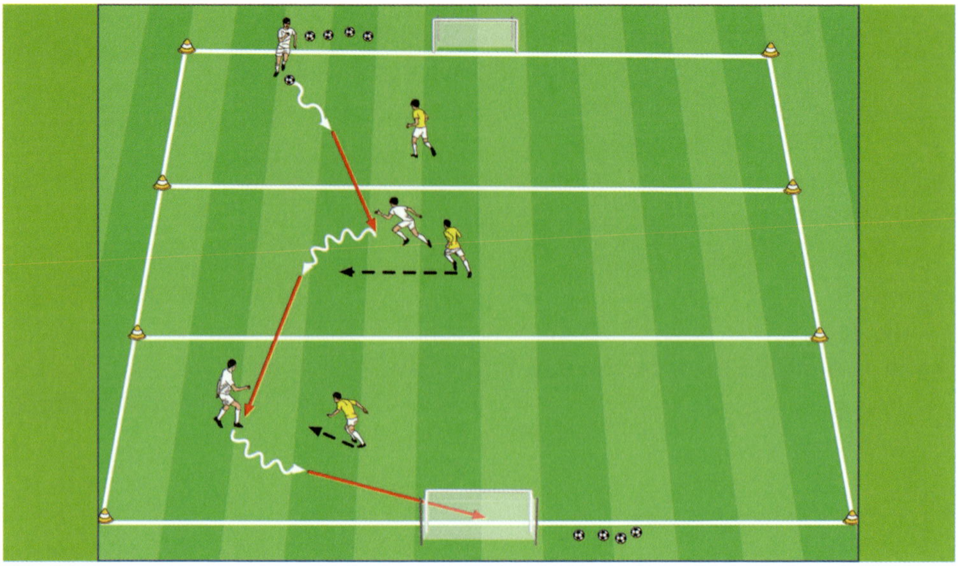

Organisation

Ein 25 x 20 m großes Spielfeld wird markiert. An den Endlinien werden zentral zwei Minitore postiert. Das Spielfeld wird in Querrichtung in drei Zonen eingeteilt. In jeder Zone befinden sich ein Spieler und ein Gegenspieler. Neben den Toren wird eine ausreichende Zahl (z. B. 4-6) Fußbälle bereitgelegt.

Ablauf

Der erste Spieler startet mit dem Ball in der ersten Zone und versucht, im 1:1 seinen Gegenspieler zu überspielen und seinen Mitspieler in der nächsten Zone anzuspielen. Dasselbe passiert in der Mittelzone. In der Endzone versucht der dribbelnde Spieler, nach Überspielen seines Gegenspielers einen Treffer (Minitor) zu erzielen. Der Spieler, der ein Tor erzielt hat, holt den Ball aus dem Tor oder einen Ball neben dem Tor und startet erneut eine Angriffsaktion. Nun ist dieser der erste Angreifer und das Spiel beginnt in die Gegenrichtung. In jeder Zone soll der Gegenspieler jedoch den Ball erobern und einen Konter auf die Gegenseite einleiten bzw. einen Treffer erzielen (z. B. durch ein erfolgreiches Dribbling in der Endzone).

Variation

- Ist ein Treffer gelungen, so steht es 1:0 für das erfolgreiche Team und das andere Team startet vom eigenen Tor mit der Spielaktion in Gegenrichtung.

5.4.19 3:2 auf drei Minitore

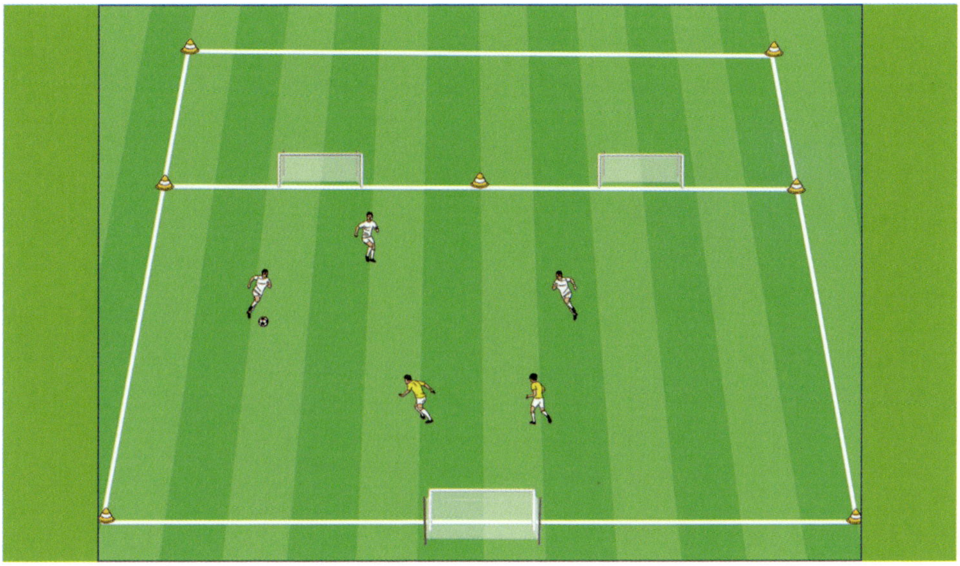

Organisation

Es wird ein Spielfeld mit 15 x 20 m mit drei Minitoren errichtet. Das Dreierteam muss zwei Tore verteidigen und das Zweierteam ein Tor.

Ablauf

Es wird 3:2 gespielt, wobei das Dreierteam versucht, in Ballnähe ein Überzahlverhältnis von 2:1 herzustellen, den Gegner zu überspielen und Treffer zu erzielen (offensiv). Der dritte Spieler geht in die „Breite" (offensiv), um den zweiten Abwehrspieler wegzuziehen. In der Defensive soll speziell der Gegenspieler „gedoppelt" und an der positiven Spielfortsetzung gehindert werden.

Variation

- Das Zweierteam ist zunehmend bemüht, vor allem das Zentrum vor dem eigenen Tor dicht zu machen (defensiv) und mittels Konteraktionen und vor allem mit erfolgreichen 1:1-Dribblings bzw. 1:2-Dribblings einen Treffer zu erzielen (offensiv).

5.4.20 4 plus 1:3 im Viereck

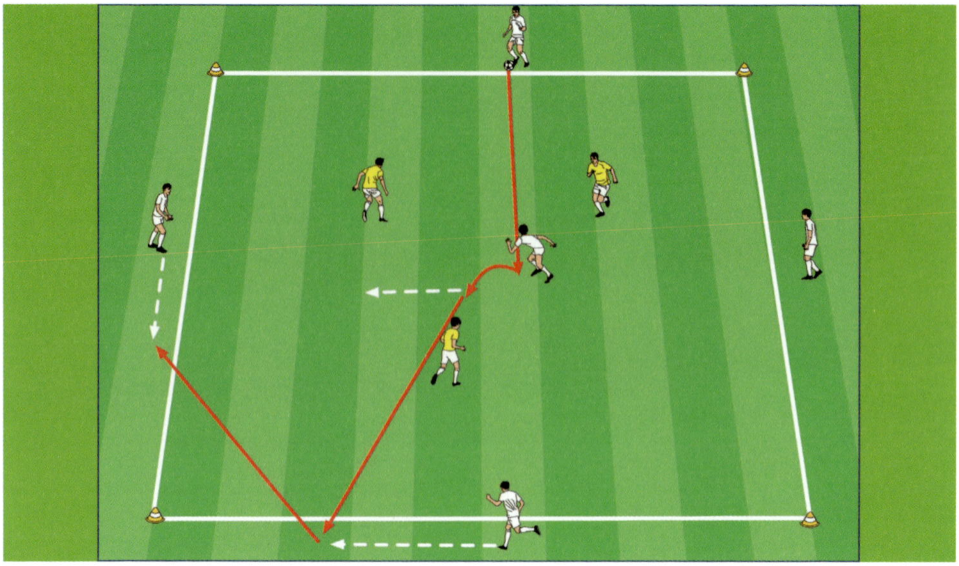

Organisation

Es wird ein Spielfeld mit 15 x 15 m errichtet. Vier Spieler eines Teams befinden sich jeweils an den Seitenlinien (Außenspieler) und ein Spieler (Joker) in der Mitte. Drei gegnerische Spieler befinden sich im Spielfeld.

Ablauf

Das Überzahlteam versucht, den Ball in den eigenen Reihen zu halten und den Joker in der Mitte anzuspielen. Dieser soll den Ball kontrollieren und wieder zu einem freilaufenden Außenspieler passen. Die Außenspieler dürfen zwei Pässe untereinander spielen, bevor der Ball zum Joker gespielt werden muss. Gewinnt ein Spieler des verteidigenden Dreierteams den Ball, so wird innerhalb des Spielfelds 3:1 gespielt. Passiert hier ein technischer Fehler (z. B. der Ball geht über die Spielfeldlinie) oder der Innenspieler erobert den Ball, so beginnt das Spiel 4 plus 1:3 wieder von vorne.

Variationen

- Der Joker spielt mit maximal zwei Kontakten (schwierig)!
- Die Außenspieler werden von 1 bis 4 durchnummeriert und, falls das Dreierteam den Ball erobert, rückt ein Joker (zunächst Joker 1) ins Feld hinein und es wird 3:2 gespielt usw.
- Es rücken zwei Joker (z. B. 3 und 4) ins Feld zum 3:3.

5.4.21 4:4 auf 1:0

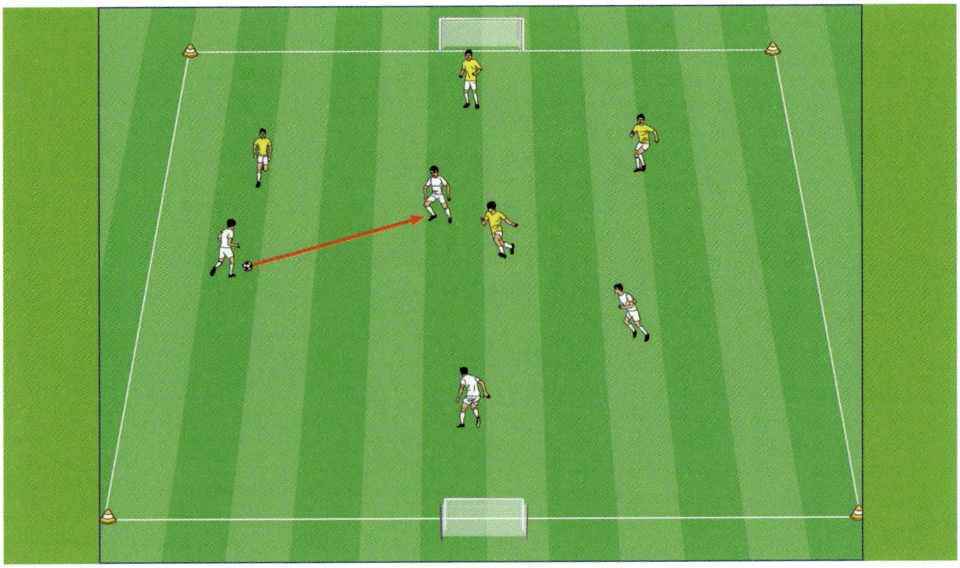

Organisation

Es wird ein 20 x 15 m großes Spielfeld markiert. An den Endlinien wird jeweils ein Tor in der Mitte postiert. Es werden zwei Teams mit je vier Spielern gebildet.

Ablauf

Es wird 4:4 gespielt und jedes Team versucht, einen Treffer zu erzielen. Geht ein Team in Führung (1:0), so versucht es, keinen (!) weiteren Treffer zu erzielen, sondern den Ball ab jetzt in den eigenen Reihen zu halten und vor dem Zugriff des Gegners zu sichern. Erst bei einem Ausgleich (1:1) versuchen wieder beide Teams, ein weiteres Tor zu erzielen.

Variationen

- Es wird die Spielform 3:3 (kleineres Feld) oder 4:3 gespielt!
- Bei der Ballsicherung kann das Team einen weiteren Treffer erzielen. Der Trainer gibt ein akustisches Zeichen („Linie") und der Spieler mit dem Ball überdribbelt unter Gegnerdruck eine der beiden Seitenlinien. Somit steht es 2:0 und es wird wieder auf die Tore gespielt.
- Es wird auf jeweils zwei Minitore gespielt!

5.4.22 4:4 mit 1-2 „offenen" Toren

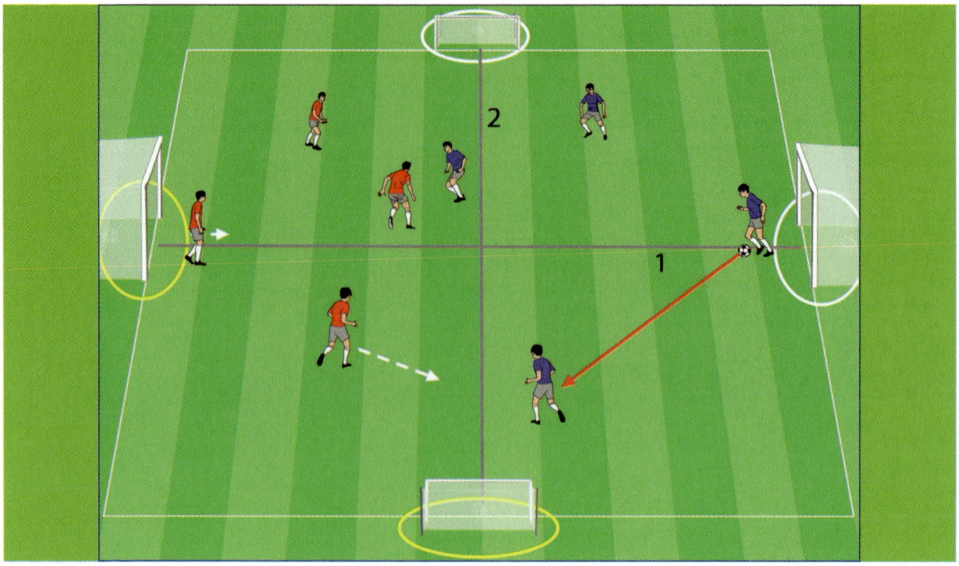

Organisation

Es wird ein 25 x 20 m großes Spielfeld markiert. An den Breitseiten (Grundlinien) werden zwei mittelgroße Tore (1,80 m x 1,20 m) und an den Längsseiten zwei Minitore platziert. Insgesamt werden zwei Teams mit jeweils vier Spielern gebildet.

Ablauf

Beiden Teams wird jeweils ein mittelgroßes Tor und ein Minitor zugewiesen. Im Spielfeld wird 4:4 gespielt und beide Teams spielen zunächst nur auf die beiden mittelgroßen Tore (siehe Richtung 1). Erzielt ein Team einen Treffer, so wird auch das zweite Tor (Minitor; liegt jetzt links vom eigenen Tor – siehe die beiden weißen Kreise) „geöffnet". Somit kann das mit 1:0 in Führung liegende Team auf zwei Tore angreifen (siehe Richtungen 1 und 2) und das zurückliegende Team versucht weiterhin, auf das gegenüberliegende, mittelgroße Tor erfolgreich zu sein.

Erzielt das in Führung liegende Team weiterhin Treffer auf eines der beiden nun „geöffneten" Tore, bleibt die Vorgangsweise dieselbe. Gelingt hingegen dem zurückliegenden Team der Ausgleich, so wird das zweite Tor (Minitor) wieder geschlossen und beide Teams spielen wie zu Beginn auf die beiden mittelgroßen Tore weiter. Erzielt das Team, das den Ausgleich geschossen hat, auch den Führungstreffer zum 2:1, so wird nun für dieses Team das zweite Tor (Minitor) geöffnet usw.

Variation

- Immer, wenn ein Team ein Tor erzielt, „öffnet" sich sofort das zweite Tor (Minitor). Sowohl bei einem Ausgleich als auch bei einem Anschlusstreffer. Das andere Team „verliert" hingegen im gleichen Zug sein zweites Tor.

5.4.23 Vom 3:2 zum 2:1 auf ein Tor

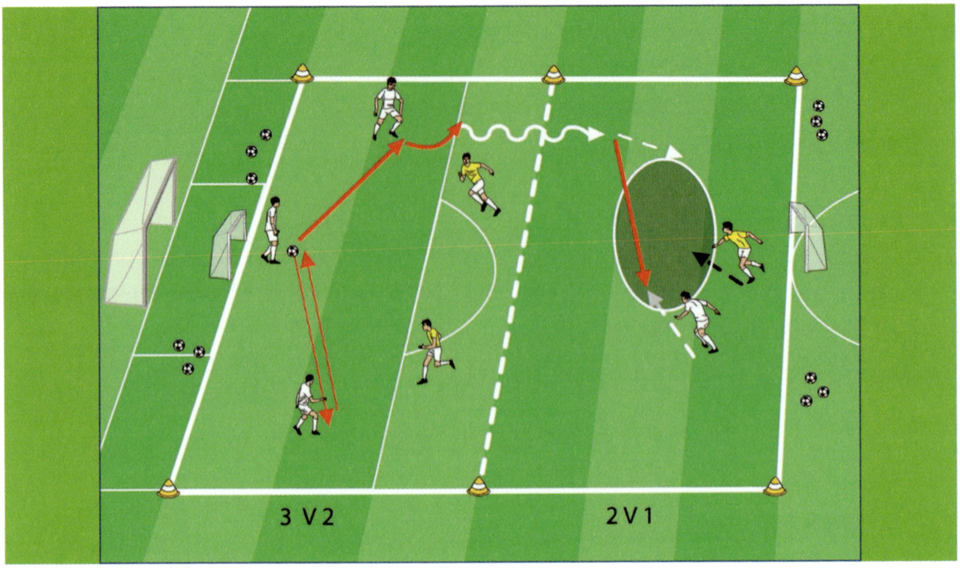

Organisation

Es wird ein 20 x 25 m großes Spielfeld markiert. An den beiden Grundlinien wird jeweils ein Minitor platziert. Das Spielfeld wird in zwei Zonen eingeteilt. In Zone 1 stehen drei angreifende und zwei verteidigende Spieler und in Zone zwei wird jeweils ein Angreifer und ein Verteidiger positioniert.

Ablauf

In der ersten Zone wird 3:2 gespielt und in der zweiten Zone 2:1. In der ersten Zone versucht das angreifende Team, im 3:2 die beiden Verteidiger so auszuspielen, dass es einem der Angreifer (Außenspieler 1 oder 2 oder Mittelspieler) gelingt, über die Mittellinie in die zweite Zone zu dribbeln. Die beiden Verteidiger versuchen, im Block ballorientiert zu verschieben und einen Ballgewinn zu generieren. Gelingt ihnen dies, können sie sofort auf das Minitor abschließen.

In der zweiten Zone stellt der Angreifer, der die Mittellinie überdribbelt hat, eine 2:1-Situation mit seinem Mitspieler her. Dieser versucht, sich durch cleveres Freilaufen von seinem Gegenspieler zu lösen, oder den Gegenspieler so mitzuziehen bzw. zu binden, dass der ballführende Spieler sofort ein Tor erzielen kann. Erobert der Abwehrspieler den Ball oder passiert dem Zweierteam ein technischer Fehler, so beginnt das Spiel von vorne (Prinzip: *Stop-Retour-Neubeginn*!).

Variationen

- Erobert der Abwehrspieler in Zone 2 den Ball, so kann er sofort einen Konter in Gegenrichtung einleiten, wobei jedoch die beiden Angreifer sofort „gegenpressen" und bei einem möglichen Rückgewinn des Balls versuchen, einen Treffer zu erzielen.
- Setzt sich der Abwehrspieler aber durch, so soll er sofort seine sich anbietenden oder freilaufenden Mitspieler in der Zone 1 anspielen oder mittels Tempodribbling in die Zone eindringen.
- Dort wird 3:3 gespielt und das angreifende Team versucht, eine Torchance zu kreieren und einen Treffer zu erzielen. Erobert hingegen das verteidigende Team den Ball oder begeht das Angriffsteam einen technischen Fehler (z. B. ein Spieler dribbelt ins Aus), so beginnt das Spiel von Neuem.
- Erst wenn der Ball nicht mehr im Spiel ist (Tor/Aus), wird ein neuer Ball (neben dem Tor) für eine erneute Aktion verwendet.
- Rollenwechsel der Spieler: Jedes Team hat 3-4 Minuten Zeit, um möglichst viele Tore zu erzielen. Dann werden die Aufgaben getauscht.

5.4.24 4:4 auf „variable" Tore

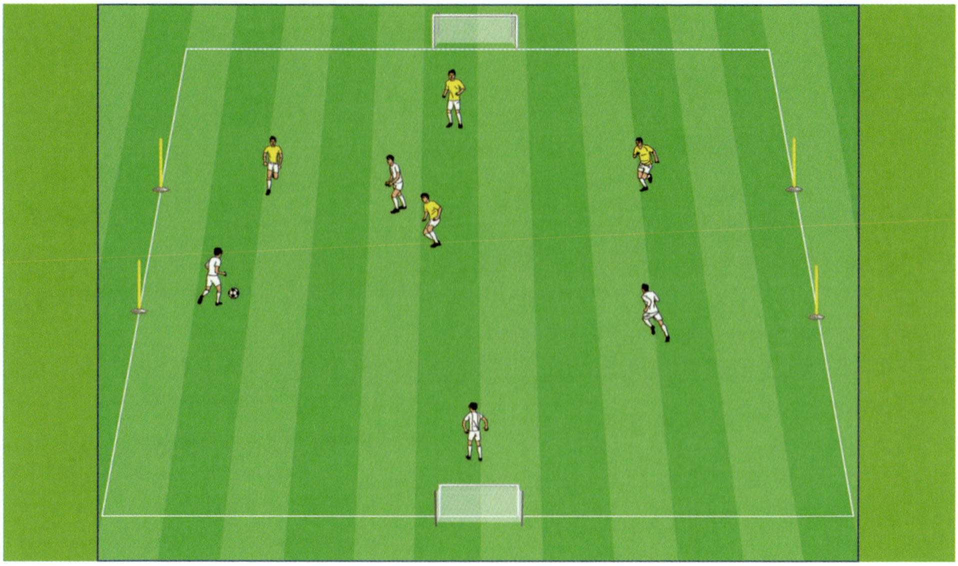

Organisation

Es wird ein 15 x 15 bis 20 x 20 m großes Spielfeld markiert. An den Längsseiten werden zwei Minitore und an den Breitseiten zwei Stangentore aufgestellt. Zwei Teams mit jeweils vier Spielern werden gebildet.

Ablauf

Es wird zunächst 4:4 in vertikaler Richtung auf die beiden Minitore gespielt. Wird ein Treffer erzielt, so wird dann in horizontaler Richtung auf die beiden Stangentore gespielt, wobei durch die Tore gedribbelt werden muss. Das eine Team verteidigt das linke Tor und spielt auf das rechte und das andere Team macht dies umgekehrt. Fällt wieder ein Treffer, so wird wieder auf die Minitore gespielt usw.

Variationen

- Es wird die Spielform 3:3 oder 4:3 oder 5:5 gespielt
- Es wird in vertikaler (auf Minitore), dann – nach einem Treffer – in horizontaler (auf Stangentore) und dann – nach einem Treffer – in diagonaler Richtung gespielt, das bedeutet, dass jedes Team das Stangentor rechts und das Minitor links in schräger Richtung verteidigen muss usw.

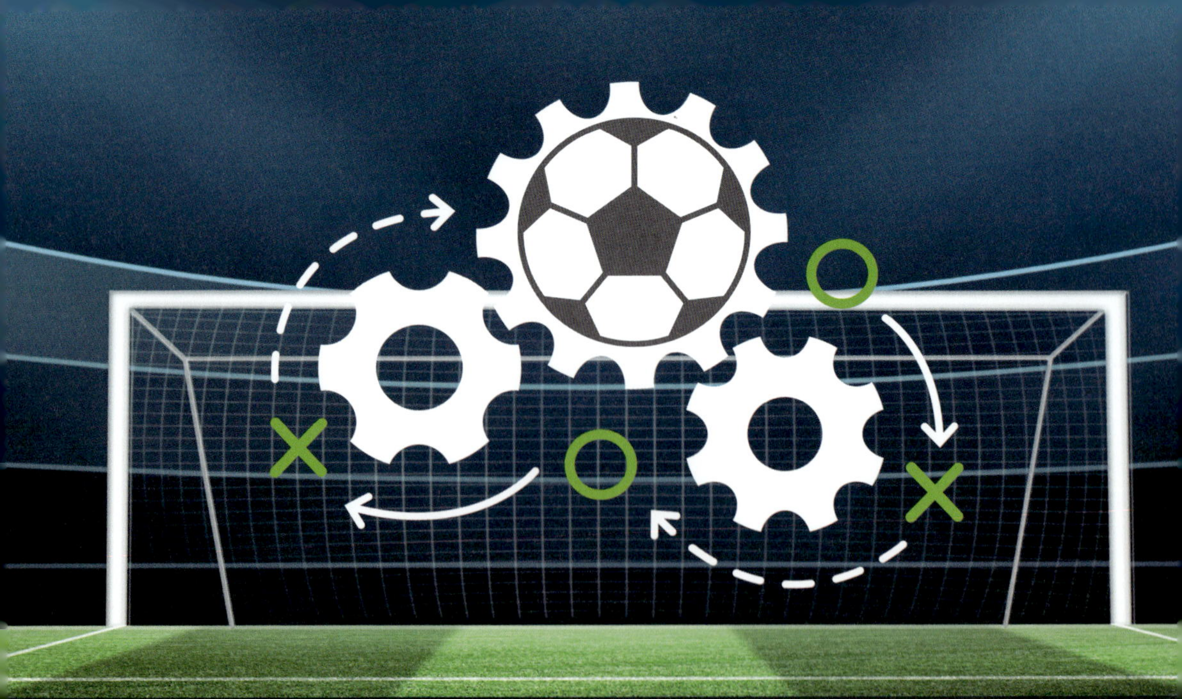

6 METHODISCHE HINWEISE ZUR SPIELKREATIVITÄT

Methodische Hinweise zum taktischen Spielkreativitätstraining finden sich hier. Diese können in verschiedenen Spielformen oder auch Basistaktiken eingesetzt werden.

- **Deliberate Play:** In den Spielformen kann unangeleitetes Agieren und Experimentieren zum Ausprobieren unterschiedlichster Lösungsvariationen führen.
- **One-Dimension-Games:** Spielformen können durch eine hohe Zahl von immer wiederkehrenden, ähnlichen Situationskonstellationen einzelne sportspielübergreifende Basistaktiken schulen.
- **Diversifikation:** Der Einsatz von verschiedenen motorischen Fertigkeiten in Spielformen kann die Ausbildung von originellen Lösungsvariationen unterstützen.
- **Deliberate Coaching:** In den Spielformen sind keine Instruktionen einzusetzen, die den Aufmerksamkeitsfokus der Agierenden verringern.
- **Deliberate Motivation:** Für die Spielformen sind hoffnungsbasierte Instruktionen einzusetzen, die die Generierung von ungewöhnlichen Lösungen erhöhen.
- **Deliberate Practice:** In späteren Phasen des Lernprozesses können die Spielformen fußballspezifisch ausgerichtet werden, sodass ein zielgerichtetes Überlernen von fußballspezifischen Lösungsvariationen erfolgen kann.

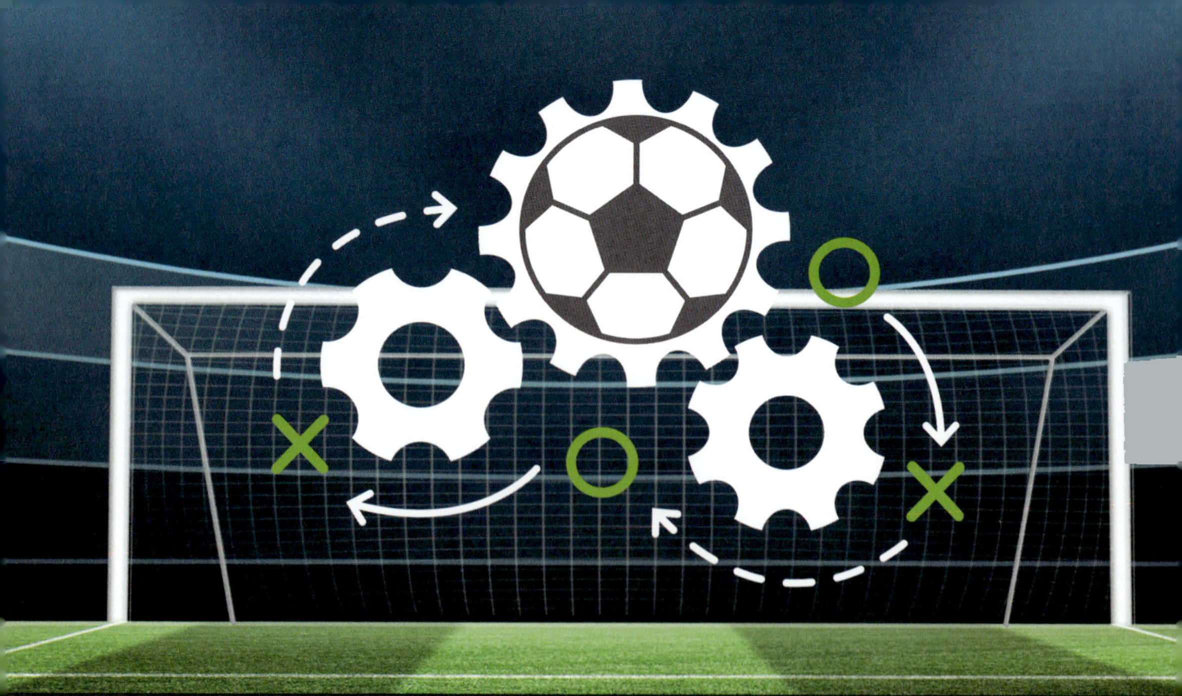

7 ARBEITSGEDÄCHTNIS

7.1 Spielformen zum Arbeitsgedächtnis

7.1.1 Sieben-Bälle-Spiel

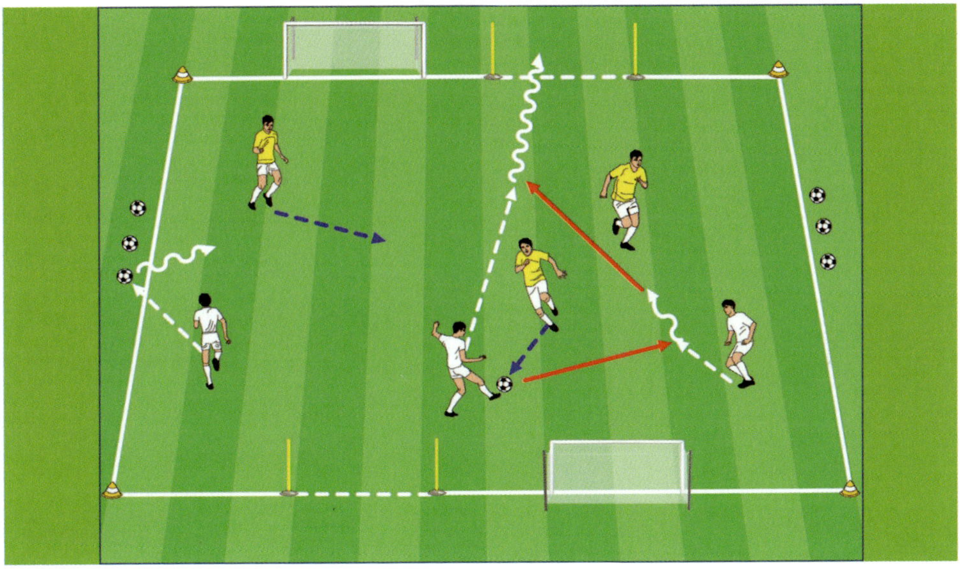

Organisation

Ein 15 x 20 m großes Spielfeld mit zwei Mini- und zwei Stangentoren wird markiert. Es werden jeweils drei Bälle links und rechts des Feldes positioniert und einer direkt zum Start im Feld. Insgesamt werden zwei Teams mit jeweils drei Spielern gebildet.

Ablauf

Freies Spiel auf jeweils ein Mini- und ein Stangentor. In das Minitor muss gepasst und durch das Stangentor gedribbelt werden. Ist ein Treffer erzielt, holt ein Spieler des erfolgreichen Teams schnell einen neuen Ball von außen ins Feld etc. Wer von den sieben Bällen mehr im Tor unterbringt, gewinnt.

Variation

- Es werden zwei Stangentore verwendet und nach jedem Treffer wechseln sie ihre Funktion. Fällt ein „normales" Tor, wird nun auf beide Tore gedribbelt, fällt somit wiederum ein Tor, ist das Erfolgstor nun wieder ein „normales" Tor usw.

7.1.2 Passspiel

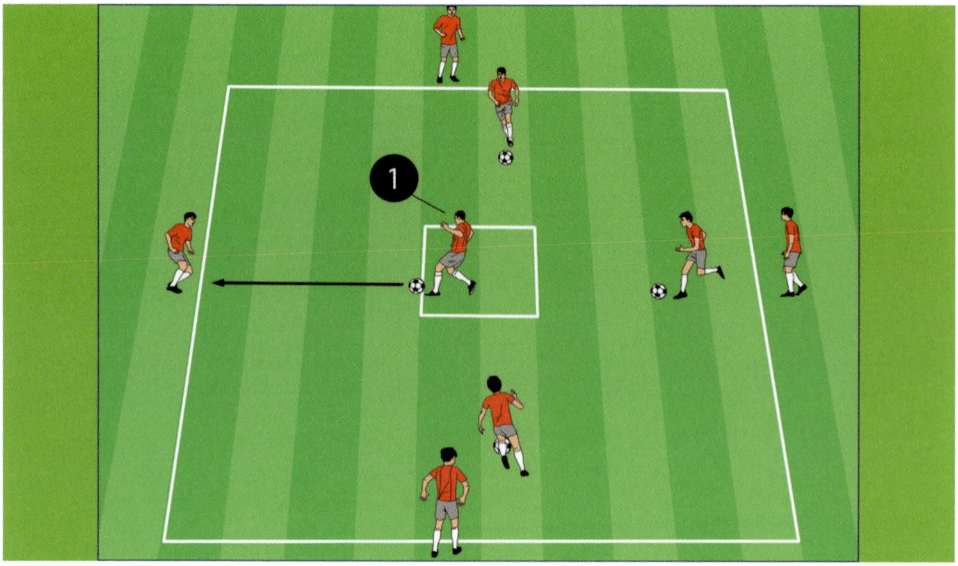

Organisation

Es wird ein 20 x 20 m großes Spielfeld markiert. Die Spieler stellen sich an den Seitenlinien des Spielfelds auf. An jeder Seite stehen zwei Spieler hintereinander. Innerhalb des Spielfelds wird mittig ein weiteres Viereck (z. B. 6 x 6 m) markiert.

Ablauf

Der erste Spieler hat den Ball und dribbelt in das kleinere Viereck in der Mitte. Von dort aus spielt er den außenstehenden Mitspieler an. Nachdem die Abläufe klar sind, wird die Übung angepasst. Nach dem Abspiel ruft der Spieler dem Außenspieler eine Zahl zu. Die Zahlen bedeuten ein bestimmtes Verhalten der Außenspieler:

1. Der Außenspieler nimmt den Ball an und dribbelt in das kleine Feld.
2. Der Außenspieler spielt den Ball direkt zurück zum Zuspieler.
3. Der Außenspieler spielt einen Doppelpass mit dem Zuspieler.

Die Kopplung einer Zahl an eine motorische Reaktion plus den Handlungsdruck durch das Zuspiel sowie das Merken der Zahl und der jeweiligen Aktionen sollte schon einen ersten Reiz an das Arbeitsgedächtnis geben.

Variationen

Weitere Reize:

4. Der Zuspieler macht Druck (läuft den Außenspieler direkt an) und der Außenspieler muss den Ball mit dem ersten Kontakt am Außenspieler vorbeilegen.
5. Der Zuspieler macht Druck und der Außenspieler muss den Ball für fünf Sekunden verteidigen.

7.1.3 Leibchentausch

Schwab & Furley (2016)

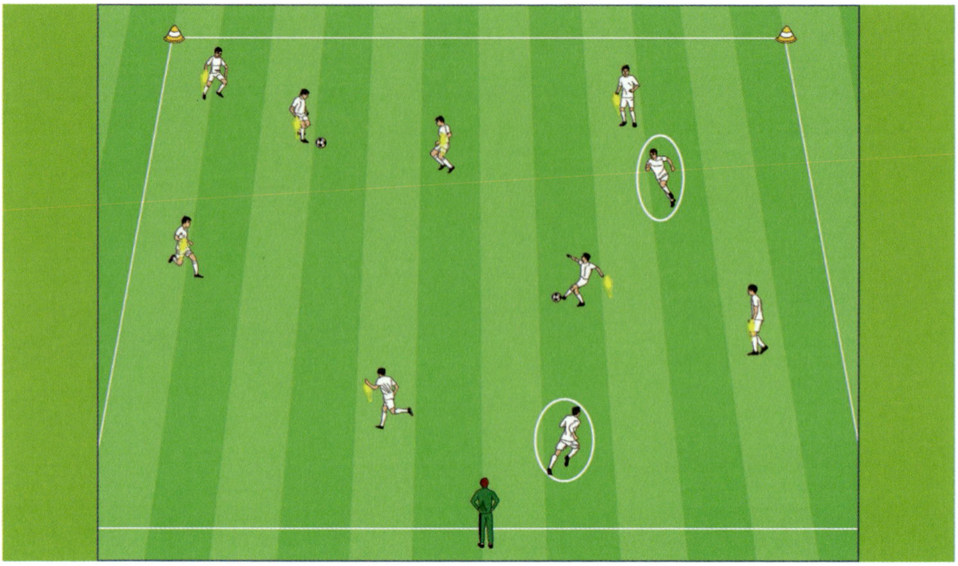

Organisation

Es wird ein 20 x 20 m großes Spielfeld mit Hütchen markiert. Acht von 10 Spielern haben ein gelbes Leibchen in der Hand. Außerdem gibt es zwei Fußbälle im Feld.

Ablauf

Die beiden Bälle werden untereinander zugepasst, während sich alle Spieler im Feld kreuz und quer bewegen. Währenddessen müssen alle 10 Spieler versuchen, untereinander die gelben Leibchen zu tauschen, sodass ständig zwei neue Spieler kurzzeitig ohne Leibchen sind. Auf Pfiff des Trainers haben die beiden Spieler, die in diesem Moment in Ballbesitz sind, die Aufgabe, schnellstmöglich den Ball zu einem Spieler ohne Leibchen zu passen.

Variationen

- Der Trainer gibt von außen zusätzlich konkrete Anweisungen:
  - freie Ballkontaktzahl,
  - zwei Ballkontakte sind Pflicht.
  - Wer den Ball mit rechts annimmt, muss mit links passen und umgekehrt
- Es befinden sich zwei Teams mit unterschiedlichen Leibchenfarben im Feld. Sowohl das rote als auch das gelbe Team passen sich untereinander einen Ball zu und tauschen gleichzeitig die Leibchen (entweder nur das rote und gelbe Team untereinander oder komplett frei). Auf Pfiff erfolgt der Pass des roten Spielers zu seinem Mitspieler ohne rotes Leibchen und der gelbe Spieler passt zu seinem Mitspieler ohne gelbes Leibchen (oder offen lassen, oder genau umgekehrt).

7.1.4 Mittelfeld 3:3 (plus 4)

Schwab & Furley (2016)

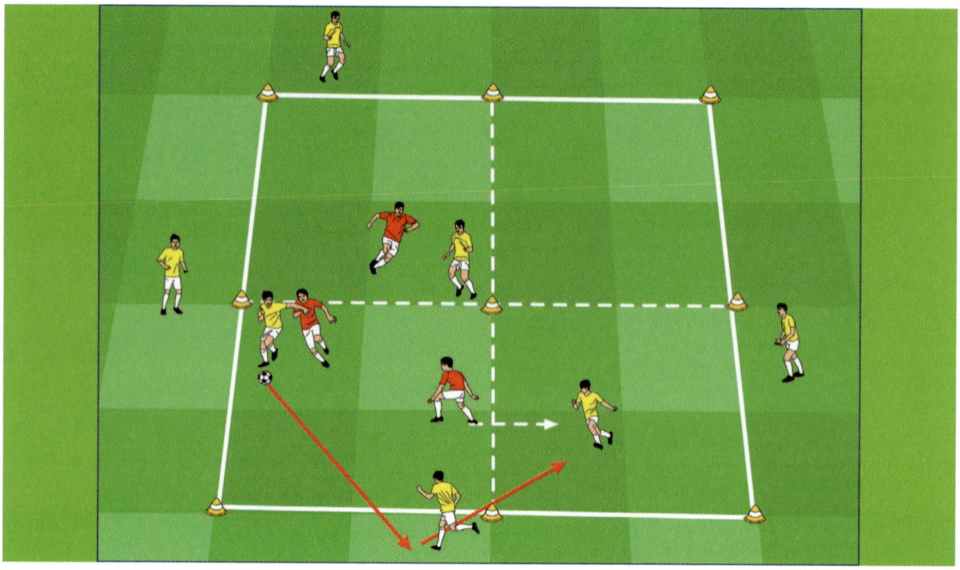

Organisation

Es wird ein 16 x 16 m großes Spielfeld mit vier gleich großen Quadraten (4 x 4 m) mit Hütchen markiert. Im Feld wird 3 (gelb) gegen 3 (rot) gespielt und außerhalb des Felds stehen vier weitere Spieler als Anspieler (jeweils ein Spieler pro Seite), die allerdings nur einem Team zugeordnet werden.

Ablauf

Es wird die ganze Zeit auf Ballbesitz gespielt, wobei zu Beginn das gelbe Team die Möglichkeit hat, die vier äußeren Spieler mitzunutzen. Die wichtigste Regel lautet, dass sich die drei Spieler im großen Quadrat bei Ballbesitz in unterschiedlichen kleinen Quadraten befinden müssen. Pro kleines Quadrat darf sich in Ballbesitz somit nur ein Spieler aufhalten. Das bedeutet für die Spieler, dass sie ständig Muster erkennen müssen, um sich je nach ballbesitzendem Spieler korrekt freizulaufen, um anspielbar zu sein.

Variationen

- Die Spieler werden nach zwei Minuten durchgewechselt, von außen nach innen und vom Dreier- in das Siebenerteam.
- Die vier kleinen Felder im großen Quadrat werden nun diagonal angeordnet.
- Jeweils die gegenüberliegenden Außenspieler werden zu einem Team zugeordnet, sodass aus einem 7:7 ein 5:5 entsteht.
- Es können Punkte erzielt werden, wenn z. B. das rote Team es schafft, den Ball durchzupassen von einem Außenspieler zum gegenüberliegenden Außenspieler.
- Spielform zum Zusammenspiel im Mittelfeld 4:4 (plus 4):
    - Im Feld wird 4 (gelb) gegen 4 (rot) gespielt und außerhalb des Feldes stehen vier weitere Spieler als Anspieler (jeweils ein Spieler pro Seite), die allerdings nur einem Team zugeordnet werden.

7.1.5 Pass in die Tiefe

Schwab & Furley (2016)

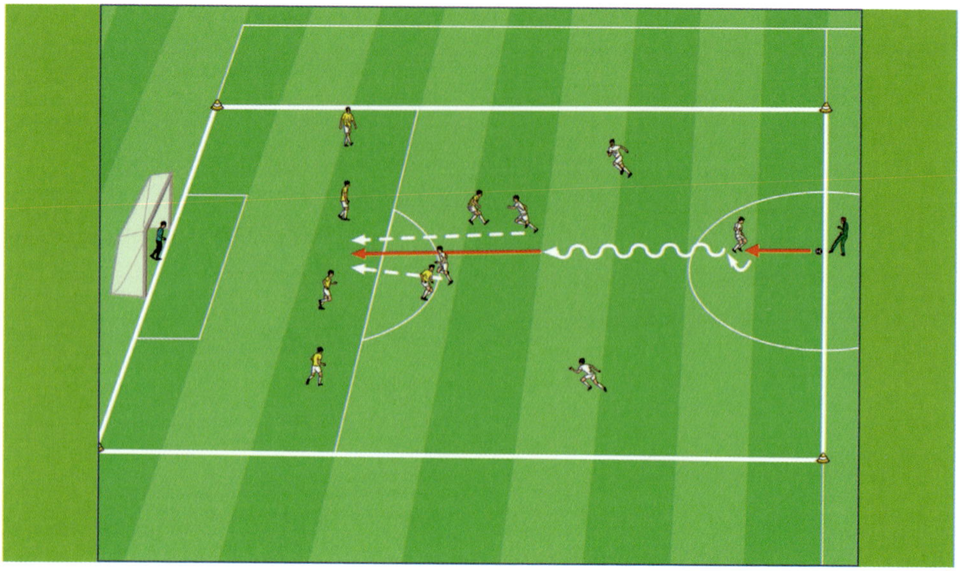

Organisation

Es wird ein Spielfeld von der Torauslinie bis zur Mittellinie markiert. Die Breite ist jeweils die verlängerte 16-m-Linie. Es gibt sechs Verteidiger (Viererkette plus zwei 6er) und fünf Angreifer (ein Stürmer, ein 10er, zwei Flügelspieler plus ein 6er). Die Verteidiger verteidigen das eigene Tor (mit Torhüter besetzen) und spielen bei Ballgewinn auf Ballhalten (10 Pässe = ein Punkt).

Ablauf

Der 6er des ballbesitzenden Teams steht mit dem Rücken zur Spielrichtung, wird vom Trainer angespielt und dreht sofort auf oder er steht von Anfang an „halb offen". Seine Hauptaufgabe soll es sein, den Ball vertikal auf seinen Stürmer oder 10er in die Gasse zu spielen, allerdings nur, wenn er ein defensives Fehlverhalten erkennt (z. B., wenn sich ein 4er zu früh herauslocken lässt, um den sich freilaufenden 10er zu decken). Ansonsten wird der Angriff ganz „normal" ausgespielt.

Variationen

- Der Trainer instruiert vor jedem Durchgang seine Abwehrspieler neu, damit ein fehlerhaftes Abwehrmuster überhaupt zum Vorschein kommt.
- Der Trainer gibt seinen Offensivspielern Hinweise, wie sie ein Fehlverhalten der Abwehrspieler hervorrufen können, damit der eigene 6er oder im Laufe des Angriffs auch ein anderer Spieler dann den Gassenball spielen kann.
- Freies Spiel mit Coachingschwerpunkten für die Offensivspieler.

7.1.6 5:3

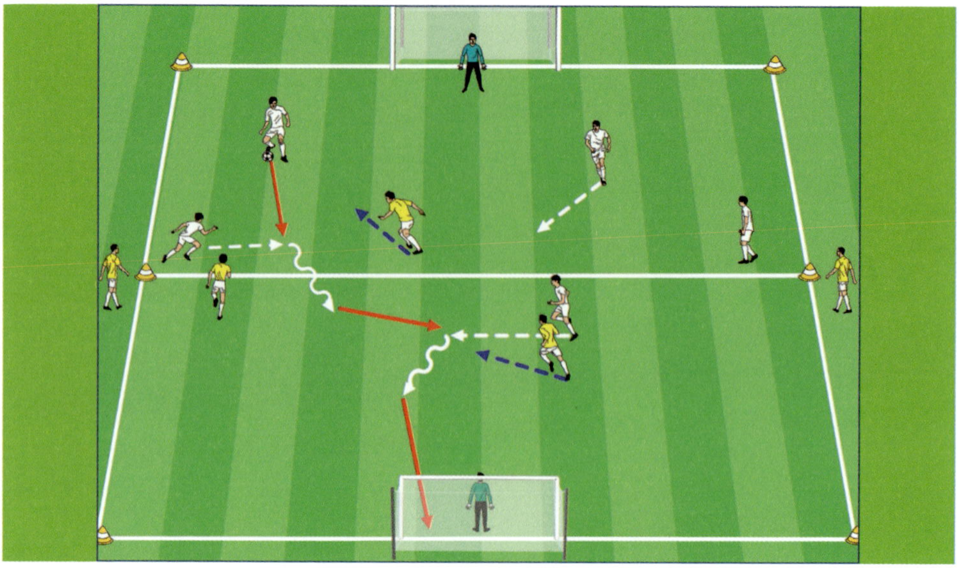

Organisation

Es wird ein 25 x 20 m großes Spielfeld mit zwei Toren markiert. Es werden zwei Teams mit jeweils fünf Spielern und einem Torhüter gebildet. Von jedem Team postieren sich zunächst zwei Spieler („Joker") außerhalb des Feldes.

Ablauf

Von dem Team, das sich in Ballbesitz befindet, rücken beide Joker zum 5:3-Überzahlspiel ins Feld. Verliert das Team in Überzahl den Ball, gehen die Joker wieder raus und die Joker des Teams in Unterzahl kommen ins Feld. Ziel ist es, die Überzahlsituationen geschickt auszuspielen, um Torchancen zu kreieren und Treffer zu erzielen.

Variationen

- Die Zeit bis zum Torabschluss beliebig begrenzen.
- Die Spielfeldgröße variieren.

7.1.7 Fangspiel

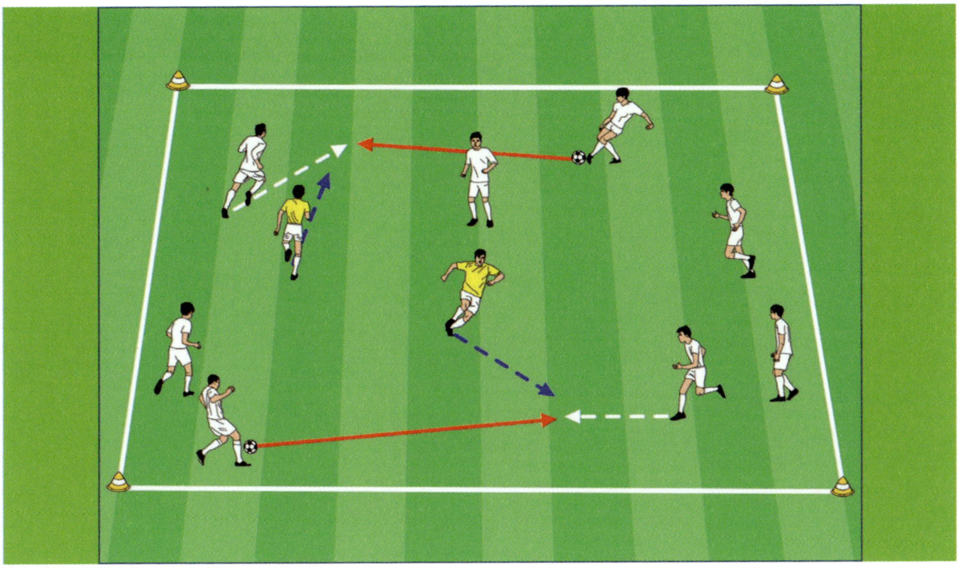

Organisation

Es wird ein 12 x 12 m großes Spielfeld markiert. Es werden zwei Fänger bestimmt. Alle anderen Spieler verteilen sich frei im Feld und erhalten vom Trainer als Gruppe zwei Bälle.

Ablauf

Die beiden Fänger versuchen, innerhalb einer Minute so viele Spieler wie möglich zu fangen. Die Gejagten können sich den Fängern entziehen, wenn sie im Besitz eines der beiden Bälle sind. Spieler, die gefangen wurden, stellen sich mit gegrätschten Beinen auf. Sie können befreit werden, indem ein Mitspieler durch ihre Beine krabbelt. Dadurch, dass die Gejagten sowohl auf die Fänger als auch auf die Spieler achten müssen, die ihnen gegebenenfalls einen Ball zuspielen (zuwerfen) können, wird eine große Aufmerksamkeitsspanne erreicht.

Variationen

- Das Spiel endet erst, wenn alle Spieler gefangen wurden.
- Mehrere Fänger bestimmen.
- Die Spielfeldgröße variieren.
- Befreit werden kann man nur, indem ein Ball durch die gegrätschten Beine gerollt wird.

7.1.8 1:1 plus Wandspieler

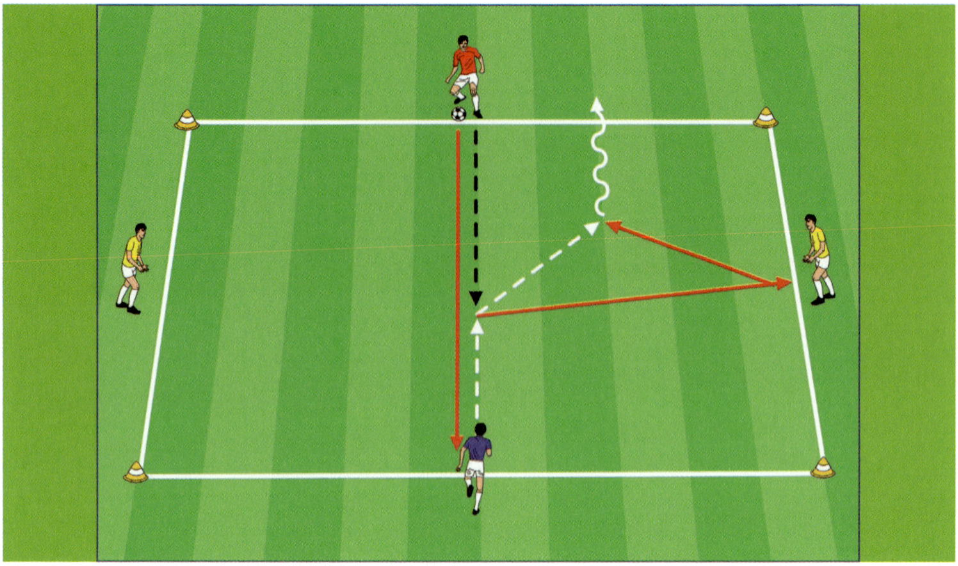

Organisation

Es wird ein 20 x 20 m großes Spielfeld markiert. An jeder Seite steht ein Spieler, zwei der sich gegenüberstehenden Spieler sind die „Wandspieler" (gelb), die anderen beiden ein Angreifer (blau) und ein Verteidiger (rot). Ziel des blauen Spielers ist es, den Ball über die Linie des roten Spielers zu dribbeln, währen dieser versucht, dies zu verhindern.

Ablauf

Der rote Spieler passt zum blauen Spieler und wird sofort zum Verteidiger. Der blaue Spieler nimmt den Ball an und versucht, über die Grundlinie von Rot zu gelangen. Blau hat zum Erreichen des Ziels zwei Optionen: entweder im 1:1 gegen den Verteidiger die Strecke zu absolvieren oder die Wandspieler an den beiden Seiten mit einzubeziehen. Diese dürfen sich allerdings nur auf ihrer Linie bewegen.

Hinweise

- Kontraproduktive Instruktion: „Du darfst den Ball nicht verlieren!"
- Gute Instruktion: „Dein Ziel ist es, deinen Gegenspieler alleine oder mithilfe der Wandspieler auszuspielen, um Punkte zu erzielen!"

Variationen

- Die Pässe zu den Wandspielern werden limitiert.
- Die Ballkontakte der Wandspieler werden limitiert (zwei Kontakte oder direkter Pass).
- Es gibt nur einen Wandspieler.
- Es muss mindestens ein Wandspieler angespielt werden.

7.1.9 Lücke ausnutzen

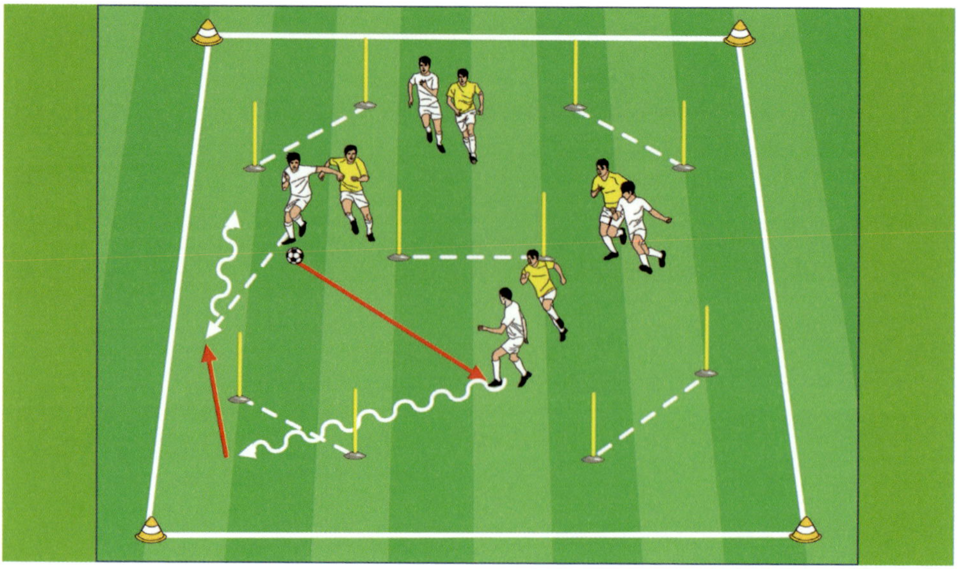

Organisation

Es wird ein 12 x 12 m großes Spielfeld markiert. Auf dem Spielfeld werden fünf Stangentore (Dribbeltore) aufgestellt. Es werden zwei Teams mit jeweils vier Spielern gebildet.

Ablauf

Beide Teams können Punkte erzielen, wenn einer ihrer Spieler durch eines der Stangentore dribbelt (beidseitig möglich). Nach einem Punkt geht das Spiel sofort weiter und das erfolgreiche Team bleibt in Ballbesitz. Es ist keine „Torwache" erlaubt. Maximal ein Spieler des verteidigenden Teams darf die Torlinie gleichzeitig betreten.

Hinweise

- Kontraproduktive Instruktion: „Vermeide es unbedingt, in den Laufweg bzw. die Füße des gegnerischen Teams zu spielen!"
- Gute Instruktion: „Euer Ziel ist es, jede Lücke im gegnerischen Team auszunutzen!"

Variationen

- Die Tore dürfen nur einseitig durchspielt werden.
- Wenn ein Tor durchspielt wurde, ist es „deaktiviert", bis der Ballbesitz wechselt. Dann sind wieder alle Tore frei.
- Die Spielfeldgröße kann variiert werden, um es entweder schwerer für das verteidigende Team (größer) oder das angreifende Team (kleiner) zu machen.

7.1.10 Tor freispielen

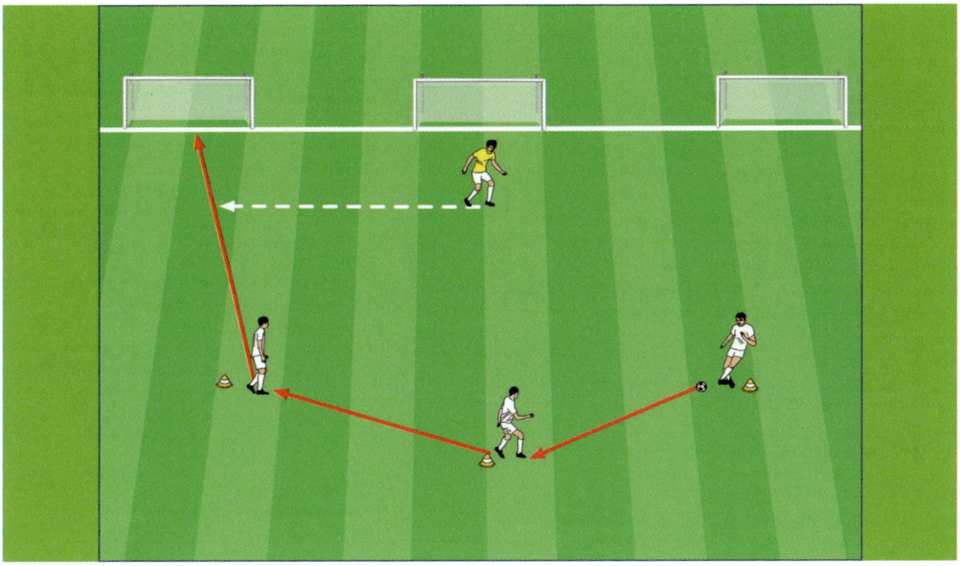

Organisation

Es wird ein 15 x 15 m großes Spielfeld markiert. In dem Spielfeld werden drei Minitore aufgestellt. Es postieren sich drei Angreifer an jeweils einem Starthütchen.

Ablauf

Ziel des Teams ist es, im Zusammenspiel einen Treffer auf eines der drei Minitore zu erzielen. Der Verteidiger versucht, die Tore durch geschicktes Verschieben zu verteidigen. Nach einer Minute wechseln die Angreifer im Uhrzeigersinn die Positionen.

Hinweise

- Kontraproduktive Instruktion: „Ihr müsst den Ball in ein ungedecktes Tor passen!"
- Gute Instruktion: „Euer Ziel ist es, in einer Minute möglichst viele Tore zu erzielen!"

Variationen

- Mehr oder weniger Tore.
- Zwei Verteidiger.
- Den Abstand zwischen den Toren verändern.

7.1.11 2:2 auf je zwei Tore

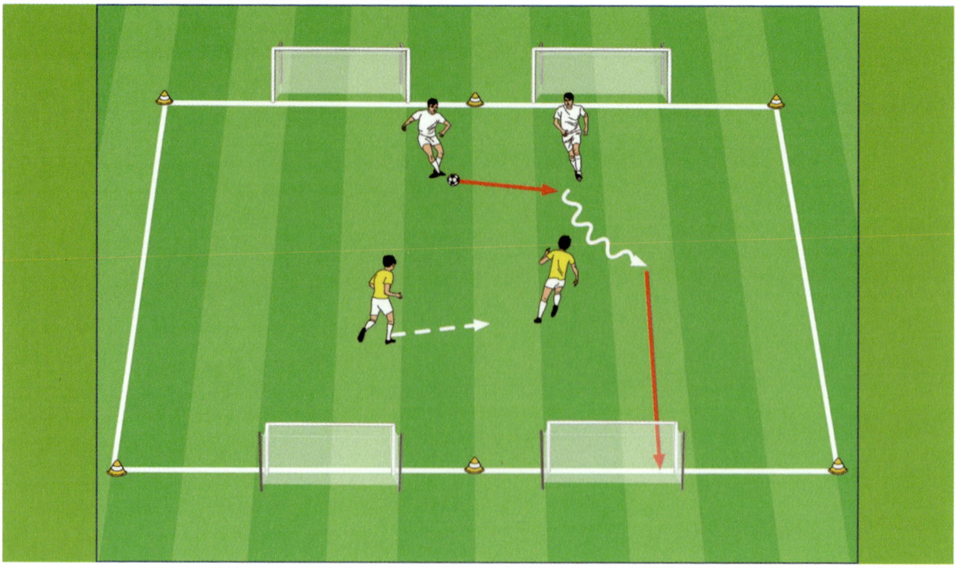

Organisation

Es wird ein 12 x 12 m großes Spielfeld mit jeweils zwei Toren in jeder Spielhälfte markiert. Es werden zwei Teams mit unterschiedlich farbigen Leibchen (gelb und weiß) gebildet.

Ablauf

Das weiße Team ist in Ballbesitz und hat die Aufgabe, einen Treffer auf eines der beiden gegnerischen Tore zu erzielen. Bei einem Torerfolg erhält das Team einen Punkt und Team Gelb bekommt den Ball. Erobert Gelb hingegen den Ball, kontert dieses auf die gegenüberliegenden Tore.

Hinweise

- Kontraproduktive Instruktion: „Wenn ihr den Ball erobert habt, müsst ihr schnell auf die anderen Tore spielen!"
- Gute Instruktion: „Euer Ziel ist es, eure Gegner auszuspielen und Tore zu erzielen!"

Variationen

- Die Spielfeld- und Teamgröße kann verändert werden.
- Der Abstand zwischen den Toren kann weiter oder enger sein.

7.1.12 Hilf deinem Mitspieler

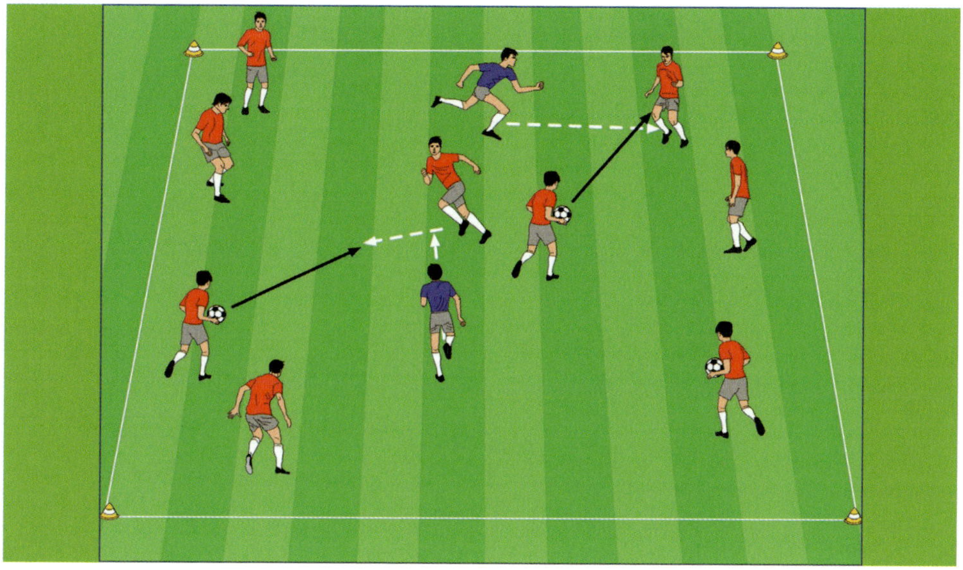

Organisation

Es wird ein 20 x 20 m großes Spielfeld markiert. Es werden zwei Fänger aus einer beliebig großen Gruppe bestimmt. Die übrigen Spieler haben drei Bälle zur Verfügung.

Ablauf

Zwei Spieler (Fänger) versuchen, die übrigen Spieler zu fangen. Jeder Spieler, der mit einem Ball in der Hand läuft, darf nicht gefangen werden. Die Spieler müssen sich also die Bälle geschickt untereinander zuspielen, um einem Abschlag des Fängers zu entgehen. Nach 40 Sekunden benennt der Trainer zwei neue Fänger.

Hinweise

- Kontraproduktive Instruktion: „Ihr müsst eurem Mitspieler einen Ball zupassen, wenn er von den Fängern bedroht wird!"
- Gute Instruktion: „Euer Ziel ist es, die Bälle schnell in den eigenen Reihen laufen zu lassen, um euren Mitspielern zu helfen!"

Variationen

- Die Spielfeldgröße verändern.
- Die Anzahl der Fänger bzw. der Bälle im Spiel variieren.

7.1.13 Hindernisball

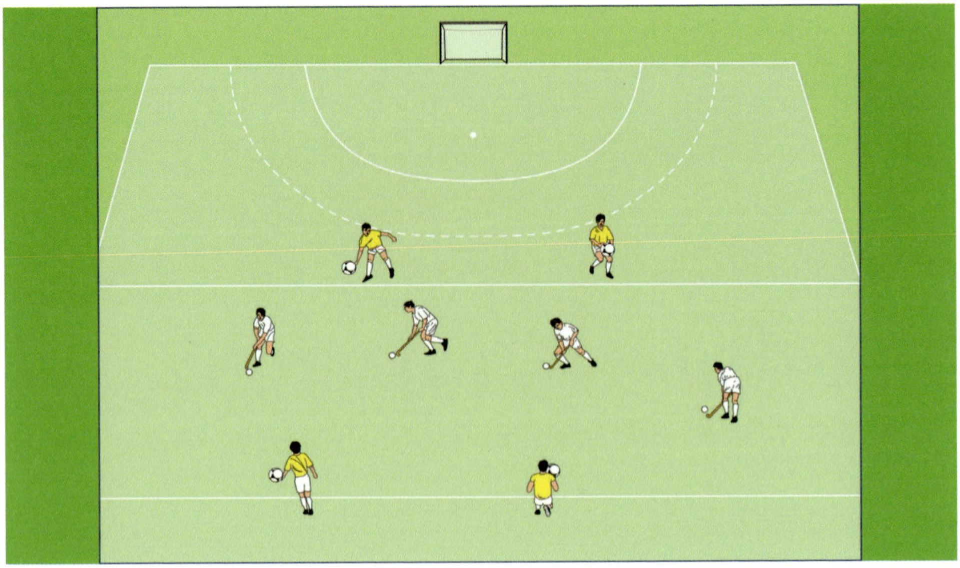

Organisation

Es wird ein 10 x 30 m großes Spielfeld markiert. Es werden insgesamt zwei Teams mit beliebig vielen Spielern gebildet. Jeder Spieler hat einen Hockeyschläger und einen Ball.

Ablauf

Die Spieler von Team A (Innenspieler) spielen ihren Ball am Hockeyschläger frei umher. Die Spieler von Team B (Außenspieler) stehen an den langen Seitenlinien und rollen mit der Hand ihre Bälle mit Absicht ins Spielfeld, sodass die Innenspieler oder deren Bälle getroffen werden. Die Innenspieler bemühen sich, durch rechtzeitiges Stoppen und mit einem geschickten Ballführen den Bällen auszuweichen. Mit den Füßen darf kein Ball von außen abgewehrt werden. Nach einer bestimmten Zeitspanne erfolgt der Rollentausch.

Variationen

- Die Anzahl und Art der Bälle von den Außenspielern sowie die Größe des Spielfeldes entsprechend dem Leistungsstand der Gruppe variieren.
- Die Innenspieler dribbeln von Grundlinie zu Grundlinie, die Außenspieler werden zu Innenspielern und stehen versetzt in Gymnastikreifen, die sie nicht verlassen dürfen. Von dort aus versuchen sie, mit einem Schläger in der Hand, den Innenspielern die Bälle wegzuschnappen.
- Die Spielart wechseln (Hand, Fuß, Schläger).

7.1.14 Passen mit mehreren Bällen

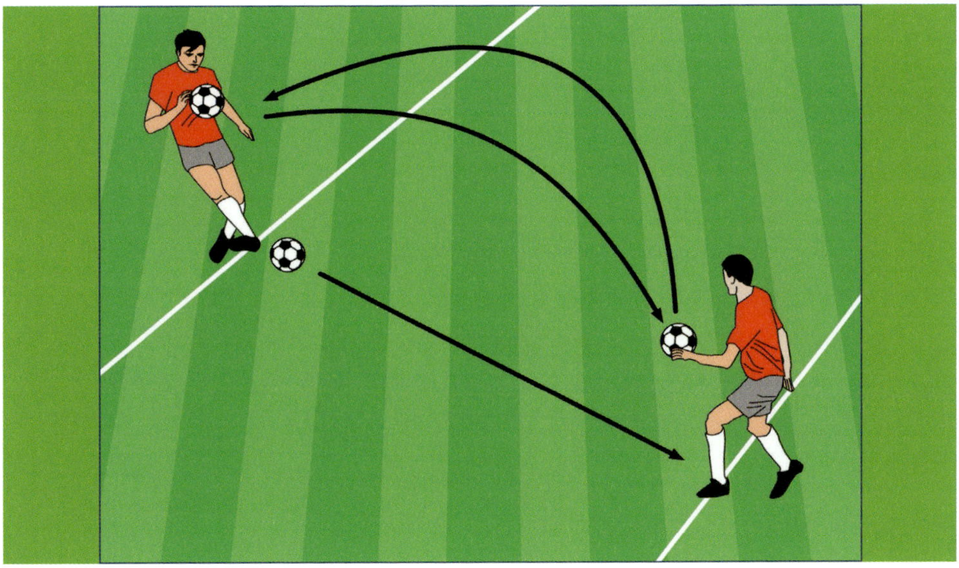

Organisation

Eine beliebig große Gruppe verteilt sich auf einem beliebigen Spielfeld. Es stehen sich jeweils zwei Spieler (A und B) gegenüber. Der Spielraum von A und B wird durch Linien eingegrenzt. Jeder Spieler hat einen Ball zur Verfügung.

Ablauf

Die beiden Spieler werfen sich die Bälle je nach Aufgabenstellung zu. Währenddessen wird zusätzlich ein dritter Ball mit den Füßen hin- und hergepasst. Zur Erleichterung kann ein Signalwort für das Zuspiel mit dem Fuß verabredet werden und das Tempo für das Werfen und Fangen reduziert werden.

Variationen

- Aufgabenstellungen:
  - Wurfvariationen: einhändig-beidhändig, direkt-indirekt, Brusthöhe-Überkopf-usw…
  - Fangvariationen mit der Hand berücksichtigen.
  - Stoppvariationen mit dem Fuß berücksichtigen.

7.1.15 Rondo mit aufsteigender Kontaktanzahl

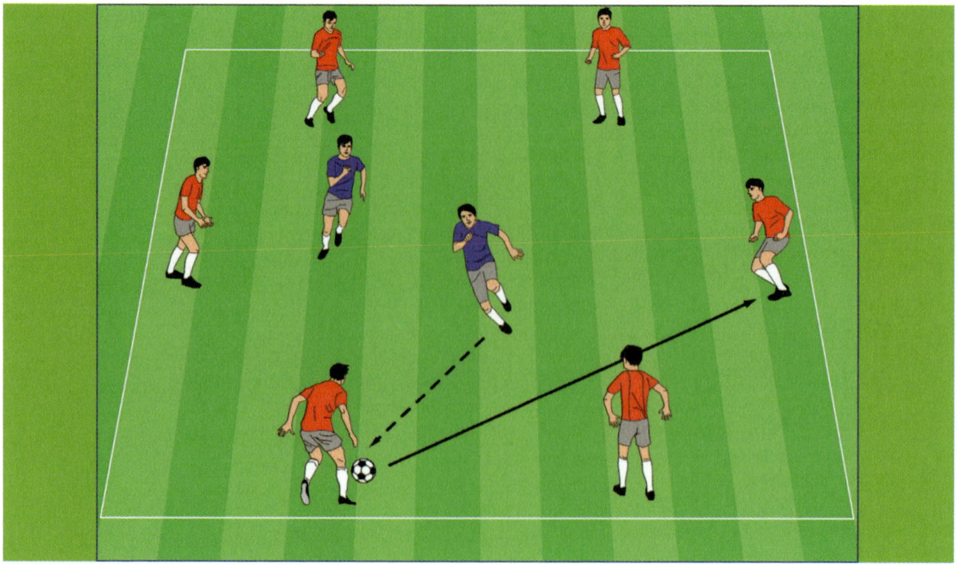

Organisation

Es wird ein 12 x 12 m großes Spielfeld markiert und je nach Spielerzahl ca. ein Viertel der Spieler als Verteidiger eingeteilt.

Ablauf

Die Spieler spielen (je nach Spieleranzahl) ein Rondo (z. B. 6:2). Zu Beginn gibt es noch keine Kontaktbegrenzung. Nach einiger Zeit der Gewöhnung wird vorgegeben, dass immer abwechselnd mit zwei Kontakten und dann direkt gespielt werden muss. Um den Schwierigkeitsgrad weiter zu steigern, wird anschließend sogar der Rhythmus 1-2-3 eingefordert. Jeder Spieler muss somit ständig mitdenken, wie viele Kontakte der Vordermann hatte, wie viele Kontakte er selbst machen darf und wie er den Ball spielen muss, damit der nächste Spieler wieder mit „seiner" Kontaktanzahl sauber weiterspielen kann.

Hinweis

- Ein Trainer sollte immer die Einhaltung der Regeln im Blick haben.

Variationen

- Der Rhythmus kann je nach Alter und Niveau der Spieler noch weiter „verschärft" werden (z. B. 1-2-3-2-1 oder 1-2-3-2-3-2-1).
- Das Verhältnis von Angreifern und Verteidigern verändern.

7.1.16 Zahlenmeister

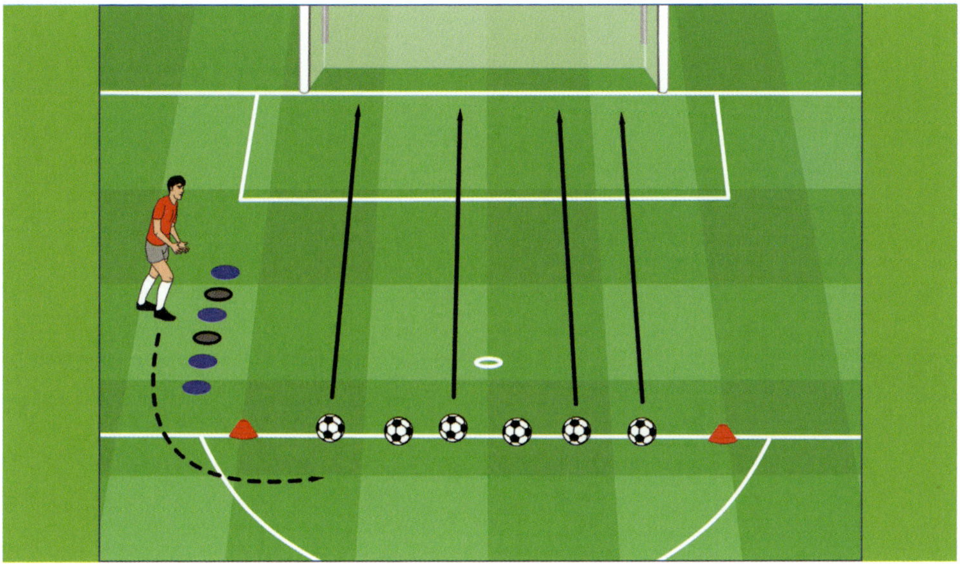

Organisation

Es werden sechs Fitlights (die eingestellten Farben sind frei wählbar), sechs Bälle, sechs Hütchen und ein Fußballtor benötigt. Die Fitlights liegen am Boden. Die Bälle liegen circa auf Höhe des 16-m-Raums an den Hütchen.

Ablauf

Die Fitlights leuchten in zufälliger Anzahl auf. Der Spieler schießt so viele Bälle auf das Tor, wie Fitlights leuchten.

Variationen

- Die Fitlights leuchten in zufälliger Farbreihenfolge auf. Der Spieler muss sich diese merken und in der gleichen Reihenfolge gleichfarbige Bälle auf das Tor schießen.
- Mit Fitlights in sechs Farben und dazu farblich passenden Hütchen:
    - Die Fitlights gehen der Reihe nach in verschiedenen Farben an, der Spieler muss sich die Reihenfolge, in welcher Farbe die Lichter angegangen sind, merken und in dieser Reihenfolge die Bälle aufs Tor schießen.
    - Eine bestimmte Anzahl der Fitlights leuchtet auf, der Spieler merkt sich die Anzahl (= Ballnummer). Nach diesem Prinzip wird eine Ballreihenfolge festgelegt, in der die Bälle auf das Tor gespielt werden.

7.1.17 Farbenkarate

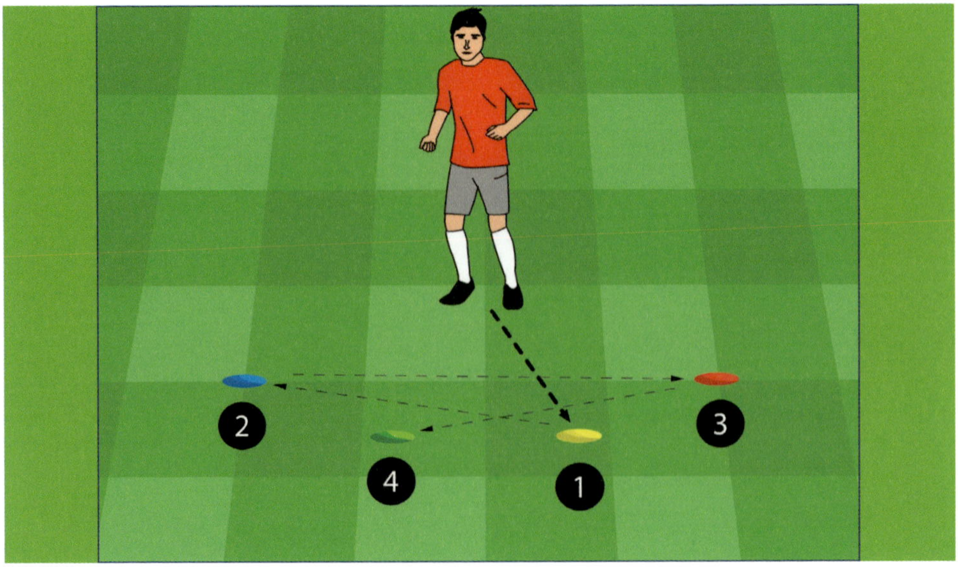

Organisation

Es werden vier Fitlights (eingestellte Farben: vier unterschiedliche Farben) benötigt. Die Fitlights liegen auf dem Boden oder auch erhöht, der Größe und dem Level des Spielers angemessen weit entfernt voneinander. Der Spieler befindet sich zwischen den Fitlights.

Ablauf

Alle Fitlights leuchten zu Beginn, der Spieler wischt die Fitlights in einer vorgegebenen Farbreihenfolge nacheinander und möglichst schnell aus.

Variation

- Den unterschiedlichen Farben werden bestimmte Körperteile zugewiesen, mit denen das Fitlight ausgewischt wird. Z. B. rot = rechte Hand, gelb = linke Hand, blau = rechter Fuß, grün = linker Fuß.

7.1.18 Nimm zwei

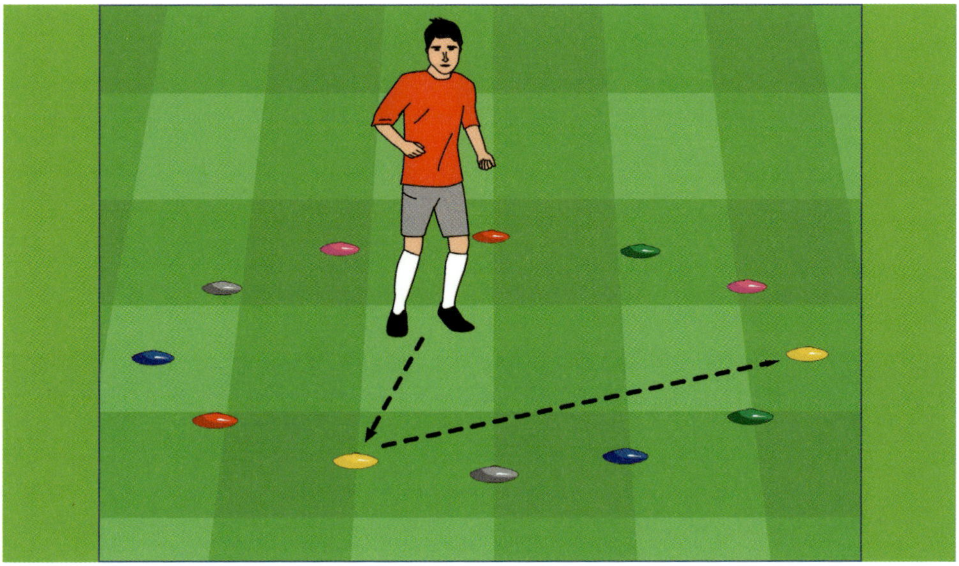

Organisation

12 Fitlights (eingestellte Farben: je zwei pro Farbe) liegen auf dem Boden oder auch erhöht, der Größe und dem Level des Spielers angemessen weit entfernt voneinander. Der Spieler befindet sich zwischen den Fitlights.

Ablauf

Alle 12 Lichter gehen zusammen an. Der Spieler soll mit dem Fuß oder der Hand immer die gleichen Farben nacheinander auswischen.

Variationen

- Ein Fitlight soll mit dem linken, ein Fitlight mit dem rechten Körperteil ausgewischt werden.
- Die gleichfarbigen Fitlights sollen gleichzeitig ausgewischt werden.

7.1.19 Burpeekönig

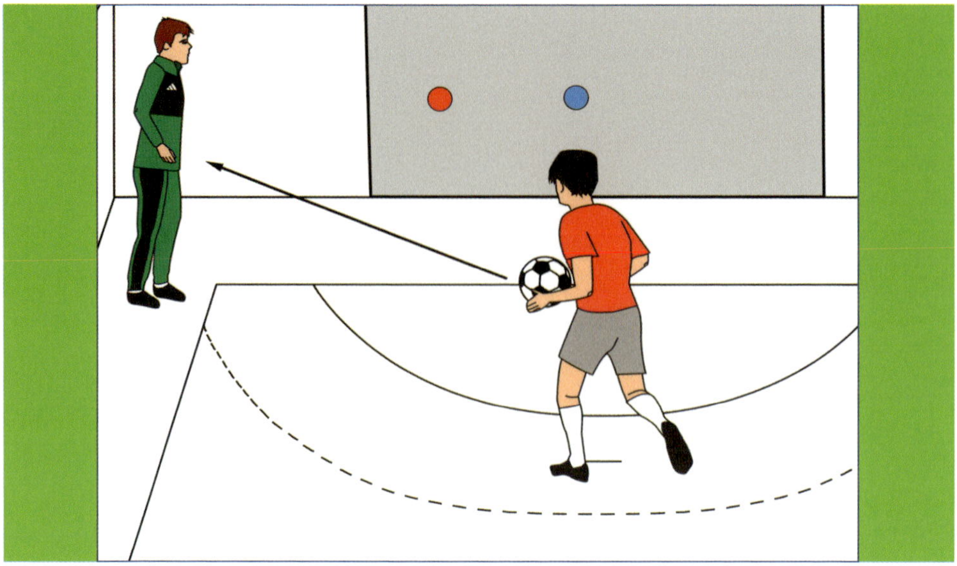

Organisation

Zwei Fitlights (eingestellte Farben: frei wählbar, aber gleiche Farbe), werden an der Wand befestigt. Ein Licht wird direkt vor dem Spieler positioniert. Das andere Licht wird links oder rechts an der Wand vor dem Spieler befestigt. Der Spieler steht einige Meter von der Wand entfernt mit einem Ball in der Hand.

Ablauf

Wenn das Licht direkt vor dem Spieler leuchtet, wirft er den Ball gegen die Wand vor ihm, leuchtet das Licht links oder rechts von ihm, wirft der Spieler den Ball zum Trainer und macht einen Liegestütz oder einen Burpee.

Variation

- Weitere Aufgaben können hinzugefügt werden.

AUSBLICK

Zurzeit gilt das Prädikat *Kreativspieler* für Fußballer als höchste Auszeichnung und steigert ihren Marktwert enorm, da diese Spezies nach wie vor selten vorzukommen scheint. Beispielsweise haben 6er und 8er im Fußball die Aufgabe, durch kluges, aber auch überraschendes taktisches Entscheidungsverhalten, das Aufbauspiel einer Mannschaft zu steuern, während 10er mit kreativen Lösungen Abschlussmöglichkeiten ihrer Mitspieler vorbereiten können.

In der deutschen Fußball-Bundesliga werden immer wieder Ranglisten erstellt, in denen die besten deutschen Nachwuchsspieler ausgewählt und ausgezeichnet werden. Dennoch überrascht, dass nur ungefähr 35 % dieser „früheren" Toptalente es schaffen, einen Stammplatz in einem der 18 Bundesligavereine zu bekommen und somit den Durchbruch in den Profibereich schaffen. Ein Grund könnte sein, dass die Auswahl mehr nach körperlichen und technischen Faktoren geschieht und weniger nach kognitiven Faktoren, wie Aufmerksamkeit, Spielintelligenz und Kreativität.

Strukturiert nach dem integrativen Rahmenmodell zum Entscheidungshandeln (vgl. Abb. 1), wurden nach den einführenden theoretischen Ausführungen zu den einzelnen Kognitionen (Antizipation, Wahrnehmung, Aufmerksamkeit, Spielintelligenz, Spielkreativität, Arbeitsgedächtnis) Diagnostiktools und zahleiche Spiel- und Übungsformen präsentiert, die sich in der Praxis bewährt haben. Das beschriebene Rahmenmodell kann Trainern und Übungsleitern erleichternd helfen, systematisch und fokussiert, Training zu planen und durchzuführen, Schwerpunkte zu setzen oder erkannte Defizite zu bearbeiten. Dabei können die beschriebenen Kognitionen in jedem Altersbereich, also im Kinder-, Jugend- oder Erwachsenentraining, sowie auf allen Leistungsstufen (vom Einsteiger bis zum Profi) berücksichtigt und gezielt gefördert werden. Dies kann als fortlaufender Prozess verstanden werden, der auch in Trainingsblöcke von Vereinen und Verbänden integrierbar ist.

Auf der Basis konkreter Trainingsmaßnahmen und praxisnaher Übungsformen können alle Facetten der Kognitionen gewinnbringend im Training geschult werden. Nicht nur im Leistungssport, sondern auch im Kinder- und frühen Jugendtraining sollte Kognitionen eine stärkere Beachtung im Trainings- und Schulungsprozess geschenkt werden.

Die Praxis hat das Potenzial des Trainings fußballspezifischer kognitiver Fähigkeiten meiner Meinung nach noch nicht erkannt und setzt bereits gewonnene Erkenntnisse zu wenig ein. Wir haben hier noch ein gewisses Wissensdefizit. Dabei kann prophezeit werden, dass kognitive Fähigkeiten in 5-10 Jahren zentraler Bestandteil der Talentdiagnostik, von Auswahlverfahren, bei Trainingssteuerung und Trainingsinhalten vom Nachwuchs- bis in den Profibereich sein werden.

ANHANG

1 Literatur

Abernethy, B. & Russell, D. G. (1987). Expert-novice differences in an applied selective attention task. *Journal of Sport Psychology, 9*, 326-345.

Abernethy, B., Maxwell, J. P., Masters, R. S. W., van der Kamp, J. & Jackson, R. C. (2007). Attentional processes in skill learning and expert performance. In G. Tenenbaum & R. C. Eklund (Eds.), *Handbook of sport psychology* (3rd ed.). New Jersey: Wiley & Sons.

Abernethy, B., Wood, J. M. & Parks, S. (1999). Can the anticipatory skills of experts be learned by novices? *Research Quarterly for Exercise and Sport, 70*, 313-318.

Alvarez, G. A. & Franconeri, S. L. (2005). How many objects can you track? Evidence for a flexible tracking resource. *Journal of Vision, 5*, 641.

Alvarez, J. A. & Emory, E. (2006). Executive function and the frontal lobes: A meta-analytic review. *Neuropsychology Review, 16*, 17-42.

Amelang, M. & Bartussek, D. (Hrsg.). (2001). *Differenzielle Psychologie und Persönlichkeitsforschung.* Stuttgart: Kohlhammer.

Augste, C. (2006). *Techniktraining und konditionelle Belastungen. Eine Untersuchung zum Wurftraining mit Jugendlichen im Basketball.* Köln: Sportverlag Strauß.

Augste, C. (2006). *Techniktraining und konditionelle Belastung.* Köln: Sport & Buch Strauß.

Baddeley, A. D. (2007). *Working memory, thought, and action.* Oxford: Oxford. University Press.

Bakker, F. C., Oudejans, R. D., Binsch, O. & van der Kamp, J. (2006). Penalty taking and gaze behavior: Unwanted effects of the wish not to miss. *International Journal of Sport Psychology, 37*, 265-280.

Beck, D. M. & Lavie, N. (2005). Look here but ignore what you see: Effects of distractors at fixation. *Journal of Experimental Psychology: Human Perception and Performance, 31*, 592.

Benedek, M., Jauk, E., Sommer, M., Arendasy, M. & Neubauer, A. C. (2014). Intelligence, creativity and cognitive control: The common and differential involvement of executive functions in intelligence and creativity. *Intelligence, 46*, 73-83.

Bishop, D. T., Wright, M. J., Jackson, R. C. & Abernethy, B. (2013). Neural bases for anticipation skill in soccer: An FMRI study. *Journal of Sport & Exercise Psychology, 35*, 98-109.

Broadbent, D. E. (1958). *Perception and communication.* London: Pergamon Press.

Bruce, V., Green, P. & Georgeson, M. (1996). *Visual perception. Physiology, psychology and ecology* (3rd ed.). Hove: Psychology Press.

Cauraugh, J. H. & Janelle, C. M. (2002). Visual search and cue utilisation in racket sports. In K. Davids, G. J. P. Savelsbergh, S. J. Bennett & J. van der Kamp (Eds.), *Interceptive actions in sport* (pp. 64-89). London: Routledge.

Cavanagh, P. & Alvarez, G. A. (2005). Tracking multiple targets with multifocal attention. *Trends in Cognitive Sciences, 9*, 349-354.

Cohen, M. A., Nakayama, K., Konkle, T., Stantic, M. & Alvarez, G. A. (2015). Visual awareness is limited by the representational architecture of the visual system. *Journal of Cognitive Neuroscience, 27*, 2240-2252.

Conway, A. R. A., Jarrold, C., Kane, M. J., Miyake, A. & Towse, J. N. (2007). *Variation in working memory.* New York: Oxford University Press.

Conway, A. R., Kane, M. J., Bunting, M. F., Hambrick, D. Z., Wilhelm, O. & Engle, R. W. (2005). Working memory span tasks: A methodological review and user's guide. *Psychonomic Bulletin & Review, 12*, 769-786.

Côté, J., Baker, J. & Abernethy, B. (2007). Practice and play in the development of sport expertise. In G. Tenenbaum & R. C. Eklund (Eds.), *Handbook of sport psychology* (pp. 184-202) Hoboken, NJ.: Wiley.

Coull, J. T. (1998). Neural correlates of attention and arousal: Insights from electrophysiology, functional neuroimaging and psychopharmacology. *Progress in Neurobiology, 55*, 343-361.

Cowan, N. (1995) *Attention and memory: An integrated framework.* New York: Oxford University Press.

Cowan, N. (2001). The magical number 4 in short-term memory: A reconsideration of mental storage capacity. *Behavioral and Brain Sciences 24*, 87-185. doi:10.1017/S0140525X01003922

Cowan, N. (2005). *Working memory capacity.* Hove, East Sussex, UK: Psychology Press.

Crone, E. A., Wendelken, C., Donohue, S., van Leijenhorst, L., & Bunge, S. A. (2006). Neurocognitive development of the ability to manipulate information in working memory. *Proceedings of the National Academy of Sciences, 10*, 9315-9320.

Diamond, A. (2013). Executive functions. *Annual Review of Psychology, 64*, 135-168.

Dicks, M., Button, C. & Davids, K. (2010). Availability of advance visual information constrains association-football goalkeeping performance during penalty kicks. *Perception, 39*, 1111-1124.

Dietrich, K. (1984). Vermitteln Spielreihen die Spielfähigkeit? *Sportpädagogik, 8*, 19-21.

Döbler, H. (1964). Die Systematik der Spiele als Grundlage einer vergleichenden sportpädagogischen Betrachtung. *Theorie und Praxis der Körperkultur, 13*, 217-31.

Ekblom, B. (1986). Applied physiology of soccer. *Sports Medicine, 3*, 50-60.

Engle, R. W. (2002). Working memory capacity as executive attention. Current directions. *Psychological Science, 11* (1), 19-23.

Ericsson, K. A., Krampe, R. T. & Tesch-Römer, C. (1993). The role of deliberative practice in the acquisition of expert performance. *Psychological Review, 100*, 363-406.

Eriksen, C. W. & St. James, J. D. (1986). Visual attention within and around the field of focal attention: A zoom lens model. *Perception & Psychophysics, 40*, 225-240. doi: 10.3758/BF03211502

Farrow, D. & Abernethy, B. (2002). Can anticipatory skills be learned through implicit video-based perceptual training? *Journal of Sports Science, 20*, 471-485.

Farrow, D. & Abernethy, B. (2007). Wahrnehmung von Expertinnen und Experten im Sport: Einige Kernfragen und -probleme. In N. Hagemann, M. Tietjens, & B. Strauß

(Hrsg.), *Psychologie der sportlichen Höchstleistung* (S. 71-92). Göttingen: Hogrefe.

Friedman, N. P., Miyake, A., Corley, R. P., Young, S. E., DeFries, J. C. & Hewitt, J. K. (2006). Not all executive functions are related to intelligence. *Psychological Science, 17*, 172-179.

Friedrich, W. (2005). *Optimales Sportwissen.* Spitta Verlag GmbH & Co. KG.

Furley, P. & Memmert, D. (2005). Provozieren vor instruieren! Zur Aufmerksamkeitsfokussierung im Sportspiel. *Sportpraxis, 6,* 22-24.

Furley, P. & Memmert, D. (2009). Aufmerksamkeitstraining im Sportspiel. *Leistungssport, 3*, 33-36.

Furley, P. & Memmert, D. (2010). The role of working memory in sports. *International Review of Sport and Exercise Psychology, 3*, 171-194.

Furley, P. & Memmert, D. (2012). Working memory capacity as controlled attention in tactical decision making. *Journal of Sport and Exercise Psychology, 34*, 322344.

Furley, P. & Memmert, D. (2015). Creativity and working memory capacity in sports: Working memory capacity is not a limiting factor in creative decision making amongst skilled performers. *Frontiers in Psychology.* doi: 10.3389/fpsyg.2015.00115

Furley, P., & Memmert, D. (2013). „Whom should I pass to?" The more options the more attentional guidance from working. *PLOS ONE 8*: e62278. doi: 10.1371/journal.pone.0062278

Furley, P., Memmert, D. & Heller, C. (2010). The dark side of visual awareness in sport – inattentional blindness in a real-world basketball task. *Attention, Perception & Psychophysics, 72*, 1327-1337.

Furley, P., Memmert, D. & Schmid, S. (2013). Perceptual load in sport and the heuristic value of the perceptual load paradigm in examining expertise-related perceptual-cognitive adaptations. *Cognitive Processing, 14*, 31-42.

Furley, P., Schul, K. & Memmert, D. (2017). Das Experten-Novizen-Paradigma und die Vertrauenskrise in der Psychologie. *Zeitschrift für Sportpsychologie, 23*, 131-140. doi: 10.1026/1612-5010/a000174

Guilford, J. P. (1967). *The nature of human intelligence.* New York: McGraw-Hill.

Güldenpenning, I., Braun, J. F., Machlitt, D. & Schack, T. (2015). Masked priming of complex movements: Perceptual and motor processes in unconscious action perception. *Psychological Research, 79*, 801-812.

Güldenpenning, I., Kunde, W. & Weigelt, M. (2017). How to trick your opponent: A review article on deceptive actions in interactive sports. *Frontier in Psychology, 8*, 917.

Güldenpenning, I., Steinke, A., Koester, D. & Schack, T. (2013). Athletes and novices are differently capable to recognize feint and non-feint actions. *Experimental Brain Research, 230*, 333-343.

Hagemann, N. & Loffing, F. (2013). Antizipation. In A. Güllich & M. Krüger (Hrsg.), *Sport. Das Lehrbuch für das Sportstudium* (S. 562-564). Berlin: Springer.

Hagemann, N. & Memmert, D. (2006). Coaching anticipatory skill in badminton: Laboratory- versus field-based perceptual training? *Journal of Human Movements Studies, 50*, 381-398.

Hambrick, D. Z. & Meinz, E. J. (2011). Limits on the predictive power of domain-specific experience and knowledge in skilled performance. *Current Directions in Psychological Science, 20*, 275-279.

Hambrick, D. Z., Burgoyne, A. P. & Oswald, F. L. (2019, in press). Domain-general models of expertise: The role of cognitive ability. In P. Ward, J. M. Schraagen, J. Gore & E. Roth (Eds.), *Oxford handbook of expertise: Research and application*. Oxford: Oxford UP.

Harris, D., Wilson, M. R. & Vine, S. J. (2018). A systematic review of commercial cognitive training devices: Implications for use in sport. *Frontiers in Psychology, 9*, 709.

Herzog, H. D. (1986). Zur Theoriearbeit im taktischen Training der Sportspiele. *Wissenschaftliche Zeitschrift der DHfK Leipzig, 27*, 73-84.

Höner, O. (2005). *Entscheidungshandeln im Sportspiel Fußball: eine Analyse im Lichte der Rubikontheorie.* Hofmann: Schorndorf.

Hüttermann, S. (2016). Das Wichtige in den Fokus rücken! *fußballtraining JUNIOR, 5*, 19.

Hüttermann, S., Memmert, D. & Liesner, F. (2014). Finding the happy medium: An analysis of gaze behavior strategies in a representative task design of soccer penalties. *The Journal of Applied Sport Psychology, 26*, 172-181.

Hüttermann, S., Memmert, D., Simons, D. J. & Bock, O. (2013). Fixation strategy influences the ability to focus attention on two spatially separate objects. *PloS one, 8*, e65673.

Hüttermann, S., Noël, B. & Memmert, D. (2017). Evaluating erroneous offside calls in soccer. *PloS one, 12*, e0174358.

Hüttermann, S., Noël, B. & Memmert, D. (2018). Eye tracking in high-performance sports:

Evaluation of its application in expert athletes. *International Journal of Computer Science in Sport, 17,* 182-203.

Hüttermann, S., Simons, D. & Memmert, D. (2014). The size and shape of the attentional „spotlight" varies with differences in sports expertise. *Journal of Experimental Psychology: Applied, 20,* 147-157.

Intriligator, J. & Cavanagh, P. (2001). The spatial resolution of visual attention. *Cognitive psychology, 43,* 171-216.

Jackson, R. C. & Farrow, D. (2005). Implicit perceptual training: How, when and why? *Human Movement Science, 24,* 308-325.

Jackson, R. C., Warren, S. & Abernethy, B. (2006). Anticipation skill and susceptibility to deceptive movements. *Acta Psychology, 123,* 355-371.

Kane, M. J., Hambrick, D. Z., Tuholski, S. W., Wilhelm, O., Payne, T. W. & Engle, R. W. (2004). The generality of working memory capacity: A latent-variable approach to verbal and visuospatial memory span and reasoning. *Journal of Experimental Psychology: General, 133,* 189.

Kelly, M. E., Loughrey, D., Lawlor, B. A., Robertson, I. H., Walsh, C. & Brennan, S. (2014). The impact of cognitive training and mental stimulation on cognitive and everyday functioning of healthy older adults: A systematic review and meta-analysis. *Ageing Research Reviews, 15,* 28-43.

Kempe, M. & Memmert, D. (2018). „Good, better, creative": The influence of creativity on goal scoring in elite soccer. *Journal of Sports Sciences 36,* 2419-2423.

Klingberg, T. (2010). Training and plasticity of working memory. *Trends in Cognitive Sciences, 14,* 317-324.

Knudsen, E. (2007). Fundamental components of attention. *Annual Review of Neuroscience, 30,* 57-78.

König, S. & Memmert, D. (2019, in press). Taktik und Taktiktraining im Sport – Anwendungsbereiche, Diagnostik, Trainingsformen, Organisation, Methoden, Anpassungen. In M. Fröhlich & A. Güllich (Eds.), *Sportmotorik, Bewegung und Training.* Berlin: Springer.

König, S. (1997). Zur Vermittlung von Spielfähigkeit in der Schule. *Sportunterricht, 46,* 476-486.

Konzag, I. & Konzag, G. (1980). Anforderungen an die kognitiven Funktionen in der psychischen Regulation sportlicher Spielhandlungen. *Theorie und Praxis der Körperkultur, 29*, 20-31.

Kredel, R., Vater, C., Klostermann, A. & Hossner, E. (2017). Eye-tracking technology and the dynamics of natural gaze behavior in sports: A systematic review of 40 years of research. *Frontiers in Psychology, 8*, 1-15.

Kröger, Ch. & Roth, K. (1999). *Ballschule. Ein ABC für Spielanfänger.* Schorndorf: Hofmann.

Kuhlmann, D. (1989). Wie führt man Spiele ein? In Bielefelder & Sportpädagogen (Hrsg.), *Methoden im Sportunterricht* (S. 135-148). Schorndorf: Hofmann.

LaBerge, D. (1983). Spatial extent of attention to letters and words. *Journal of Experimental Psychology: Human Perception and Performance, 9*, 371-379.

Lampit, A., Hallock, H. & Valenzuela, M. (2014). Computerized cognitive training in cognitively healthy older adults: A systematic review and meta-analysis of effect modifiers. *PLoS medicine, 11*, e1001756.

Loffing, F., Cañal-Bruland, R. & Hagemann, N. (2014). Antizipationstraining im Sport. In K. Zentgraf & J. Munzert (Hrsg.). *Kognitives Training im Sport* (S. 137-161). Göttingen: Hogrefe Verlag.

Loffing, F., Hagemann, N. & Farrow, D. (2017). Perceptual-cognitive training: The next piece of the puzzle. In J. Baker, S. Cobley, J. Schorer & N. Wattie (Eds.), *Routledge handbook of talent identification and development in sport* (pp. 207-220). London: Routledge.

Luciana, M., Conklin, H. M., Hooper, C. J. & Yarger, R. S. (2005). The development of nonverbal working memory and executive control processes in adolescents. *Child Development, 76*, 697-712.

Mack, A. & Rock, I. (1998). *Inattentional blindness.* MIT Press: Cambridge.

Macnamara, B. N., Hambrick, D. Z. & Oswald, F. L. (2014). Deliberate practice and performance in music, games, sports, education, and professions: A meta-analysis. *Psychological Science, 25*, 1608-1618.

Magill, R. A. (1998). Knowledge is more than we can talk about: Implicit learning in motor skill acquisition. *Research Quarterly for Exercise and Sport, 69*, 104-110.

Mann, D. T., Williams, A. M., Ward, P. & Janelle, C. M. (2007). Perceptual-cognitive expertise in sport: A meta-analysis. *Journal of Sport & Exercise Psychology. 29*, 457-478.

Marr, D. (1982). *Vision: A comptutational investigation into the human representation and processing of visual information.* San Francisco: Freeman.

Masters, R. S. W., van der Kamp, J. & Jackson, R. C. (2007). Imperceptibly off-center goalkeepers influence penalty-kick direction in soccer. *Psychological Science, 18*, 222-223.

Maxwell, J. P., Masters, R. S. & Eves, F. F. (2003). The role of working memory in motor learning and performance. *Consciousness and Cognition, 12*, 376-402.

Memmert D. (2017b). Sports and creativity. M. A. Runco and S. R. Pritzker (Eds.) *Encyclopedia of creativity*, (2nd ed.), (pp. 373-378). San Diego: Academic Press.

Memmert, D. & Breihofer, P. (2006). *Doppelstunde Fußball.* Schorndorf: Hofmann.

Memmert, D. & Furley, P. (2007). „I spy with my little eye!" – Breadth of attention, inattentional blindness, and tactical decision making in team sports. *Journal of Sport & Exercise Psychology, 29*, 365-347.

Memmert, D. & Furley, P. (2012). Aufmerksamkeit. M. Krüger & A. Güllich (Hrsg.), *Bachelor-Kurs Sport. Ein Lehrbuch für das Studium der Sportwissenschaft* (S. 567-568). Berlin: Springer-Verlag.

Memmert, D. & König, S. (2012). Zur Vermittlung einer allgemeinen Spielfähigkeit im Sportspiel. In S. König, D. Memmert & K. Moosmann, *Das große Buch der Sportspiele* (S. 18-37). Wiebelsheim: Limpert-Verlag.

Memmert, D. & Roth, K. (2003). Individualtaktische Leistungsdiagnostik im Sportspiel. *Spektrum der Sportwissenschaft, 15*, 44-70.

Memmert, D. (2004a). *Kognitionen im Sportspiel.* Köln: Sport & Buch Strauß.

Memmert, D. (2004b). Ein Forschungsprogramm zur Validierung sportspielübergreifender Basistaktiken. *Sportwissenschaft, 34*, 341-354.

Memmert, D. (2005). Ich sehe was, was du nicht siehst!" – Das Phänomen Inattentional Blindness im Sport. *Leistungssport, 5*, 11-15.

Memmert, D. (2006a). The effects of eye movements, age, and expertise on inattentional blindness. *Consciousness & Cognition, 15*, 620-627.

Memmert, D. (2006b). Wann soll man spezialisieren? – Kreativität als Indikator auf der 1. und 2. Stufe des MSIL. In K. Weber, D. Augustin, P. Maier & K. Roth (Hrsg.). *Wissenschaftlicher Transfer für die Praxis: Ausbildung – Training – Wettkampf* (S. 59-64). Köln: Sport & Buch Strauß.

Memmert, D. (2007). Can creativity be improved by an attention-broadening training program? – An exploratory study focusing on team sports. *Creativity Research Journal, 19*, 281-292.

Memmert, D. (2009). Pay attention! A review of attentional expertise in sport. *International Review of Sport & Exercise Psychology, 2*, 119-138.

Memmert, D. (2010). Testing of tactical performance in youth elite soccer. *Journal of Sports Science & Medicine, 9*, 199-205.

Memmert, D. (2010a). Creativity, expertise, and attention: Exploring their development and their relationships. *Journal of Sport Science, 29*, 93-104.

Memmert, D. (2010b). Testing of tactical performance in youth elite soccer. *Journal of Sports Science & Medicine, 9*, 199-205.

Memmert, D. (2012). Kreativität im Sportspiel. *Sportwissenschaft 42*, 38-49.

Memmert, D. (2013). Leistungsfaktoren im Sportspiel. In A. Güllich & M. Krüger (Hrsg.), *Sport – Das Lehrbuch für das Sportstudium* (S. 561-562). Berlin: Springer Verlag.

Memmert, D. (2015). *Teaching tactical creativity in team and racket sports: Research and practice.* Abingdon: Routledge.

Memmert, D. (2017a). Tactical creativity in sport. In J. Kaufman, V. Glăveanu & J. Baer (Eds.), *The Cambridge handbook of creativity across domains* (pp. 479-491). Cambridge: Cambridge University Press. doi:10.1017/9781316274385.026

Memmert, D. & Roth, K. (2007). The effects of non-specific and specific concepts on tactical creativity in team ball sports. *Journal of Sports Sciences, 25*, 1423-1432.

Memmert, D., Baker, J. & Bertsch, C. (2010). Play and practice in the development of sport-specific creativity in team ball sports. *High Ability Studies, 21*, 3-18.

Memmert, D., Hagemann, H., Althoetmar, R. Geppert, S. & Seiler, D. (2009). Conditions of practice in perceptual skill learning. *Research Quarterly for Exercise & Sport, 80*, 32-43.

Memmert, D., Hüttermann, S. & Kreitz, C. (2019). Wahrnehmung und Aufmerksamkeit. In J. Schüler, M. Wegner & H. Plessner (Hrsg.), *Lehrbuch Sportpsychologie – Theoretische Grundlagen und Anwendung* (S. 13-41). Berlin: Springer.

Memmert, D., Hüttermann, S. & Orliczek, J. (2013). Decide like Lionel Messi! The impact of regulatory focus on divergent thinking in sports. *Journal of Applied Social Psychology, 43*, 2163-2167.

Memmert, D., Thumfart, M. & Uhing, M. (2014). *Optimales Taktiktraining im Kinder-, Jugend- und Leistungsfußball.* Balingen: Spitta Verlag.

Mirsky, A. F., Anthony, B. J., Duncan, C. C, Ahearn, M. B. & Kellam, S. G. (1991). Analysis of the elements of attention: A neuropsychological approach. *Neuropsychological Review, 2*, 109-145.

Moran, A. P. (1996). *The psychology of concentration in sport performers: A cognitive analysis.* Hove: Psychology Press.

Most, S. B., Scholl, B. J., Clifford, E. R. & Simons, D. J. (2005). What you see is what you set: Sustained inattentional blindness and the capture of awareness. *Psychological Review, 112*, 217-242.

Neisser, U. (2014). *Cognitive psychology.* Classic edition: Psychology Press.

Noël, B., van der Kamp, J. & Memmert, D. (2015). Implicit goalkeeper influences on goal side selection in representative penalty kicking tasks. *PLoS ONE, 10,* e01354423.

Noël, B., van der Kamp, J., Masters, R. & Memmert, D. (2016). Scan direction influences explicit but not implicit perception of a goalkeeper's position. *Attention, Perception & Psychophysics*. doi: 10.3758/s13414-016-1196-2

Noël, B., van der Kamp, J., Weigelt, M. & Memmert, D. (2015). Asymmetries in spatial perception are more prevalent under explicit than implicit attention. *Consciousness and Cognition, 34*, 10-15.

North, J. S., Ward, P., Ericsson, A. & Williams, A. M. (2011). Mechanisms underlying skilled anticipation and recognition in a dynamic and temporally constrained domain. *Memory 19*, 155-168.

Olivier, N. (1996). *Techniktraining unter konditioneller Belastung.* Schorndorf: Hofmann.

Owen, A. M., Hampshire, A., Grahn, J. A., Stenton, R., Dajani, S., Burns, A. S.... & Ballard, C. G. (2010). Putting brain training to the test. *Nature, 465* (7299), 775.

Posner, M. I. & Boies, S. J. (1971). Components of attention. *Psychological Review, 78,* 391-408.

Posner, M. I. & Peterson, S. E. (1990). The attention system of the human brain. *Annual Review of Neuroscience, 13*, 25-42.

Prinz, W. (1997). Perception and action planning. *European Journal of Cognitive Psychology, 9*, 129-154.

Posner, M. I. (1980). Orienting of attention. *Quarterly Journal of Experimental Psychology, 32*, 3-25. doi:10.1080/00335558008248231

Raab, M. (2001). *SMART. Techniken des Taktiktrainings. Taktiken des Techniktrainings.* Köln: Strauß.

Roth, G. & Menzel, R. (2001). Neuronale Grundlagen kognitiver Leistungen. In J. Dudel, R. Menzel & R. F. Schmidt (Hrsg.), *Neurowissenschaft. Vom Molekül zur Kognition* (S. 543-563). Berlin: Springer.

Roth, K. & Hossner, E. J. (1999). Die funktionalen Betrachtungsweisen. In K. Roth & K. Willimczik (Hrsg.), *Bewegungswissenschaft* (S. 127-225). Reinbek: Rowohlt.

Roth, K. & Kröger, C. (2011). *Ballschule. Ein ABC für Spielanfänger* (4. Aufl.). Schorndorf: Hofmann.

Roth, K. (1989). *Taktik im Sportspiel: zum Erklärungswert der Theorie generalisierter motorischer Programme für die Regulation komplexer Bewegungshandlungen.* Schorndorf: Hofmann.

Roth, K. (2005). Taktiktraining. In A. Hohmann, M. Kolb & K. Roth (Hrsg.), *Handbuch Sportspiel* (S. 342-349). Schorndorf: Hofmann.

Roth, K., Kröger, Ch. & Memmert, D. (2002). *Ballschule Rückschlagspiele.* Schorndorf: Hofmann.

Roth, K., Memmert, D. & Schubert, R. (2006). *Ballschule Wurfspiele.* Schorndorf: Hofmann.

Savelsbergh, G. J. P., van Gastel, P. J. & van Kampen, P. M. (2010). Anticipation of penalty kicking direction can be improved by directing attention through perceptual learning. *International Journal of Sport Psychology, 41*, 24-41.

Scharfen, E. & Memmert, D. (2019a). Measurement of cognitive functions in experts and elite-athletes: A meta-analytic review. *Applied Cognitive Psychology,* 1-18. DOI:10.1002/acp.3526

Scharfen, E. & Memmert, D. (2019b). The relationship between cognitive functions and sport-specific motor skills in elite youth soccer players. *Frontiers in Psychology – Movement Science & Sport Psychology.* 10:817. https://doi.org/10.3389/fpsyg.2019.00817

Schmidt, R. A. & Wrisberg, C. A. (2004). *Motor learning and performance. A problem-based learning approach* (3rd ed.). Champaign: Human Kinetics.

Schnabel, G. & Thieß, G. (Hrsg.). (1993). *Lexikon Sportwissenschaft – Leistung – Training – Wettkampf.* Berlin: Sportverlag.

Schultz, F. (2014). *Antizipation von Fußballtorhütern – Untersuchung zur Konzeption einer kognitiven Leistungsdiagnostik im Kontext der sportwissenschaftlichen Talentforschung.* Hamburg: Dr. Kovač.

Schultz, F., Daniel, J. & Höner, O. (2018). Antizipation von Fußballtorhütern. Konzeption und Evaluation einer kognitiven Leistungsdiagnostik. *Leistungssport, 48*, 50-55.

Schwab, S. & Furley, P. (2016). Die Krux des kognitiven Flaschenhalses! *fußballtraining JUNIOR, 5*, 27.

Shao, Y. K., Mang, J., Li, P. L., Wang, J., Deng, T. & Xu, Z. X. (2015). Computer-based cognitive programs for improvement of memory, processing speed and executive function during age-related cognitive decline: A meta-analysis. *PloS one, 10*, e0130831.

Simons, D. J., Boot, W. R., Charness, N., Gathercole, S. E., Chabris, C. F., Hambrick, D. Z. & Stine-Morrow, E. A. (2016). Do „brain-training" programs work? *Psychological Science in the Public Interest, 17*, 103-186.

Smeeton, N. J. & Williams, A. M. (2012). The role of movement exaggeration in the anticipation of deceptive soccer penalty kicks. *British Journal of Psychology, 103*, 539-555.

Smeeton, N. J., Williams, A. M., Hodges, N. J. & North, J. (2004). Developing perceptual skill in tennis through explicit, guided-discovery, and discovery methods. *Journal of Sport & Exercise Psychology, 24* (Suppl.), 175.

Spencer, M. R. & Gastin, P. B. (2001). Energy system contribution during 200-to 1500-m running in highly trained athletes. *Medicine & Science in Sports & Exercise, 33*, 157-162.

Stiehler, G., Konzag, I. & Döbler, H. (1988). *Sportspiele. Theorie und Methodik der Sportspiele. Basketball – Fußball – Handball – Volleyball.* Berlin: Sportverlag.

Styles, E. A. (2008). *The psychology of attention.* Hove and New York: Psychology Press.

Tay, C. S., Chow, J. Y., Koh, M. & Button, C. (2012). The effectiveness of keeperindependent penalty kicks using fake visual cues from penalty takers. *International Journal of Sport Psychology. 43*, 403-419.

Tayler, M. A., Burwitz, L. & Davids, K. (1994). Coaching perceptual strategy in badminton. *Journal of Sports Sciences, 12*, 213.

Tenenbaum, G. (2003). Expert athletes: An integrated approach to decision making. In J. L. Starkes & K. A. Ericsson (Eds.), *Expert performance in sports* (pp. 191-218). Champaign, IL: Human Kinetics.

Toril, P., Reales, J. M. & Ballesteros, S. (2014). Video game training enhances cognition of older adults: A meta-analytic study. *Psychology and Aging, 29*, 706.

Tyldesley, D. A., Bootsma, R. J. & Bomhoff, G. (1982). Skill level and eye movement patterns in a sport oriented reaction time task. In H. Rieder, H. Mechling & K. Reischle (Eds.), *Proceedings of an international symposium on motor behaviour: Contribution to learning in sport* (pp. 290-296). Cologne: Hofmann.

Uhlig, J. (2016). Jederzeit die beste Lösung finden! *fußballtraining JUNIOR, 5*, 23.

Van Zomeren, A. H. & Brouwer, W. H. (1994). *Clinical neuropsychology of attention*. New York: Oxford University Press.

Verburgh, L., Scherder, E. J., Van Lange, P. A. & Oosterlaan, J. (2016). Do elite and amateur soccer players outperform non-athletes on neurocognitive functioning? A study among 8-12 years old children. *PloS One, 11*, e:0165741. doi: 10.1371/journal.pone.0165741

Vestberg, T., Gustafson, R., Maurex, L., Ingvar, M. & Petrovic, P. (2012). Executive functions predict the success of top-soccer players. *PloS one, 7*, e34731. doi: 10.1371/journal.pone.0034731

Voss, M. W., Kramer, A. F., Basak, C., Prakash, R. S. & Roberts, B. (2010). Are expert athletes „expert" in the cognitive laboratory? A metaanalytic review of cognition and sport expertise. *Applied Cognitive Psychology, 24*, 812-826.

Wegner, M. & Katzenberger, C. (1994). Die Spielkonzeption zur Lösung taktischer Problemsituationen: Wissenschaftliche Fundierung eines Trainingsprogramms zum Gegenstoßverhalten im Handball. In R. Brack, A. Hohmann & H. Wieland (Hrsg.), *Trainingssteuerung* (S. 248-253). Stuttgart: Naglschmid.

Weigelt, M., & Memmert, D. (2012). Goal-side selection in soccer penalty kicking when viewing natural scenes. *Frontiers in Psychology, 3*, 312.

Weigelt, M., Memmert, D. & Schack, T. (2012). Kick it like Ballack: The effects of goal-keeping gestures on goal-side selection in experienced soccer players and soccer novices. *Journal of Cognitive Psychology, 24*, 942-956.

Williams, A. M. & Burwitz, L. (1993). Advance cue utilization in soccer. *Science and Football II, 2*, 239-244.

Williams, A. M. & Ericsson, K. A. (2005). Some considerations when applying the expert performance approach in sport. *Human Movement Science, 24*, 283-307.

Williams, A. M. & Ward, P. (2003). Perceptual expertise: Development in sport. In J. L. Starkes & K. A. Ericsson (Eds.), *Expert performance in sports: Advances in research on sport expertise* (pp. 219-249). Champaign, IL: Human Kinetics.

Williams, A. M., Davids, K. & Williams, J. G. (1999). *Visual perception and action in sport.* London: E & F. N. Spon.

Williams, A. M., Ford, P., Eccles, D. W. & Ward, P. (2010). Perceptual-cognitive expertise in sport and its acquisition: Implications for applied cognitive psychology. *Applied Cognitive Psychology.*

Williams, A. M., Hodges, N. J., North, J. S. & Barton, G. (2006). Perceiving patterns of play in dynamic sport tasks: Identifying the essential information underlying skilled performance. *Perception, 35*, 317-332.

Williams, A. M., Ward, P. & Chapman, C. (2003). Training perceptual skill in field hockey: Is there transfer from the laboratory to the field? *Research Quarterly for Exercise & Sport, 74*, 98-103.

Williams, A. M., Ward, P., Knowles, J. M. & Smeeton, N. J. (2002). Anticipation skill in a real-world task: Measurement, training, and transfer in tennis. *Journal of Experimental Psychology: Applied, 8*, 259-270.

Williams, A. M., Ward, P., Smeeton, N. J. & Allen, D. (2004). Developing anticipation skills in tennis using on-court instruction: Perception versus perception and action. *Journal of Applied Sport Psychology, 16*, 350-360.

Wright, M. J. & Jackson, R. C. (2014). Deceptive body movements reverse spatial cueing in soccer. *PLoS ONE 9*: e104290.

Wulf, G. (2007). *Attention and motor skill learning.* Champaign, IL: Human Kinetics.

2 Zum Autor

Prof. Dr. Daniel Memmert ist geschäftsführender Institutsleiter und Professor am Institut für Trainingswissenschaft und Sportinformatik an der Deutschen Sporthochschule Köln. Von 2009 bis 2016 war er Institutsleiter am Institut für Kognitions- und Sportspielforschung an der Deutschen Sporthochschule Köln. Im Jahr 2003 promovierte er (Auszeichnung: dvs-Nachwuchspreis, Bronze) und habilitierte sich 2008 an der Elite-Universität Heidelberg (Auszeichnung: DOSB-Wissenschaftspreis, Bronze). 2014 war er Gastprofessor an der Universität Wien. Seine wissenschaftlichen Arbeitsschwerpunkte liegen in der Bewegungswissenschaft (Kognition und Motorik), in der Sportpsychologie (Aufmerksamkeit und Motivation) und in der Sportinformatik (Big Data, Mustererkennung und Simulation).

Er konnte bislang vier DFG-Projekte im Bereich Informatik sowie vier DFG-Projekte im Bereich Psychologie einwerben. Zudem hat er etliche Forschungsaufenthalte (u. a. USA, Kanada) absolviert, verschiedene Preise gewonnen (u. a. DOSB-Wissenschaftspreis Bronze, Research Writing Award AAHPERD), zahlreiche weitere Drittmittelprojekte im Volumen von über fünf Millionen Euro eingeworben (u. a. BISp), arbeitet in internationalen Editorial Boards (u. a. PSE). Er hat einen H-Index von 41 (i10-Index 109) und hat mehr als 200 peer-reviewte Publikationen, 20 Bücher und 30 Buchkapitel verfasst oder mitverfasst. Von 2009 bis 2013 war er Geschäftsführer der asp (Arbeitsgemeinschaft für Sportpsychologie), von 2012 bis 2016 war er Herausgeber der *Zeitschrift für Sportwissenschaft* (verhaltenswissenschaftlicher Bereich), von 2016 bis 2018 war er Associate Editor (Psychologie) für die Zeitschrift *Research Quarterly for Exercise and Sport*, seit 2017 ist er Mit-Herausgeber der *Zeitschrift für Sportpsychologie* und ist seit 2009 stellv. Sprecher der dvs-Kommission „Sportspiele". Er besitzt Trainerlizenzen in den Sportarten Fußball, Tennis, Snowboard sowie Ski alpin und ist Herausgeber und Autor von Lehrbüchern zum modernen Fußballtraining. Er kooperiert mit verschiedenen Fußballbundesligisten, mit der deutschen Fußballnationalmannschaft sowie DAX-Unternehmen und organisiert den ersten internationalen Weiterbildungs-Masterstudiengang „Spielanalyse".

3 Bildnachweis

Covergrafiken:	©AdobeStock
Coverlayout:	Annika Naas
Innenlayout:	Annika Naas
Fotos Innenteil:	S. 10, 41: ©dpa picture alliance; S. 11: ©Kenny Beele; S. 37, 45: ©Daniel Memmert; S. 34: Dicks, M., Button, C. & Davids, K.; S. 27, 28, 56, 60, 61, 62, 63, 65, 67, 70, 72: ©Daniel Memmert
Abbildungen der Spielformen:	©Easy Sports Graphics;
Grafiken:	S. 28: ©Schultz, F., Daniel, J. & Höner, O.
Satz:	www.satzstudio-hilger.de
Lektorat:	Dr. Irmgard Jaeger

Abonnieren Sie unseren kostenlosen Newsletter unter **www.dersportverlag.de**

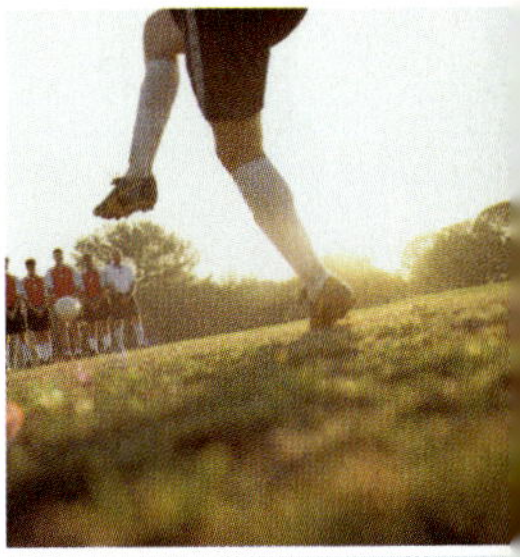

BESTES TRAINING!

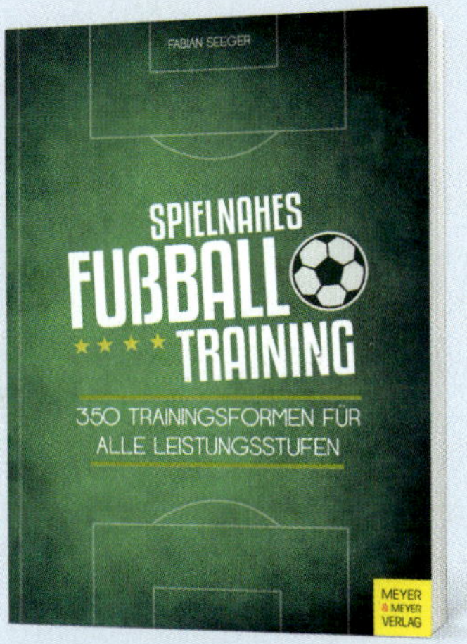

SPIELNAHES FUSSBALLTRAININ

350 TRAININGSFORMEN FÜR ALLE LEISTUNGSSTUFEN

392 Seiten, 21 x 29,7 cm, Paperback,
184 Fotos, 310 Abb., in Farbe
ISBN: 978-3-89899-922-9
€ [D] 29,95/€ [A] 30,80

Das Buch beinhaltet eine umfassende Sammlung spielnaher Übungs- und Spielformen für eine qualitative Gestaltung und schnelle Umsetzung von zeitgemäßem Fußballtraining. Die zahlreichen Trainingsformen sind nach technischen, taktischen und konditionellen Schwerpunkten aufgeteilt. Die einzelnen Schwerpunkte umfassen zunächst grundlegende Trainingsinhalte (Passspiel, Dribbling, Torschuss, Finten, Jonglage und 1 gegen 1 Situationen) und zum anderen werden Schwerpunkte mit differenzierteren und weiterführenden Inhalten behandelt (Umschalten und Reagieren, Chaos und Aktion, Varianten im Spielstart, Aktives Verteidigen, Turnierformen und taktische Trainingsthemen).

MEYER & MEYER Verlag
Von-Coels-Str. 390
52080 Aachen

Telefon 02 41 - 9 58 10 - 13
Fax 02 41 - 9 58 10 - 10
E-Mail vertrieb@m-m-sports.com
Website www.dersportverlag.de

MEYER & MEYER VERLAG

Abonnieren Sie unseren kostenlosen Newsletter unter **www.dersportverlag.de**

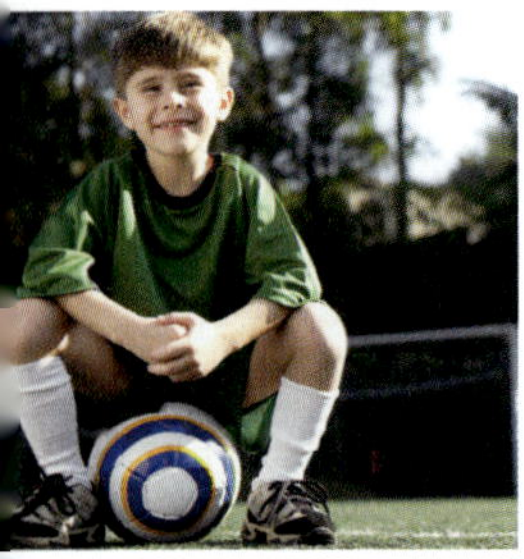

VOM ERFINDER VON „FUNINO".

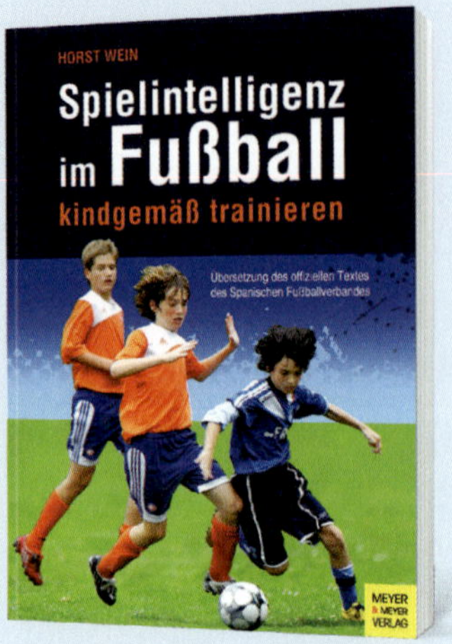

SPIELINTELLIGENZ IM FUSSBAL

KINDGEMÄSS TRAINIEREE

524 Seiten, 16,5 x 24 cm, Paperback,
92 Fotos, 272 Abb., in Farbe
ISBN: 978-3-89899-946-5
€ [D] 24,95/€ [A] 25,70

Dieses Buch zeigt eindrucksvoll, wie das komplizierte Fußballspiel mit einem altersgerechten und spielorientierten Training in vier verschiedenen Entwicklungsstufen und einem neuen Wettspielmenü, das auch die Spielintelligenz Schritt für Schritt fördert, perfekt an die geistigen und körperlichen Fähigkeiten der Kinder und Jugendlichen angepasst werden kann. In Horst Weins international anerkanntem Fußballentwicklungsmodell geht das motorische Lernen Hand in Hand mit dem kognitiven Lernen. Jeder Spieler lernt, das Spiel ab dem Alter von 8 Jahren richtig zu „lesen", dank der Bedeutung, die der Autor der Wahrnehmungsfähigkeit und der Entscheidungsfindung in allen seinen altersspezifischen Programmen einräumt. Anstatt zu instruieren, wird hier stimuliert und anstatt Lösungen zu geben, werden die Trainer dazu animiert, Probleme zu präsentieren. Dieses reich illustrierte Handbuch ist bereits ein Bestseller in englischer und in spanischer Sprache.

MEYER & MEYER VERLAG

MEYER & MEYER Verlag
Von-Coels-Str. 390
52080 Aachen

Telefon	02 41 - 9 58 10 - 13
Fax	02 41 - 9 58 10 - 10
E-Mail	vertrieb@m-m-sports.com
Website	www.dersportverlag.de

Abonnieren Sie unseren kostenlosen Newsletter unter **www.dersportverlag.de**

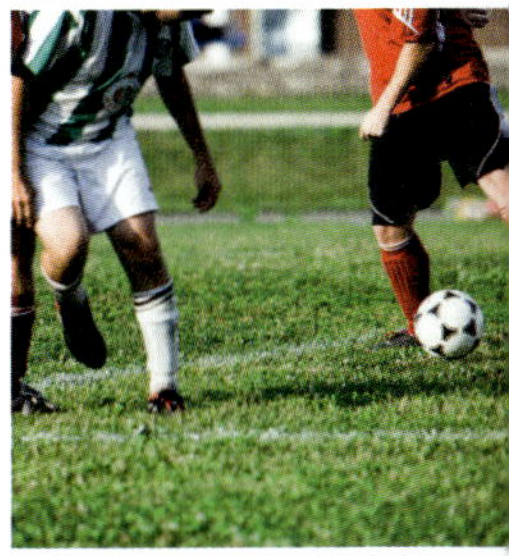

MOTIVATION IST ALLES!

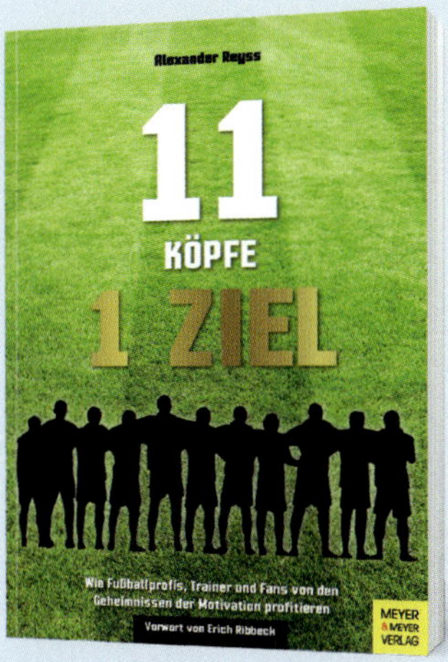

11 KÖPFE - 1 ZIEL

WIE FUSSBALLPROFIS, TRAINER & FANS VON DEN GEHEIMNISSEN DER MOTIVATION PROFITIERE

272 Seiten, 16,5 x 24 cm, Paperback,
10 Fotos, 4 Abb., s/w
ISBN: 978-3-8403-7595-8
€ [D] 19,95/€ [A] 20,60

Erfahren Sie Neues aus der Motivationsforschung und positiven Psychologie, was Fußballer zu Höchstleistungen antreibt und wie Fußballer beruflich und privat ticken. Was demotiviert, verunsichert oder frustriert Fußballer auf und neben dem Platz? Was führt zu körperlichen und/oder seelischen Verletzungen? Lesen Sie als fußballbegeisterter Mensch, was Sie selbst Tag für Tag idealerweise motiviert! Warum lieben Sie den Fußball, weshalb sind Sie Fan, was motiviert Sie am Fußball? Wie können Fußballer und Sie von den wissenschaftlichen und praxiserprobten Erkenntnissen profitieren? Tauchen Sie mit uns ein in die von Ihnen so geliebte Welt des Fußballs und die Wichtigkeit der mentalen Stärke für das gesamte Leben.

MEYER & MEYER Verlag
Von-Coels-Str. 390
52080 Aachen

Telefon	02 41 - 9 58 10 - 13
Fax	02 41 - 9 58 10 - 10
E-Mail	vertrieb@m-m-sports.com
Website	www.dersportverlag.de

MEYER & MEYER VERLAG